名师名校名校长

凝聚名师共识
回应名师关怀
打造名师品牌
培育名师群体

简约之道

徐长青工作室教研成果荟萃

徐长青◎主编

东北师范大学出版社

长春

图书在版编目（CIP）数据

简约之道：徐长青工作室教研成果荟萃 / 徐长青主编. —长春：东北师范大学出版社，2022.6
ISBN 978-7-5681-9091-6

Ⅰ.①简… Ⅱ.①徐… Ⅲ.①教育研究—文集 Ⅳ.
①G40-03

中国版本图书馆CIP数据核字（2022）第095302号

□责任编辑：石　斌　　　□封面设计：言之凿
□责任校对：刘彦妮　张小娅　□责任印制：许　冰

东北师范大学出版社出版发行
长春净月经济开发区金宝街118号（邮政编码：130117）
电话：0431-84568023
网址：http：∥www.nenup.com
北京言之凿文化发展有限公司设计部制版
北京政采印刷服务有限公司印装
北京市中关村科技园区通州园金桥科技产业基地环科中路17号（邮编：101102）
2022年6月第1版　2022年8月第1次印刷
幅面尺寸：170mm×240mm　印张：19.25　字数：320千

定价：98.00元

基于立德树人的简约教育

纵览徐长青老师创立简约教育的历程，从小学数学简约教学到小学简约教学，再到简约教学，最后到简约教育，历经二十余载。如今，简约教育早已步出津沽，溢满华夏，而且正在走向世界。简约教育为什么能够被越来越多的中小学教师认可，被越来越多的中小学采纳，并深受基础教育界广大师生的欢迎呢？笔者将原因归结为以下几点。

一、简约教育是科学的，也是高效的

科学最显著的特征是合规律性。简约教育不仅始终以辩证唯物主义认识论、实践论等为指导，而且符合学生身心发展规律、教育教学规律与人才成长规律。

一是因为简约教育是教育的本然。所谓本然，就是事物发展本来的样子。首先，从人类教育的发展历程分析，简约教育是伴随着文字的出现、刻画的艰难以及时间的有限而产生并不断发展的。伴随着人类知识的积累越来越丰富，从感性认识走向理性认识的简约需要越来越强烈。如何实施简约教育，做到举一反三、闻一知十，就成了教育的本然。其次，从人类个体的成长进程分析，基础教育阶段是人生中唯一可以全力以赴接受人类优秀文化遗产的阶段，简约是本然要求。从这个角度分析，徐长青团队选择并创造的简约教育是符合人类历史发展规律、个体成长规律的教育。

二是因为简约教育是教育的应然。所谓应然，就是事物发展理想的样子。首先，大道至简。道家指出：万物之始，大道至简，衍化至繁。黑格尔认为：最伟大的真理最简单。同样，最简单的人也最伟大。达·芬奇强调：把最复杂的变成最简单的，才是最高明的。人类积累下来的文化精髓只有通过简约教育，才能得以更好地传承下去。因此，夸美纽斯提出教与学的便易性原则，赞可夫强调以高难度进行教学的原则、高速度前进的原则，巴班斯基则重视教育教学过程的最优化，主张采取专门措施来节省教师和学生的时间，选择最优的教学速度……而简约教育恰是最优方法。其次，"吾生也有涯，而知也无涯。以有涯随无涯，殆已"。人生难过百年，以有限的人生习得无限的知识根本不可能。因此，只有实施简约教育，才能达到化繁为简、由博返约的目的。

三是因为简约教育是教育的必然。所谓必然，就是事物发展必需的样子。简约教育本是教育的本然、应然与必然，然而在相当长的一段时间内出现了追求百科全书式教育的情况。伴随着人类知识呈几何级数增长，实施简约教育，选择常识以及最匹配其发展的必备知识，运用最简约的方法，促进其个性充分自由地全面发展已经成为必然。

进而言之，只有简约的才是高效的。简约教育正是因为顺应了教育简约之规律，才能有效改变教育少、慢、差、费之弊端，走向教育多、快、好、省之理想境界。

二、简约教育是中国的，也是世界的

马克思指出："理论在一个国家实现的程度，总是取决于理论满足这个国家的需要的程度。"英国教育家陶纳则指出，教育除非土内生根，否则它必然不会成为活的教育。以后可以不必望天，应该多看看脚下的土地，唯独在这片广袤的土地上——这片中国生活实际的土地上——中国教育家才能够找到材料，来创造一个适合中国的教育理论。2016年5月17日，习近平总书记在哲学社会科学工作座谈会上的讲话中特别指出："要按照立足中国、借鉴国外，挖掘历史、把握现代，关怀人类、面向未来的思路，着力构建中国特色哲学社会科学，在指导思想、学科体系、学术体系、话语体系等方面充分体现中国特色、中国风格、中国气派。"

面对西方教育思潮的涤荡和言必称欧美的喧嚣，徐长青团队没有随波逐流，而是基于中国的教育沃土，扎根中国的教育实践，坚守马克思主义"从实践中来，到实践中去"的观点，海纳百川，广收约取，提出了自己的简约教育理论，并付诸基础教育实践进行检验，让实践证明简约教育理论的科学性与真理性，从而创造了具有中国特色、中国气派、中国智慧的简约教育。

正是因为简约教育出自实践，并能够走进实践，接受实践的检验，闪耀着真理的光芒，所以它是中国的，也是世界的。简约教育一定能够走出国门，走向世界。

三、简约教育是传统的，也是现代的

中华民族不仅具有五千多年的文明，而且创造了世界上唯一没有灭绝的文化。首先，简约一直是中国人的追求。早在《周易·系辞上》中就留下了"乾以易知，坤以简能；易则易知，简则易从……易简而天下之理得矣。天下之理得，而成位乎其中矣"的简约思想。孔子则将简约思想运用于自己的教育中，把自己一以贯之的道归纳为"恕"，并高度概括《诗经》为"思无邪"。《礼记·学记》则提倡教师必须做到语言"约而达，微而臧，罕譬而喻"。其次，简约教育在中国数学教育传统中居于十分重要的地位。例如，符号化思想、化归思想、简化思想等都与简约教育异词同义。实际上，简约教育就是对中华优秀传统文化的继承与发展。

简约教育还是现代的。这是因为我们生活的现代社会，知识正在发生巨变：激增化与陈旧化相伴，数字化与网络化相随，丰富化与常识化相生，碎片化与系统化并存等，加之脑科学迅猛发展，人工智能日新月异，对创新型人才的需求日益强烈。如何把前人积累下来的文化财富之精华精选出来，采用简单明了的方法让学生迅速掌握，并能转化为自身的教养与智慧，进而在此基础上进行创造，就成了教育必然之追求。用夸美纽斯的话说，就是"使男女青年，毫无例外地，全都迅速地、愉快地、彻底地懂得科学，纯于德行，习于虔敬"。因此，《大教学论》试图"指出一种简易而又可靠的方法"去实现这一理想，然而并没有实现，而简约教育恰为其创造了另一理想途径。

四、简约教育是守正的，也是创新的

守正，就是恪守正道。相对于简约教育而言，守正就是完整地继承人类的优秀文明成果，准确地理解历代教育家的精辟见解和笃实结论。简约教育，就是充分利用人类已有的文化成果之精华，做到以文化人、以文育人、以文培元。其提倡重于约而形于简，始于约而成于简。简约就是复杂性思考后的简单呈现，博喻、约取、简构之思想，就是坚守大道至简、化繁为简、由博返约之教育正道的集中体现。

序言

创新，是创造与革新的合称。创造就是破旧立新，革新就是革故鼎新。创新，是指以现有的思维模式提出有别于常规或常人思路的见解的新思维理念与思维模式。守正与创新共生互补，辩证统一。守正是创新的基础，创新是守正的升华。习近平总书记十分重视创新，他不仅强调创新的意义，而且清晰勾勒出哲学社会科学创新的标准："哲学社会科学创新可大可小，揭示一条规律是创新，提出一种学说是创新，阐明一个道理是创新，创造一种解决问题的办法也是创新。"

用习近平总书记提出的创新标准衡量：徐长青团队揭示了简约教育规律，提出了简约教育学说，阐明了简约教育道理，创造了简约教育方法，为世界教育宝库奉献上具有中国本土性的简约教育智慧及话语体系。这一话语体系包括：提出了既守正又创新的简约教育理论，创造性地归纳出了具有顽强生命力的简约教育数字诀：一区两序三关键，四步五疑七个简，六一八三九个二，数学评价十个"yu"。

五、简约教育是成功的，也是鲜活的

成功就是实现有价值的理想，获得预期的目标与结果。近二十年来，徐长青团队成功把简约教育运用于小学、初中、高中，取得了业界公认的成就，而且不断赋予简约教育新的内涵：小学数学简约教学→小学简约教学→简约教学→简约教育。

现在，简约教育可以定义为：为党和国家培养有家国情怀、社会责任、创新精神与实践能力的德智体美劳全面发展的社会主义建设者和接班人，基于立德树人，植根中国基础教育沃土而创造的以化繁为简为手段、融课堂内外于一体、线上与线下相结合的现代化高效育人的以文化人理论与实践。

简约教育具有如下特点。

一是育人为本性。教育的本质是育人。简约教育始终把立德树人作为根本任务。

二是学生中心性。徐长青老师经常挂在嘴边的一句话是："简约教育必须基于学生，为了学生，服务学生。"

三是多快好省性。学生发展度=（新增发展水平+已有发展水平）/已有发展水平。

四是思想磁力性。徐长青团队以其特有的简约教育思想，形成强大的磁场，把志同道合的基础教育教师吸引到简约教育团队中来，合力为学生的全面发展与特长发展服务、奉献。正如恩格斯所言："许多人协作，许多力量融合为一个总的力量，用马克思的话说，就造成'新的力量'，这种力量和它的一个个力量的总和有本质的区别。"徐长青团队开展的简约教育就是把每位教师的教育力量化为一个总的力量、新的力量，合力育人。

五是科研先导性。教育是科学，科学办教育。徐长青团队始终坚持以教育科研为先导，走"科研兴教、科研兴师"之路，紧扣时代的脉动，紧贴火热的现实，敢探未发明的新理，敢入未开化的疆域，扎根津沽大地办简约教育，努力提高简约教育的科研含量。

发展无止境，创新无穷期。期盼徐长青团队能够在教育强国的征途中，基于立德树人，脚踏津沽大地、植根教育沃土、紧跟时代步伐、顺应人民意愿、遵循教育规律、解答育人难题，勇立简约教育潮头，引领简约教育潮流，不断丰富、改进与完善中国特色的简约教育学，为世界教育宝库持续提供具有中国本土性以及世界意义的简约教育智慧。

期盼天津乃至全国的教育界同人向徐长青团队学习，扎根中国大地办教育，为达成"到2035年，总体实现教育现代化，迈入教育强国行列，推动我国成为学习大国、人力资源强国和人才强国"的宏伟目标而接续努力，不负韶华！

王毓珣
天津市教育科学研究院

序言

目 录

第一章　简约之道

徐长青：一位特级教师追求的人生"水"境界 / 002

马向东：做真教育，真做教育 / 007

孟庆阳：攀登的足迹　无悔的选择 / 010

叶鸿琳：他是一名神奇的"魔法师" / 013

刘　霞：不忘初心教育情　矢志前行勇攀登 / 016

郜建辉：擎烛在手，送简约教育上高原 / 019

芦春艳：孜孜不倦育桃李，无怨无悔写春秋 / 022

李　洁：柔肩担重担　芊指育未来 / 025

徐　娜：研精覃思，行远自迩 / 027

李祖华：永做教育沃土上的耕耘者 / 030

郑建洪：让每个孩子都发光 / 033

李得顺：在平和中找寻做教师的幸福 / 036

赵晓兵：约取精华，滋养生命 / 040

张　然：扎根农村教育的守望者 / 043

孔维薇：耕耘在教育的田野中 / 046

张宝颖：甘为孺子育桃李，醉心"简约"幸福常 / 049

刘月霞：丹心化作春雨洒，换来桃李满园香 / 052

赵改玲：做一名让孩子们受益终身的教师 / 054

张　琪：用数学为孩子们锻造关键能力 / 057

郑秀铭：简约教育的逐梦者 / 060

第二章 简约之美

赵洪贵：用爱谱写教育的新篇章 / 064

冯江浩：俯身为学 励志成师 / 067

杨 雨：勇做新时代教师发展的引路人 / 070

张 煜：缘聚感恩 回顾展望 / 074

乔德生：力行简约，育人不悔 / 077

吴远辉：不畏艰难，砥砺前行 / 079

侯占秋：美丽简约，大有可为 / 082

张宝增：甘为孺子育桃李 醉心"简约"幸福常 / 085

方 维：走进学生心灵 / 087

冯武云：做一个有担当的简约人 / 091

蒋 荻：用心付出，赢得尊重 / 094

蔡万茹：匠心成就研教之梦 / 097

杨晶玲：有心护花二月风 / 101

张新蔚：筑梦之园——遇见更好的自己 / 105

王艺兴：不忘初心勇担当 牢记使命育幼苗 / 108

尚鹏斐：让娇嫩的生命之花永远绽放在希望的田野上 / 111

李 娜：让简约之花开满教学之路 / 114

尚丽花：擦亮星星，简约而美好 / 117

刘 爽：大道至简 悟在天成 / 121

王丽娜：遇见美好 幸福同行 / 124

第三章 简约之本

卢海燕：不忘初心 幸福前行 / 128

张志荣：花开校园香自起 / 130

岳桂婵：支教路遇"简约"花，教育有梦再出发 / 132

梁晓武：简约且异 / 134

宋新军：我为什么加入徐长青工作室？ / 137

杨金良：让课堂回归"简约" / 140

梁立稹：大道至简　相约而行 / 143

孙雨亭：秉承融入　砥砺前行 / 146

李琳辉：在平和中找寻做教师的幸福 / 149

郭　璟：简约教育中天立，福萌教育万丝青 / 151

赵慧敏：甘为孺子育英才　克勤尽力细心裁 / 153

张小芳：塑梦追梦　简约前行 / 156

白金华：回归本源，一切从"简" / 158

代小静：玉壶存冰心　朱笔写师魂 / 161

蒋玉梅：做新时代的"大先生" / 164

李　伟：以简驭繁，博观约取 / 167

刘玉云：做一个清心静气的教育人 / 169

元宏庆：让简约之花盛开在红旗渠畔 / 172

高丽军：敬业爱生的简约教育人 / 175

赖文慧：我的教育情怀 / 178

第四章　简约之术

刘　艳：用微笑迎接每一天 / 182

梁　艳：心中有梦，粲然若花 / 185

张漪莉：初心如磐　笃行致远 / 187

王庆婕：鲜花在盛开　我们在路上 / 190

刘　超：取他山石提升自我　溯本源水润泽四方 / 193

刘　悦：天道酬勤，努力做最好的自己 / 196

赵　磊：青山有约引方向，与简同行促成长 / 199

徐海云：春华秋实勤耕耘，三尺讲台写华章 / 202

徐文祥：让生命在燃烧中绽放色彩 / 205

王亚峰：结缘简约，品味幸福 / 208

辛　岩：幸福的故事 / 211

杨建欣：简约路上，和最好的自己相遇 / 213

张海川：立足平凡岗位　奉献无悔青春 / 216

边书春：有教无类心相映　去冗存清别样红 / 219

陈　倩：不忘初心，守望麦田 / 222

陈　蕊：不忘初心　甘为人师 / 225

陈玉芝：让生命在平凡岗位上闪光 / 228

何娟芳：博爱善学精研　铸就名师风采 / 230

黄翠华：愿经寒彻骨，望得梅花香 / 232

李　欠：以梦为马，不负韶华 / 235

第五章　简约之魂

马克岩：追寻数学课堂的简约之美 / 240

道盛琴：坚守初心　乐为人师 / 243

刘大东：用心教书　用爱育人 / 246

刘朋朋：丹心热血育新苗 / 248

汤　柳：让简约之花开满教学之路 / 251

魏丽杰：与简约相遇，人生更精彩 / 253

杨敏怡：我与简约教学的美丽邂逅 / 256

于　蕊：做新时代"四有"好教师 / 259

者书霞：她与徐长青工作室的故事 / 261

陈　淼：在实践和研究中磨砺精彩 / 264

杨树会：简约唯美，且行且思 / 267

赵生武：以平凡演绎精彩 / 269

赵丹阳：让阳光赋能学校优质发展 / 272

张　淼：心怀简约梦想，采撷一路芬芳 / 274

陈　旭：一生只做一件事，传递读书正能量 / 276

王　嵘：用教育智慧去爱每一位学生 / 279

孙兰平：心怀简约梦想，采撷一路芬芳 / 282

董新玉：芬芳泥土育繁花 / 285

王晓龙：打造简约教育，奠基幸福人生 / 288

孙晓军：唯美育人，向美而生 / 291

后　记 / 294

第一章

简 约 之 道

　　《道德经》记载："万物之始，大道至简，衍化至繁。"白话文释义：万物最开始的时候，一切都是最简单的，经过衍化后变得复杂。也就是说，一切本质和规律都是至简的，复杂的只是现象，简化才是大智慧，简约才是事物的本真。

　　水流不争，行于行处，止于止处，这是水之道。简约之道"上善若水，水善利万物而不争。处众人之所恶，故几于道"。简约之道是教育的理想，理想的教育是乐化、达化，是与水同流，与风同舞，与天地万物交融为一。

　　　　简练揣摩寓深刻，
　　　　约简冗繁归本真。
　　　　之要薄取蕴智慧，
　　　　道约详核径通幽。

徐长青

　　天津市红桥区教师发展中心副主任，正高级教师，教育学硕士，享受国务院政府特殊津贴专家，天津市劳动模范，当代简约教育创立者和倡导者，中国教育科学研究院国内访问学者，教育部国培专家，天津市小学数学专业委员会副理事长，全国数学教改研究会秘书长，全国名师工作室联盟常务副理事长，全国数学教改研究会秘书长，天津师范大学兼职教授、硕士研究生导师，天津市未来教育家奠基工程基地导师，中国教育学会现代学校联盟国家级指导专家。

一位特级教师追求的人生"水"境界

　　在和徐长青校长的接触中，感受到了他对人的真诚，对事业的执着，对工作的热情以及对生活的热爱。他是一个很有思想并健谈的人，步入教坛30余载，走过荆棘与鲜花，经历过失败与成功，却从没有停下脚步。每次回首，路上风景都会一幕幕浮现，也总会有一个声音在他耳边响起："作为教师，你为学生做了什么？作为教师，你又为教育做了什么？作为教师，你又为社会做了什么？"这是一种叩问，这是一种激励，这更是一种鞭策。何谓名师？对名师的解释，从古至今有诸多精辟的论述，而作为从教30余载的他，对名师自然又会有不同的认识与追求。徐长青校长认为，名师应有一种担当是责任，有一种情怀是大爱，有一种态度是执着，有一种状态是激情，有一种操守是专业。世上没有成就名师的灵丹妙药，相反，奇迹是由每个成为名师的人一点一滴的努力求索而创造的。名师的精神，恰恰可以用"水"来诠释，只有有着水滴石穿的坚守与执着，才能实现教师心中的梦想。这不是徐校长第一次提"水"了，在与他的对话中我能强烈地感受到他对"水"的深刻理解，他在用"水"的境界打造自己独特的人生愿景。他说，其实简约教育就来自对"水"的理解，水无色、无味、随形、遁形——正似大音无声、大爱无疆。他借用"水"的风范、情怀、品行和境界深度诠释了自己的人生追求。

一、他追求上善若水的翛然风范，在厚载真爱与责任中自树树人

"人之善应似水之善，名师之善更在于有爱，并用行动诠释爱，去唤醒深植于每个生命之中的爱。正是这种责任与使命催促我从没有停下播种爱的脚步。"

以他的名字命名的徐长青工作室成立于2008年10月22日。在徐长青工作室成立两周年之际，工作室全体成员将2010年全部稿费近万元捐赠给天津市妇联，专项用于单亲困难家庭子女教育援助；徐长青校长还被市妇联聘为阳光关爱大使，徐长青工作室团队12名成员受聘为"今晚助学基金"阳光志愿者，与单亲困难家庭子女结对子做义务辅导；他参加"崔永元公益基金——农村教师培训项目"；参加特级教师周末下乡活动；多次到宁河等区为老师们做义务辅导讲座；等等。他把每次活动都看作接受了一次心灵的洗涤，进行了一次爱的旅行，正是这爱之旅让我们更加理解徐长青老师自树树人的真谛。

2020年，一场疫情打乱了人们平静的生活，徐长青工作室也在为抗疫贡献自己的力量。"睿师有约 空中课堂"是徐长青工作室积极响应教育部提出的"停课不停学，学习不延期"的号召，第一时间推出的一至六年级语文、数学上下册网课系列。为保证春季开学真正实现"停课不停学"，徐长青校长率领徐长青工作室成员，集结京津冀等地名师团队，以仁师大爱的责任和担当，放弃春节假期，结合人教版新教材的相关要求，组织正高级（教授）教师领衔年级课程研发，最大限度地实现优质教育资源的汇集，与时间赛跑，为学生服务。来自全国近30个省市的215名优秀骨干教师参与课程研发1920节，经过中国教研网的公益推介，好评如潮，被各地教师评价为最专业的教学设计，并且经过学生使用和不断地修订，实现了零差错。目前，徐长青工作室共推出教学视频513条，总观看人次超过2亿，每节课关注人数40多万。2020年9月12日，《中国教育报》进行了全方位的报道，中国新闻网和人民日报网也对此进行了宣传。爱的回报让徐校长拥有了"天津市三育人标兵""天津市双岗建功先进个人""红桥区政协委员奉献杯"的荣誉，徐长青工作室获得2020年天津市"示

范性劳模和工匠人才创新工作室"的殊荣，他非常看重这些荣誉。

二、他追求山高水长的陶然情怀，在满怀希望与激情中勾画愿景

"巍巍乎志在高山，洋洋乎志在流水，乐乎于山水之间是一种境界。课堂就是我的山水，那里有高山仰止的敬畏与激情，那里有流水潺潺的律动与希望。我是醉心于课堂的。"

从2010年9月至今，徐长青校长做国家级各类展示课百余次，做大型活动评课60多次，做课堂观察研究不下40余节，完成教育部农远工程教师教材编写和讲座达12小时，承担国家级课题2项、市级课题3项、指导课题12项。

徐长青校长同时作为区域科研工作管理者，创新工作，主动谋划，使他所在的天津市红桥区教育科研工作达到了一个新水平。区校两级教科室档案管理和研究会及会员会籍管理较为规范，在全市领先。他积极推动徐长青工作室的建设，秉承"人生在勤 志达天下"的室训，遵循"博观约取 厚积薄发"的室铭，追求"简约之美、大道至简、道法自然"的理念，践行"树德以养心，勤学以修身，善思以笃行，游学以立言"，努力实现"凝聚、提升、示范、辐射"的发展目标。以"立教为师 自觉觉他"的勤勉、创新成为当代名师工作室的标杆与旗帜。在全国拥有广西、云南、内蒙古、山西四个简约教育研究分中心，九大学术联盟体，七个地区工作站，271所基地学校，近500名工作室成员，影响覆盖北至黑龙江，东至江浙，南至广西云南，西至新疆等全国27个省份自治区。"芳林新叶催陈叶，流水前波让后波。"近期，工作室又有六名成员成立了以自己姓名命名的区域名师工作室，实现了新突破；有四名成员分别获得全国模范教师和全国优秀教师称号，一大批成员获得省市级荣誉称号，九名教师本年度晋升为正高级教师。

正是希望勾画了愿景，激情创造了奇迹，亦使他陶然于工作之中。

三、他追求真水无香的蔼然品性，在返璞归真与简约中超越自我

"水是静的，是淡的，而饮去之后却有甘甜的回味。这种回味恰恰来自它无须粉饰的真实，这种真实也正是教育的需要。作为名师应该理性地寻找和解读这种真实。"

随着2001年对简单教学的研究到2008年简约教学的提出，再到今天倾心简约教育思想的研究，徐长青校长感觉离教育越来越近了，越来越多地感受到了它的真实，它的亲切。

为此，他深深地埋下头去在教育的田野上贪婪地吸吮着，他带领团队成员深入一线，自主研究，写出了大量的文章。《中国教育报》《天津教育》《教育文摘周报》等报刊均以近万字或数万字的篇幅对简约教育研究成果做了翔实的介绍。

《天津教育报》以整版篇幅，对他的事迹做了题为"卓尔不群徐长青"的专题报道，《天津教育》发表了题为"天津有个徐长青"的一万字专访文章，并作为本期封面刊印。

正是他静心如水、淡然如水的研究，才让我们虽没有浓烈花香，却体验到一种值得回味的甘甜。

四、他追求水流不争的超然境界，在团队建设与成长中享受教育

"水流不争，行于行处，止于止处，这就是水之道，自然之道，也是我教育生涯中的至真追求。正像魏书生先生为我题写的'道法自然'一样，在工作中我非常重视这种自然之道，相融不争之道。我有意识地引领大家去理解水的境界，彼此相融，彼此支持，彼此依赖，强调大美自然，各美其美。"

徐长青校长强调在教育研究的过程中享受教育。因此，徐长青工作室形成了极具凝聚力的研究团队，每个人都在享受过程。为拓展这一过程，徐长青校长引进任务驱动法，在共同任务的合作中，不断地体验主角、配角、伙伴的关系，修炼自己的人生境界。他带领骨干教师先后在甘肃兰州、山西太原、广西玉林、山东潍坊、河北保定举办了历时两天的"徐长青教学团队简约教学研究专场报告会"；在连续举办的十届徐长青工作室研究成果观摩活动中，让每个成员都在参与的过程中获得提升，迅速成长。徐长青工作室走过的13年，从简约教学到简约教育研究，始终坚持扎根中国大地，始终关注课堂教学实践，创新成果层出不穷，一批又一批成员不断走向成熟。据不完全统计，工作室举办实地授课20余场，内训24场，实现面向全国直播，惠及各地学校教师30余万人次，实现教师队伍教学水平大提升，简约教育影响范围实现新突破。这些成绩的取得恰恰是源于"行于行处，止于止处"的自然之道。他的心静得似水，他

的悟深得似水，他的思维灵动得似水，他的话语又流畅得似水。他让人感受到充满生命的水的弥漫，感受到触及中的真实，湿润中的清新，感受到特级教师的风采。

最后，我们再次感悟徐长青校长说的："水是无形的，水又是有形的。教是有法的，教又是无定法的。恰恰我的人生梦想就是追求水一般的境界，生活像水一样清宁，教学像水一样自然。以水的简约比喻我的生活与工作恐怕再贴切不过了，这就是我心中的梦。我将以水的精神去润泽与坚持，并实现这一梦想！"

马向东

现为徐长青工作室首批进修学者，天津市特级教师、正高级教师，天津市未来教育家奠基工程学员，天津市优秀教师，天津市首届市级骨干教师，教育部第三批国培专家。

做真教育，真做教育

一、精通业务，严谨治学

我先后参加了全国市、区级以上教学研究课、示范课、教改实验课共计87节，在历次优质课评选中获全国、市、区级一、二等奖。

连续指导学生获全国大赛二、三等奖。先后承担了教育部国培计划现场会、天津市校本课程交流会、天津市小学课程改革实验阶段研讨会、区课改交流会、国际交流会等近40次课程改革展示交流活动。

二、潜心科研，凸现成果

本人承担天津市"十四五"教育科研规划课题2项，"十三五"规划课题市级以上5项。结题"十二五"科研规划课题市级以上4项；40余篇论文获全国、市级一、二等奖，并在全国十几种刊物上发表。《利用教育技术培养小学生良好学习习惯的实验研究》获第三届全国小学课堂教学交流研讨展示活动一等奖。《多媒体技术在小学数学教学中的实践研究》获天津市中小学现代教育技术评比一等奖。在全国基础教育"未来教育家论坛"上做题为"在'做''学''问'中创生智慧"的发言。教育部"国培计划"全国小学数学教师培训活动中，做"追求理想课堂，做简单的教学"的专题讲座。在全国高师数学教育研究会小教培训工作委员会第十四届学术年会上做展示课《四则运算复习课》，天津市第十六届多媒体信息技术整合课例获市级二等奖。创新杯全国教学艺术大赛讲课《探究的方向——最短路线》获二等奖。"中央教育科学研究所"优秀教学案例获二等奖。"中央教育科学研究所"优秀教案课例获三等奖。指导学生获全国大赛二、三等奖。天津市千名农村校级骨干教师培养计划做公开课《数与形》。"国培计划"（2014、2015）授课专家。2011年至今为"国培计划"做课40余节。天津市千名农村校级骨干教师培养计划教学能力竞赛面试专家。天津市2016—2017年度"一师一优课，一课一名师"活动评审专家。参与编写5本教材。9次南开教师业务考核优秀。天津市"千名计划"特级教师巡讲活动授课讲座专家，足迹遍布全市各个区县，做教学示范课及课堂讲座几十场。2021年2月，《让抗疫的心灯点亮教育的心灵》入选中国核心期刊（遴选）数据库共青团中央主管《华夏教师》杂志；2021年1月，《合力教学——一盏点亮教育的心灯》入选《中国教师》杂志，12篇教学经验在《天津教育报》《小学生数学报》《求知报》发表，7篇教学经验论文在学术专著上发表，《读〈论教育家〉有感》发表于《天津市未来教育家工程成果集锦》，该成果被认定为天津市基础教育教学成果；先后在杂志上发表文章40余篇。

三、学科引领，示范辐射

作为天津市中小学"265农村骨干教师培养工程"指导教师，2011年8月至2012年5月先后四次承担学员基地研修指导任务。指导静海朱玉宾，宁河王久远、王立新，武清高建华，西青陈友兰、贾明宇、程立伟、李祖华，东丽张立琴，津南李振芳等学员做观摩课10节，录像课10节。2010年8月至2011年5月去蓟州区仓前中心小学指导教学工作。

（1）教育部第三批国培专家、教育部"国培计划"——授课专家。

2016年教育部"国培计划（中西部）主讲教师、2015年教育部"国培计划（河北省）"主讲教师、2014年教育部"国培计划"（新疆部）主讲教师，我的示范课《植树问题》《三角形的内角和》《烙饼中的数学》等获得高度评价。2012年，教育部山西、甘肃农村骨干教师国培计划做"小学数学教学设计与说课"专题讲座。2014年，教育部国培计划甘肃省和河北省农村中小学培训中做"教学课例展示"。

（2）2019年11月，全国教师教育学会小学教师教育委员会年会上做观摩课

《简易方程》。

（3）2012年，被聘为十百千培训计划师范大学主讲教师，在山西、甘肃十百千培训计划中做"小学数学教学设计与说课"专题讲座。2013年，教育部甘肃省和河北省农村中小学培训中做"教学课例展示"。

（4）天津市"千名计划"特级教师巡讲活动授课讲座专家，足迹遍布全市各个区县，做教学示范课及讲座几十场。

（5）2015年10月，受邀参加唐山市丰南区教学交流研讨。2016年11月，应北京师范大学邀请担任华北数字化学习试点校联盟实践案例分享大会的点评专家及现场主持人。先后在上海市、北京市、广东省、河北省、江西省、山西省、山东省、浙江省、江苏省、云南省、福建省、鸡西市、大连市、沈阳市等地区做观摩课近60节。

作为南开区人才特级教师小数领衔教师，我在2011年9月参加了未来教育家异地挂职学习，在大连中山小学为全区的数学教师做观摩课、专题讲座，获得好评。

今后，我将继续不懈地追求，以普通而真挚的言行默默耕耘，全心奉献，在平凡的岗位上实现自己的人生价值。

第一章 简约之道 马向东

孟庆阳

中共党员、正高级教师、徐长青工作室第二期进修学者、全国模范教师、全国优秀教师、首届津门杰出教师、天津市未来教育家奠基工程学员、人教版《生本学材》编写组成员。曾获天津市"双优课"小学数学学科一等奖第一名和天津市优质课堂教学大赛一等奖第一名，全国小学数学深化课程改革教学课一等奖，全国小学数学（人教版）示范课一等奖。

攀登的足迹　无悔的选择

一、矢志不移为梦想

追梦，从坚守初心开始。毕业三五年时，有让人仰视的单位因为他的计算机应用水平和摄像技术要调他；工作13年后，陆续有市内的名校、许以高薪和优厚待遇的外省学校要挖他。但他都不为所动，一心只想为蓟州教育多做点事儿！忍得住寂寞，受得起清贫，他守住了一个教育人的初心！

追梦，因他的教育实践而生动。在工作中，他一直秉承"教学生一天，为孩子一生"的教育理念，把育人当成自己教育教学工作的终极目标。心无旁骛、潜心学习研究，不断提高自身的教育教学水平，探索的"润悟教育"即"以悟为径，润泽生命"教学思想——曾受到天津市小数教育前辈和国内教育专家的高度评价，为在数学课堂教学中落实立德树人提供了全新的范式。

追梦，因他的数学课堂而升华。通过在徐长青工作室中进行研修，其探索总结的"以数学育人为核心，以思—悟—辩（辨）—润为主线的教学模式"，追寻了创设—唤醒—思考的意境，以大的问题为背景让学生自主探索、合作交流，在经历中去体验、去感悟，在此基础上，让学生通过辩论和辨析，逐步构建知识体系，感悟数学本质，提升技能，积累经验，领悟数学思想方法，培养学生的数学素养。在与学生的交流互动中以多样的激励评价浸润学生心灵，让学生体会成长路上的波折和成功的喜悦。

在执教《百分数的认识》一课时，他让学生围绕"某手术的成功率为99.99%"展开讨论，从交流对百分率这一数学内涵的理解，到分享分别站在病人家属和医生两个角度对百分率的思考，当听到孩子说"如果我是一名医生，即便只有0.01%失败的可能性，我也要不断地钻研，让手术的成功率达到100%，因为再小的失败率也关系到一个人的未来，一个家庭的幸福"时，当孩子由衷地发出"勿以善小而不为，勿以恶小而为之"的感慨时，听课教师无不感叹原来数学也能如此育人，这才是以德立教，以德施教。其探索的"以悟为径，润泽生命"教学思想为在课堂教学中落实立德树人提供了全新的范式。

二、心中无我业为重

收获是喜悦的，但历程是艰辛的，付出是巨大的。他年复一年地奋斗，每天都是从早晨工作到深夜。对父母来说，他是个没时间常回去看看的儿子，对爱人而言他是个没有时间帮忙的丈夫，对孩子来讲他是个没有时间陪伴的父亲，他的心中充满对家人的愧疚。由于夜以继日地工作，透支了健康，他患上了腰椎滑脱。多年的腰疾困扰，并未曾阻止他求索的脚步。日臻成熟的"润悟教育"教学思想、"沉稳大气、睿智幽默"的教学风格，曾受到我市小学教育前辈和市教研员任占杰老师、天津教科院胡振京主任、东北师范大学马云鹏教授等专家的高度评价。

近五年，他的课三次获得全国赛课一等奖，两次获得天津市优质课大赛一等奖第一名，做市级展示课6次，做全国展示课7次，曾与吴正宪老师、黄爱华老师等教育名家同台做教学展示和互动研讨。主持完成市级科研课题两项，撰写的7篇论文分别发表在《小学数学教育》《中小学数学》等国家级期刊；另有4篇论文获奖，其中《小学数学润物教学的探索和思考》获天津市基础教育2018年"教育创新"论文评选一等奖，参与编写了人民教育出版社出版的《生本学材》《小学数学教学设计与指导》，研究成果已通过三轮专家论证。

三、百花齐放春满园

"一花独放不是春，百花齐放春满园。"身为业务骨干，他用自己的求索和执着影响着身边的每一个人。近五年，他为蓟州区、天津市和外省教师做讲座和示范课23次，通过师徒结对子、成立研修团队、任"千名计划"区级实践研修领衔教师等形式，引领中青年教师成长。为了更好地引领蓟州区青年数学教师专业成长，2019年11月他还创建了孟庆阳小学数学工作室。

如今，他的优秀课例和多篇专题文章已成为全市兄弟区县小学的校本研修素材，多次受邀到浙江、云南、安徽、广东、广西和我市和平、河东、西青等兄弟区县作交流和专题讲座，台下经久不息的掌声和会后同行的啧啧称赞，都诉说着一个声音：认可和敬佩。近五年，指导的老师中10人次获区级奖励；15人次获得市级以上奖项。因为业绩突出，他被推荐为蓟州区第一届党代表、第十三届全国运动会火炬手。2014年，他被评为"全国优秀教师"，2019年被评为"全国模范教师"，2020年入选天津市首届杰出津门教师。

献身教育是他无悔的选择，追求卓越是他一生的目标，他的梦想就是能为改变蓟州区这个农口区县的教育做出贡献。路还很长，孟庆阳老师将继续向着教育理想的彼岸，劈波斩浪，风雨兼程！

叶 鸿 琳

正高级教师、全国优秀教师、杰出津门教师、天津市五一劳动奖章获得者，天津市第三期未来教育家奠基工程学员，第四期实践指导专家，天津市"265"工程讲师，天津市小数学会理事，天津市小数核心组成员，徐长青工作室首批成员，"叶鸿琳小学数学团队"主持人。天津市学科骨干教师，红桥区优秀拔尖人才，区属专家，区特级教师，区第四、五、六届名教师，区兼职教研员。

他是一名神奇的"魔法师"

在天津师范学校附属小学，提起教师叶鸿琳，那可是家喻户晓。在学生眼中，他是一名伟大的"魔法师"，总能把枯燥乏味的数学课变得生动有趣，"玩中学，学中乐"成为他课堂的一大特色。在熟悉他的教师眼中，他同样是一名伟大的"魔法师"，令人头痛的厌学的学生经他一教突然变得好学了。在不熟悉他的教师眼中，他更是一名伟大的"魔法师"，因为他的数学团队中不仅走出了一批批优秀的青年数学教师，而且他还带着自己的课堂和教育理念影响了全国各地的教师。

一、立鸿鹄志 行细微事

1997年夏天，叶鸿琳怀揣对教育事业的热爱初登讲台，自以为"传道授业解惑"并不是一件十分复杂的事情，但没想到第一节课就让他汗流浃背。事先精心准备的教学环节，被学生异想天开的问题搞得支离破碎，面对这些问题他焦头烂额。也正是那一刻，他才真正体会到教育是一门科学，需要遵循科学的规律；教育更是一门艺术，"教无定法，贵在得法"，需要用一生去修行。记得有一次他讲《三角形的面积》一课，下课后，一名男生偷偷跑来问他："叶老师，您教我们的三角形面积的求法在生活中用得上吗？有什么用吗？"这个问题让他陷入了深思："是呀，三角形的面积在生活中有什么用呢？数学教育的价值绝不是做对一两道题目，背会几个概念，而是要帮助学生学会用数学的视角观察生活，学会用数学的思维分析问题，学会用数学的语言积累经验。"为此，他带领学生一起去观察生活中不同物体的表面，发现所有多边形都可以转化成三角形进行计算。又以数学王子高斯著名的算术题1+2+3+……+100为例，使学生发现看似神秘的计算方法，其实就是和三角形的面积相结合。通过活动，让学生体验数学知识的价值，体会学习数学的乐趣，是他一直追求的教学准则。

二、牢记使命 甘为人梯

自2012年成为学校的中层管理人员起，他从学科教学管理到教育科研管理，从学校常规管理到参与学校系统化建设，从数学教师队伍建设到青年教师专业培养，不同的管理工作使他从一个有抱负的管理者走向一名合格的青年干部。2015年10月，"叶鸿琳小学数学教师专业团队"成立。之后，叶鸿琳更加专注于对课堂教学效果的研究，"追求真实有效的教学"成为团队研修的主题。2017年以后，学校青年教师队伍日益扩大，他根据青年教师专业发展的需求提出了"六个一"活动，并利用每周五下午的时间进行"精彩极了和糟糕透了"的课堂教学研究活动，把自己对教学的理解传递给青年教师。也正是因为对青年教师的无私奉献，他身边的青年教师形成了一个"奋进、拼搏、团结"的集体，每个成员都以"为者常成、行者常至"的理念不断追求个体在教育教学方面的成长。因此，在全国信息技术整合课评比、市双优课、市青年教师论坛、市教学研究活动、区"三名"工程、区"三杯"赛中，他所主管的数学等学科的获奖人数与质量在市内、区内均处于领先地位。在教育科研工作中，他始终秉承身边的真实问题是研究的起点，倡导行动研究法，组织全校教师以微观的视角去发展教学中的"小事"，以小见大，细中求真。他在承担国家及市区级课题的同时，组织24名骨干教师带领着各自的团队以课题带动教师专业成长。历年教师的论文与教育成果认定在区内处于领先地位。

三、不忘初心 乐于分享

作为天津市未来教育家奠基工程第三期的学员，叶鸿琳认为教师是"行者"，一名教师的价值可以是带好一个班，也可以是带动更多的同行者，因此，"分享"自己对教育的理解、对教学的研究成果是他的一种常态。他的电话一直保持开机状态，时刻服务于有需要的教师、学生和家长，哪怕是在澳洲学习期间，也会通过网络和教师一起备课，对学生进行答疑。他开设的公众号"数学你好"中有2800名粉丝是来自全国各地的教师，他们和叶鸿琳一样对数学教学有着特有的痴迷；他们的背后是5600个班级，如果每个班是40人，那么就会有224000名学生会间接受到影响，这是一种压力，更是他前行的动力。在23年的教育教学工作中，叶鸿琳始终以高尚的师德感染学生，"学高为师，身正为范"是他的职业操守。作为教师，他是学生和家长眼中的"良师益友"，2009年，他被评为天津市优秀教师，2019年被评为全国优秀教师。作为管理者，他是教师和同行眼中的"师德表率"，2016年，他荣获天津市五一劳动奖章。叶鸿琳说，他会以"功成不必在我"的精神警醒自己"静心教书，潜心育人"，以"功成必定有我"的担当鞭策自己"求真务实，甘为人梯"，扎根课堂，做一个"泥腿子"教育家。

刘　霞

高级教师，民进会员，徐长青工作室成员，徐长青工作室首批研修学者，多次在全国"创新杯"数学学科赛课获十佳一等奖，"立教杯"全国大赛评审委员会专家，获对接雄安新区贡献突出奖，获走进雄安新区教育交流工作突出奖，多次参加徐长青工作室公益教学活动，徐长青工作室东川工作站爱心大使。

不忘初心教育情　矢志前行勇攀登

作为在教育一线工作30年的老教师，我深深地热爱着教师岗位，坚决贯彻习近平总书记的要求，做有理想信念、有道德情操、有扎实学识、有仁爱之心的四有教师。筑信仰之基，做理想信念的引路人；润为师之德，做人生航程的启明星；修善教之本，做授业解惑的大先生；怀仁爱之心，做至善至美的好园丁。不忘立德树人初心，牢记为党育人、为国育才使命，更好地担负起培养优秀人才的重任。严于律己，勤于工作，不断完善充实自己。

一、钻研简约教育，践行高效课堂

正是对教育事业的热爱，促使我在教学实践中不断成长。徐长青校长经常说：对于我们和学生教与学的活动，不要用我们的方式让他们去接近数学，而是要让他们用自己的方式接近数学。在教学过程中，徐校长的话时时鞭策着我不断思考，不断积累教学经验，逐步深化简约教育的研究。由简单提趣到有明确三约七简的简约教育，20多年来逐渐形成了自己的教学风格，取得了一些成绩。2005年，在"创新杯"全国教学艺术大赛上，赛课《"神奇的9"》获一等奖。2006年，赛课《杨辉三角》获十佳一等奖。2007年，赛课《纸带上神奇的发现》获十佳一等奖。2008年，做天津市市级观摩课《三角形的特性》。同年，在"三晋之秋"全国名师观摩活动上做示范课《三角形的特性》。2011年，在"三晋之春"做示范课《复式折线统计图》及专题讲座。2019年，"全国名师工作室创新发展成果博览会"赛课《平均数》获特等奖。2008年，参与教育部组织拍摄山西教育音像出版社正式出版的《山西省农村远程教育师资培训教学》系列片。成绩的取得有自己的努力，更多的是学校领导的大力支持，工作室专家、成员们给予的真诚帮助。

二、钟情教育科研，不断矢志前行

正像徐长青校长说的：不搞教学，过不了日子；不搞教研，过不了好日子；不搞科研，好日子过不长。要想脚踏实地教好每节课，向课堂要质量，就要注重教育教学理论研究，注重教学经验和规律的整理。如何将教学中的偶然现象提升为必然规律，是我一直认真研究的课题。其中，《多元智能理论下的有效提问策略研究》获国家A级。论文《在学习活动中构建学生心理教育的平台》获中央教育科学研究所评选奖，《海无涯探作舟》《数学综合实践课简述》获中央教育科学研究所评选奖，《思考——问题生成源泉》获交流奖。《发展学生数理逻辑智能的园地——谈对数学综合实践活动课的认识》等四篇论文获中国教育技术协会评比一等奖。在北京师范大学《中国教师》杂志社研讨活动中发表演讲《让理性之光照耀课堂》。2008年，《复式教学统计图》被收入书籍《徐长青小学数学教学思与行》。课题的研究及多篇论文的撰写为我快速提升教育教学水平起到事半功倍的作用。

三、助京津冀发展，博洒教育之情

为响应与落实党和国家的战略部署，在徐长青工作室导师徐长青校长的指导下，在成员们的协助下，我多次组织协调开展了"融入京津冀，服务大雄安，对口东西部"的简约教育万里行活动。先后成立了"京津冀简约教学校际联盟"，工作室雄安新区容城分站，徐长青工作室落户甘肃合水县。协调东西部教育帮扶、粤港澳大湾区的影响覆盖、江浙沪长三角联动都按下了快进键……这些不仅凝结着简约教育人新时代奋斗的心血和汗水，也彰显了不同凡响的简约教育人的风采与力量。简约教育研修基地校不断增加，现已达271所，覆盖全国27个省市。

工作室在本市各基地校开展了50余次"携手京津冀 协同促发展"的主题研修活动，采用全程直播的方式辐射京津冀地区，受益教师累计十万余人。获对接雄安新区贡献突出奖，获走进雄安新区教育交流工作突出奖。参与徐长青工作室向天津市残疾人福利基金会捐款捐物获证书。参加共青团天津市委员会第三届中国青年志愿服务项目大赛天津地区选拔赛活动获一等奖。多次被聘为"立教杯"全国大赛评审委员会专家。

四、助架抗疫桥梁，拼搏空中课堂

2020年春节期间，为防止新型冠状病毒感染的肺炎疫情蔓延，政府部门提出"停课不停学"的要求。消息一经公布，引发了徐长青工作室全体成员的积极响应，作为新时代的人民教师，不让孩子们因疫情暴发而耽误学业，就是和疫情做得最好的斗争。我在徐长青校长的指导下，组织工作室成员进行居家课程研发工作。利用工作室团队一线教师多、专业职称高、学科名师多的优势，我们集结正高级教师，组织一线学科名师参与到课程研发小组中来。针对特殊时期的特殊状况，为小学生量体裁衣，开设"睿师有约 空中课堂"线上公益课程。成员们以高水平、高质量、高站位、高引领，确保每一节课的质量。以优质教育资源助推学生的成长，在非常时期，以"爱与责任"的担当肩负起新时代人民教师的神圣使命，用专业精神塑造出教师新形象。

学生的成长不会按下暂停键，每一名小学生都是我们简约教育的试金石，他们的进步就是我们为国家做出的最大贡献！在2020年1月28日以后三个月里，我们全力奋战。工作室收集了来自全国31个省市的500余名优秀教师研发课程1920节、教学视频513条。课程观看人次超过了2亿，平均每节课关注人数超40万。《中国教育报》多次报道，并于9月在头版对徐长青工作室教育科研工作进行了专题报道。在中国教师研修网"心系荆楚 驰援湖北"的公益课程中得到全国同人的赞誉。2020年，徐长青工作室被授予天津市"示范性劳模和工匠人才创新工作室"称号。在众多品牌企业、知名团队中一马当先，位居榜首。

一路走来，初心依旧；回眸瞬间，更坚定最初的选择！感谢各级领导对我长期以来的指导帮助和方向引领。既选择，便无怨无悔；既选择，便风雨兼程。不忘初心，牢记使命，勇于担当，我愿在平凡的岗位上为祖国的教育事业做出最大的贡献，成为人民满意、社会满意的"大先生"。

郜 建 辉

正高级教师，天津市红桥区教师发展中心物理教研员，红桥区特级教师、学科带头人、名教师，天津市市级学科骨干教师，红桥区物理学会理事长，天津市教育学会物理专业委员会理事，全国运河文化教育联盟秘书长。曾获"全国教育科学课题研究先进工作者""天津市基础教育科研先进工作者""天津市教改积极分子""天津市教育学会先进工作者""天津市物理学会先进工作者""优秀教科研主任"等多项荣誉称号。

擎烛在手，送简约教育上高原

甘南是一个神秘的地方，一个美得无以言表的地方。苍穹之下，牧草无际，藏牛、寒羊、奔马，是九色的"香巴拉"。甘南之美源于自然的本真，源于生命的轮回，源于对高原的敬畏，源于质朴的人民。它遗世独立，安息了所有的喧嚣。在这里，你能听到大自然的心跳。日出日落之时，神奇的天空就像一副画板，不时变换着图案。当柔和的晨曦初照，洮河水倒映着青山，像是一块被大自然对折的玉屏，你分不清孰真孰假。它是祖国最唯美的瑶台，美得足以闭月羞花，足以沉鱼落雁；它的美又似素若的神女，氤氲着璀璨悠久的圣洁与纯真。甘南没有梦，因为它本身就是梦。你所相信的，或难以置信的，在这里都是真实的。

以上是诗人和艺术家眼里的甘南。匆匆过客，眼中的美、心中的美会湮灭一切。但如果你长时间待在甘南，可能会是另一番感受。3000多米的海拔所带来的身体内外压强差的反应是你从未体验过的。急速的呼吸伴随着发热与头痛，不能自已的腹泻与肚胀是家常便饭；你会尝试在一天内气温从十几度变化到零下三四度，体验"一日过四季"的刺激，两天就让你娇嫩的面颊泛起两朵尴尬的"高原红";你会尝试鲜美的牛羊肉嚼不动、青稞做的面食黏到粘牙、"夹生儿"的米饭可以打鸟,这一切皆因水的沸点在这里只有80多摄氏度。

我,作为一名援甘教师,既享受了初来时甘南美的临幸,又经历了高原长时间的揉搓。但作为一名教师,在"缺氧不缺精神"的支撑下,教育教学工作中的快感,当地学生充满期待的笑脸,让我用心、用情、用实际行动践行了教育人的承诺。

由我带队的红桥区中小学骨干教师一行七人,随区委组织部组织的第四批东西部扶贫协作专业技术人才柔性援派工作团,奔赴甘肃省甘南藏族自治州碌曲县,开展援派支教工作。这是我的第五次援甘支教之旅,也是我第二次到达高原藏区的碌曲县。本次活动是为了落实《天津市红桥区—甘肃省碌曲县人才合作框架协议》的工作要求,切实发挥东部地区高层次专业技术人才帮扶作用,提高西部地区教师队伍的整体素质。也是在2020年决胜脱贫攻坚战的收官之年,红桥教育人保持较高的政治站位,勇担重任、积极谋划,将习近平总书记关于扶贫工作的重要论述和决战决胜脱贫攻坚座谈会重要讲话精神贯彻落实到各项具体工作中的具体表现。

自2017年东西部教育扶贫协作工作启动以来,区教师发展中心就成为本区对口甘南碌曲县东西部教育帮扶工作的主力军。本次支教工作伊始,作为区教师发展中心教研员的我,就与天津市第三中学教务处沈建伟主任和天津市第八十九中学思政学科高扬老师一起,在积极投身当地教育教学工作的同时,将红桥区教师进修学校落实教研工作的"四微"(微教研、微讲解、微训练、微检测)特色活动带到了碌曲,与碌曲的教育同人一起,将"四微"的内容融入当地的教学工作,很好地助力了当地的教学活动,有效地解决了各学科的教学重难点,它也成为本次东西部教育帮扶工作的又一亮点。

同时,作为徐长青工作室成员的我,在与当地教师、学生的接触交流中,不失时机地将"简约教育"的理念贯彻在教学、教研和培训的过程中。从"双主线活动探索式"的教学链到教学的"五疑策略",从课堂教学的"七简"到课堂建构的"十yu",全面系统地与当地教师交流。碌曲的教师很快对课堂教学如何追求朴素灵动、正本清源、返璞归真,如何真实地呈现突出约取、博喻、简构这三个基本要素产生了浓厚的兴趣。"约而达,微而减""能博喻,然后能为师"的论述,"由繁到简,由博到约"的教育思想,得到了广泛的认可。

包容是民族的品质，帮扶是国家的号召，支援是人民的情怀。红桥区第四批东西部扶贫协作专业技术人才柔性援派工作团的广大教师用行动诠释了红桥教育人"勇担当，善作为，全心教育，舍我其谁"的工作精神。此行的帮扶工作是草原和大海的一次对话，是先进和落后的一次握手，是现在和未来的一次拥抱，是共生和共长的一次亲吻。作为一名援甘教师，能够助力脱贫攻坚，"虽功成不在我，但功成之中有我"，必定是一件无比自豪的事。

芦春艳

中共党员，正高级教师，河北省特级教师。河北保定师范附属学校教育集团副校长，分校区主管校长，河北民族师范学院客座教授。

先后荣获"全国中小学创造教育先进个人"荣誉称号，光明日报教育家大国良师特殊贡献奖。河北省名师工作室主持人、省优秀教师、省名师、省骨干教师、省首届教学标兵；保定市学术技术带头人、市"三育人"先进个人、"三八红旗手"、市优秀科研型校长；市名师、骨干教师、教学标兵。

孜孜不倦育桃李，无怨无悔写春秋

一、爱岗敬业 坚守初心

教师队伍的培养是学校发展的关键，河北保定师范附属学校教育集团（以下简称附校）为每一位教师的发展提供了广阔的空间。作为主管业务的副校长，芦校长凭借近30年的一线教学和管理经验，在工作岗位上践行了一名教育管理工作者的初心和使命。超常规、压担子、任务驱动等提升了芦校长的管理能力和专业水平，也成为教师成长的助推器。学校仅仅抓住提升教师队伍素质和教学质量两条生命线，实现了一年过关、三年成熟的目标。通过实施教师三梯队培养计划，为每一位教师量身定制培养计划；团队建设、结对帮扶、个别指导等培训方式，理念、课程、教材、实操、师德师风建设与个人成长规划，宏观培养加校本培训，形成了从合格教师到骨干教师再到名师的阶梯螺旋式发展新样态。

有人说，学校的发展与教师的发展相互依存，这也是很多知名校长的共识，一所学校要想更好地发展一定要为教师和学生提供足够大的有利于他们发展和成长的舞台及空间。附校每一位教师都在学校超常规的培训中迅速成长，在王淑英校长的英明领导下，学校的办学水平和教学质量得到了社会和家长的高度认可，成为保定市基础教育的一面旗帜！正所谓，教学相长，做管理者和做教师亦是如此。经过多年管理岗位的历练，芦校长也完成了由一名优秀教师向河北省名师和优秀管理者的人生飞跃。

二、示范引领 担负使命

2017年，被河北省教育厅授予省首届名师工作室主持人（首批名师工作室主持人共100名，学段范围从幼儿园到高中，小学数学共10人）。成立了"河北省名师芦春艳工作室"，带领来自邯郸、衡水、雄安等六个地市10名省骨干教师组成的团队，开启了河北省范围内的名师培养和带动辐射的新征程。仅三年时间，名师工作室建设就取得了令人瞩目的成绩，在首届100个名师工作室中率先建立了"以热点问题核心素养研究为抓手，以研究成果为导向，以带动辐射提升河北小学数学教师队伍育人观念为目标"，通过"一拖七绽放式"运行机制建设，让每一名工作室的成员实现了从当地名师到当地名师工作室主持人的华丽转身，省课题"核心素养教学策略研究"的研究成果，作为重要创新研究成果核心素养策略培养研究引领河北省基础教育的研究，为河北省小学数学教育研究提供了参考和依据，为河北省教育的发展贡献了力量。

作为教育部"国培项目"河北省专家库成员、河北省基础教育专家库成员、河北民族师范学院客座教授、河北省名师工作室主持人，在抓好两所分校区工作的同时，她还参与组织了近百场培训，足迹遍布河北省10个地市，为河北省基础教育发展做出了自己的贡献。此外，从2010年开始，芦校长连续六年担任河北省远程培训网管专家，为河北省35万小学数学教师提供专业引领、业务指导、线上答疑解惑等专业培训和指导。2016年，由河北省高教社组织的线上直播活动，为全省30多万小学教师奉献了一场2个多小时的线上直播课程和教材培训，起到了引领全省小学数学教师专业发展的作用。

三、躬耕实践 全面育人

2012年8月至今，芦校长主管附校南校区全面工作，学生从当初的500名到今天的1800名，教师由24名到今天的95名。作为分校区，麻雀虽小，五脏俱全，首先是完成自身角色的转变，由一名主管业务的副校长转变成一名全面管理的校长，同时要培养适合做管理的干部，还要谋划分校区文化的切入点和落脚点，建立加快教师队伍成长的措施和机制，所有工作扑面而来，作为一名数学教师，理性思维让她静下来，边干边整理思路，很快，南校区确立了发展思路：秉承管理立校，做足文化建设课题，依托附校的百年办学理念和文化优势，结合区位优势，挖掘保定二师的红色文化根基，确立了以传承保定二师的红色信仰和爱国精神的"红信文化"，提出了"三信"教育，即信仰、信念、信心，追求爱国有信仰，忠诚有信念，求真有信心，通过"红色六个一"课程的实施让保定二师的"七六烈士"爱国精神发扬光大，蜚声全国。经过几年的努力，二师纪念馆在发挥着文化教育、思想教育的同时，得到了保护、建设和发展，获批河北省爱国主义教育基地，获得了申报"全国文保单位"的资格，"二师纪念馆"展陈顺利通过了专家评审，于2020年10月20日开馆，向社会开放，完成了保定二师校友们多年的夙愿，也成为保定市文物保护和文化建设重要的里程碑。学校的办学质量和水平有口皆碑，得到了社会和家长的广泛赞誉！

一路走来，是教育赋予了芦春艳校长生命的价值，是热爱点燃了她无限的青春和梦想，是使命激励着她不断前进，是上级领导的关怀、帮助以及附校搭建的平台使她不断成长。不忘初心，方得始终，未来她仍以初心和使命为伴，在教育的路上播撒智慧和汗水，书写一名教育人炙热而朴素的情怀，不断追求未来的诗和远方！

李 洁

天津港保税区临港实验学校校长，高级教师，和平区人大代表，全国名师工作室联盟常务理事，全国教育教学科研先进个人，2014年经教育部选派赴香港做小学数学交流指导教师一年，包括常驻香港一所学校、加强一所学校、支援三所学校的数学教学指导工作，于2015年圆满完成任务并荣获教育部港澳台办公室颁发的赴香港优秀指导教师荣誉证书，同年获香港特别行政区教育局颁发的感谢状。

柔肩担重担　芊指育未来

一、精准教学，打造博雅教育

一所有特色的学校，必须关注人的发展。为此，李洁校长提出了"为全面发展的博雅、聪慧、幸福的人生奠基"的教育理念，构建以"博雅教育"为核心的校本课程体系，注重科学与人文素养的兼顾，致力于培养学识广博、品行雅正的优秀公民，以明理崇德铸就行为习惯，让博学雅正成为人生品格。

拓展课程个性化。李洁校长结合临港区域生源特点，将艺术搬进课堂，把坚定理想信念、厚植爱国情怀、加强品德修养、增长知识见识、培养奋斗精神、增强综合素质贯穿教育全过程。并开国学诵读社团、音乐合唱团、星光舞蹈社团、啦啦操社团等30多个社团，使不同性格禀赋、不同素质潜力的学生都能接受符合自己成长需要的个性化教育。

综合课程全员化。李洁校长将基础课程、拓展课程进行融合，形成全员参与、常态开展的综合课程。倡导各位教师根据不同学段、不同学生身心发展的特点和学生不同的学习风格，打破学段、学科界限，综合开展学科月活动、传统文化主题系列活动、社会实践活动，把学生日常学习的成果搬上大舞台，培养每一个孩子的自信与气质。在这样开放式的活动课程里，孩子们有期待、有体验、有创造、有收获，充分感受到了童年的快乐，真正为孩子全面发展博雅、聪慧、幸福的人生奠基。

二、专业引领，建立博雅教师队伍

李洁同志现任九年一贯制天津港保税区临港实验学校校长，坚持走校本研究、专业发展之路。办学坚持教科研导师制；坚持骨干教师培养项目与青年教师培养项目。加强校本课程的开发与建设，形成了"课题引领、理论学习、融合备课、教师说课、独立讲课、集体研讨"的简约校本教研模式，使校本研修成为每一位教师的需求，在校本课程开发的过程中挑战并拓展教师能力边缘，建设学校校本"资源库"项目，出版近百万字的专著。与全国名师工作室联盟签订京津冀办学一体化协议，与未来教育家奠基工程基地导师、正高级教师、中国教科院访问学者徐长青校长签订基地校协议，深入研究简约教学，落牌建立"徐长青名师工作室基地校"；与教育部中小学名师领航工程市级教研员张宏丽主任签署协议，落牌成立"张宏丽名师工作室基地校"；与未来教育家奠基工程 基地成员杜永刚副校长签署协议，落牌成立"杜永刚名师工作室基地校"。通过专家介入，创建临港学校名师成长共同体，激发学校教师专业发展活力，促进学校教师专业素养与品质的提升。

三、忠于教育事业，不忘育人初心

李洁同志始终把"献身党的教育事业"作为人生座右铭，以抓铁有痕的坚定决心，以不忘初心的工作热情，廉洁从教，忘我奉献，把教好书、育好人当作毕生追求。在学校管理中，坚持民主管理，团结协作，努力打造一个想干事、能干事、会干事、干好事的临港学校管理团队。坚持正确的办学方向，规范办学行为，让组织和领导放心，让学生、家长和社会满意。李洁同志带领临港学校管理团队，深入一线，服务于教职工。了解师生真实心声，努力改善学校办学条件，解决师生生活工作中的困难和问题，急师生之所急，想师生之所想，赢得师生对自己的尊重和认同。立足课堂教学主阵地，积极探索提质增效的课堂教学模式、方法、手段和途径，全面提高教育教学质量。

一方黑板，诚润桃李芬芳；三尺讲台，勤耕岁月华章。她是临港教育的拓荒者，更是教育事业的追梦人！未来已来，将至已至，以梦为马，不负韶华！

徐 娜

中学高级教师，现任河北省秦皇岛市海港区滨河路小学校长，河北省名师工作室主持人，秦皇岛市小学数学徐娜名师工作室主持人。曾获"河北省名师""河北省骨干教师""河北省师德标兵""秦皇岛市学科带头人"等荣誉称号。

研精覃思，行远自迩

一、矢志为师　无怨无悔

责任是不变的信念，信念是不变的坚持，坚持是无私的奉献。她坚持立德树人，贯彻党的教育方针，忠诚于人民的教育事业，以教书育人为己任，具有崇高的职业道德。"一支粉笔，两袖清风，三尺讲台，四季耕耘"，是她不变的教育初心，自1999年参加工作至今，她一直坚守教学一线，用爱与执着灌溉着祖国的花朵，每个朝阳的琅琅书声，每个日落的谆谆教诲，日复一日的点滴平凡，是她无私的奉献。三尺讲台对于她来讲，不仅仅是一方热土，更是终其一生为之奋斗的舞台。

二、锐意进取　勤练师能

"勤于学，敏于思，笃于行！"从教22年来，她一直把提高教育教学水平作为师德修养目标，为此而不断努力。从班主任到办公室副主任、教导主任，再到副校长、校长，无论哪项工作，她都兢兢业业、勤勤恳恳。与此同时，她还多次利用假期去边远的县、乡、村支教、助教、调研，不断探索钻研，提升自身的教育教学水平。"一分耕耘，一分收获。"功夫不负有心人，辛勤的付出换来了累累硕果，她先后参加了全国、省、市、区级以上教学研究课、示范课、"国培计划"讲座共计50多次，获得奖项高达几十项；在《天津教育》《科学教育》《教育周刊》等核心期刊发表论文10余篇；多次主持并参与了省、市、区级的课题研究，于2020年获秦皇岛市教育科学研究优秀成果一等奖。

三、引领辐射　带动提升

"独行者快，众行者远。"教育的本质意味着：一棵树摇动另一棵树，一朵云推动另一朵云，一个灵魂唤醒另一个灵魂。2013年成立了以个人名字命名的市级工作室，2017年成立了省级徐娜名师工作室，并带领团队加入了天津徐长青工作室，与江苏、天津、北京、河北的很多名师团队建立起互助关系，一次次的交流切磋，不仅使团队教师的教育教学水平得到了提升，而且带动了区域教学的不断发展。徐娜校长受邀成为"国培计划河北省名师讲师团"讲师，带领工作室成员先后到抚宁、青龙、北戴河、东港镇、杜庄镇等地送课近50余节，得到了受教学校教师及学生的好评，工作室的"送教下乡"示范课活动曾被《秦皇岛日报》《青龙时报》、海港区电视台、青龙县电视台等多家媒体报道。与此同时，工作室将教学研究成果推广到了省内外，曾受邀去天津师范大学为国培班做示范课，赴天津、合肥、石家庄、攀枝花、呼和浩特、保定定兴、巨鹿、任县等地开展课堂教学交流研讨活动，推动了教育教学的区域性发展。

近年来，徐娜工作室共培养省级骨干教师4人，市级骨干教师12人。主持人及全体成员获得省级综合奖励9项，市级综合奖励32项，区级综合奖励54项。所做示范课获得国家级优质课3节，省级优质课5节，市级优质课21节，区级优质课83节。

四、资源开发　服务学生

一场疫情，改变了学生的学习方式，同时也改变了教师的教学方式，徐娜校长带领成员教师积极投身网络教学，借助徐娜工作室公众号，开发基础课程资源，仅用7个月的时间，就把人教版小学数学一至六年级12册教材中的近6000道习题全部录制成讲解视频推送给学生及家长免费使用，每天更新一道数学难点题的完整讲解视频，给孩子更有针对性的指导……这样的网络资源不仅在疫情防控这个特殊时期发挥了线上教学的作用，同时作为辅助教学工具，解决了家长在家辅导难的问题，对重点、难点问题，学生在家可以反复观看，有效地辅助了教师的课堂教学。

"路漫漫其修远兮，吾将上下而求索。"徐娜校长从教22年，一路探寻、思考、逐梦的足迹，成就了她的教育梦，未来她将一路向前，走向卓越！

李 祖 华

高级教师，徐长青工作室第二批进修学者，获中国好校长创新奖、全国科研先进个人、人教版小学数学实验教材全国优秀教师、天津市德育先进工作者、两届天津市基础教育教改积极分子、天津市教育学会先进工作者等荣誉，被评为西青区专业技术拔尖人才、领军人才、杰出校长。

永做教育沃土上的耕耘者

一、初心如磐 笃行致远

"花的事业是甜蜜的，果的事业是珍贵的，让我干叶的事业吧，因为叶总是谦逊地垂着她的绿荫。"她就像那默默奉献的绿叶，经过30年的斗转星移，从一名普通教师到副校长，从普教科副科长到学校一把手，岗位职务的变化并没有改变她"实干加创新"的工作风格，她一步一个脚印，致力于教育的芳草园，使梦想逐渐变成了现实。先后被遴选为天津市"265"农村骨干教师培养工程首批学员，天津市中小学优秀教学校长培养工程首批学员，天津市中小学"优秀青年校长助推计划"首批学员。在参加天津市中小学优秀教学校长培养工程中，她的中期评估成绩在全市96位学员中排第一名，作为新四区的唯一代表，被选拔参加了"天津市校长领导力提升项目"，赴新加坡培训学习。她还多次受邀，为新入职教师、继教学员、265校级骨干教师进行培训，到甘肃、河北、贵州等省进行经验交流。曾担任265校级骨干教师培养工程指导教师、"千名农村校级骨干教师培养计划"指导教师、校长影子培训（跟岗实践）导师。在全国首届"立教杯"微课堂教学研究大赛中担任评委，并作现场点评。她具备扎实的基本功，能胜任并指导小学各年级的数学教学。2008年被评为小中高职称，是当年西青区唯一一名晋升小中高职称的教师。主抓教学时，她以观课议课方式创新课堂教学研讨模式，得到了上级领导的首肯。该成果刊登在《天津教育》上，在天津市首批教学校长班结业典礼上进行主题发言。主抓德育时，以五星班级管理抓实养成教育，创造德育品牌。主持学校全面工作时，以"多彩教育"特色文化建设引领学校发展，每年都接待来自全国各地的教育团体参观学访。她坚持低重心运行、高效率工作、走动式管理、近距离服务。在献血、社区值守、抗击疫情捐款、扶贫旅游等方面处处身先士卒。

二、传承创新 点亮特色

多年来，杨柳青年画特色课程一直是实小一张亮丽的名片，在天津市乃至全国颇有声誉，被教育部命名为首批"全国中小学中华优秀文化艺术传承学校"，被中国教育学会授予"传统文化进校园"首批试点学校。李祖华不断深化特色，将杨柳青年画课程建设作为传承中华优秀传统文化的抓手，作为传递中国"文化自信"的重要载体。她把年画与情操德育相结合、与审美艺术相结合、与创新能力相结合、与动手劳动相结合，校园中具有浓厚的年画文化氛围。她开设了年画必修课、选修课、整合课，还以年画社团为主要载体，开展"小创客"活动课程，让学生将学习的年画知识和绘画技艺应用于实践中，在动手动脑的过程中收获实践能力。她撰写的多篇相关文章刊登在国家级、市级刊物上，其中撰写的《传承优秀文化绽放多彩教育》被评为教育部中小学传承学校优秀文化的阶段总结，是天津市唯一的一篇，并在天津市首批全国传承学校工作会上进行经验汇报。2020年，李祖华又带领全校师生创新思路，结合新时代培植新的特色项目。比如，创新思政课体系，在全区率先推出思政校本课程资源，牵头编写了《传承红色基因读本》《红心少年跟党走》，创新开发"校史思政课"等系列课程。

三、倾情倾力 助推成长

李祖华始终坚持教师队伍是学校发展的根基。围绕立足教师个体专业成长，她采取"分层多维"创新培养模式，通过育人讲堂、教师论坛、读书沙龙、课题研究、师徒结对、考察调研、网络交流等形式，充分激发教师自主学习、自我发展、自我提高的积极性和创造性。她总是把自己放在教师的位置上去谋划教师的发展，用自己的"务实、踏实、真实"去带动身边的教师。在教师队伍建设工作中，她把握四个维度：一是任务驱动，提升教师的学养、修养、涵养；二是课题带动，力促教师专业成长，除了承担国家级、市区级课题外，扎实开展小课题研究，让课题在落小、落细、落实上出成效；三是校际互动，优势互补，和区内兄弟校加强同课异构、主题研讨；四是跨区联动，资源共享。如今，学校已建立起一支结构合理、品德优良、教育教学能力较强，学生喜爱、家长信任的教师队伍，学校教育质量的进一步提升有了坚实的基础，教育的高质量发展也就有了最持久的动力。

正是在她的带领下，学校被评为全国巾帼文明岗、全国国防教育特色学校、全国青少年校园足球特色学校、全国家校共育创新实验校、天津市教育系统先进集体、天津市文明单位、天津市思想政治工作先进集体、天津市三八红旗集体等多项国家级、市级荣誉称号。学校的活动多次被《人民日报》《光明日报》《法制日报》《天津教育报》、中国教育电视台、天津电视台、西青电视台等媒体报道。李祖华也多次在全国相关会议上分享学校的办学成果。

未来的日子，她将进一步树高起点、夯实基础、跨越难点，守一份初心，凭一份执着、矢志不渝、砥砺前行！

郑建洪

高级教师，浙派名校长，金东区名校长，金华市优秀教育工作者，金华市家庭教育先进个人，金华市少先队先进工作者，全国一等奖课题主持人，全国一等奖论文、课件获得者。浙江省金华市金东区第二实验小学校长，金东区名校长，浙派名校长培养对象，徐长青工作室成员。从教31年，一直奋斗在思政教育的第一线。无论管理还是教研、教学、育人，他都一直在领跑。他是专家学者，是教育信息、家庭教育、未成年人教育、社会心理服务等领域的专家；他是全国一等奖课题主持人，全国一等奖论文、教学案例获得者，他是砥志研思、笃行致远的开拓型、全能型校长。

让每个孩子都发光

一、创新管理专兼共育

2020年是浙江省金华市金东区第二实验小学由农村小学向城区小学转型的非常时期，郑建洪根据国家《中长期教育改革和发展规划纲要》精神，站在高质量发展的高度，打造一流名校，提出"358"美丽工程建设，即三年上台阶，五年变名校，八年成一流的规划。

他坚持民主管理，实行"精准管理，全员参与"模式，让所有教师参与学校管理，每位教师明确自己的责任与使命，在学校的管理与发展中主动作为，积极发声。为助推"358"工程建设，建立专兼共育机制（专职中层与兼职干事共同培养），充分挖掘潜能，全面培养人才，打造了一支有责任、有担当的创新型教师队伍。

二、创设条件科研兴教

潜心以爱、研精毕智。郑建洪校长清楚地意识到知识、经济全球化，以及人工智能高速发展的"断裂的时代"，教师必须努力站到高处，终身学习，跟上并适应时代的变化，具备创造力、教学变革能力和领导力，实现教育工作者向教育创新者的转变。

一直从事一线教学工作的他积极投身教育改革，主持国家级课题"'智·爱'理念下小学生习惯养成的行动研究"，主持研究并撰写课题结题报告，荣获全国一等奖。近两年有7篇论文、1个案例、1个课件获全国一等奖，10余篇论文在国家级刊物上发表。他就研究的家庭教育、成长型思维、习惯养成等课题成果进行电视讲座，受到广泛好评。躬行实践影响着教师们努力前行。

他山之石，用以攻玉。他致力创设条件，成为徐长青工作室站属联盟学校、测文网语文测评研究院试验基地、舒珂特级教师工作站，聘请著名歌唱家李清资为音乐艺术顾问，与省内知名学校结对共建……依托平台和专家引领，凭借优质资源，通过一系列举措促进教师人人本着"新、真、特"的视角做课题，形成"质疑、调查、研究、反思"的教研模式，打造了一支师德高尚、业务精良、勇于创新的教师队伍，从而实现了科研兴校、科研兴教的治校理念。

三、创建平台全面育人

秉承"让每个孩子都发光"的理念，让每个孩子在学校教育中发现自我，建立自信，不断向上生长，最终成为能够寻找幸福的完整的生命个体。郑建洪带领全体教师积极开发校本课程——散打、高尔夫、花样跳绳等运动课程，食育、习惯养成等生命生存课程，龙舟、婺剧等传统文化课程，环创、少年法治等社会实践课程，机器人、编程等高科技课程……致力于"智·爱"文化的建设，以爱启智，以智育人，做有灵魂的教育。

以活动为依托，以课程为抓手，搭建一个又一个平台——利用周一升旗仪式进行爱国主义教育，升国旗之后，升校旗、班旗，开展优秀班级展示活动，使学生学有榜样，赶超争先。每周开设拓展课程，举办龙舟文化节、与抗战老兵同唱一首歌……知行合一，在五育并举中彰显智慧。开展跨学科学习、项目式学习，让学生开阔视野，感知文化跳动的脉搏，拥抱社会飞速发展的讯息。

搬迁至新校区，设计"智·爱"校园文化：校史馆、法治教育基地、红领巾学院、廉政文化长廊、校园红绿灯，让学生处处受教育于无形之中。2020年成为金华市绿色校园、浙江省心理健康教育示范学校，为促进学生身心健康发展提供了良好的平台。学校积极探索党、团、队一体化育人模式，着力开发以美育、体育为亮点的"3+n"家校合作课程，开办家长学堂，提升家长育人能力与水平，充分利用家庭、社区、社会力量促进学生成为"有品有智有礼有爱"的四有贤童。

砥志研思，笃行致远。郑建洪表示，在这个知识爆炸、科技不断创新的时代，带领的团队必将以高远的格局、包容开放的气度，接轨全球先进教育理念，提高办学水平，丰富学校内涵，积极推动学校品牌建设。乘风破浪，无畏前行，为教育事业创新不已，奉献不止！

李得顺

高级教师，徐长青工作室成员，现任青海西宁红军小学党支部书记、校长，李得顺名师工作室主持人。曾获中国当代教育百家带头人、青海师范大学师范生实践导师、国培计划青海省小学数学教师培训团队置换脱产研修"影子研修"指导教师、吴正宪工作站青海分站指导教师、西宁市优秀教师、西宁市教学新秀、西宁市骨干教师、西宁市学科带头人、城东区名师、城东区课改先进个人。

在平和中找寻做教师的幸福

1999年，毕业于青海师范学校的我，秉持着"学高为师，德高为范"的校训，踏上了成长为一名优秀教师的征途。这八个字也对我今后从事教育教学工作产生了巨大的影响。无论是从班主任到教研组长，还是教导主任兼教科研工作，抑或是副校长到校长，我都乐在其中。回顾从教的22个春秋，我个人总结，总是找不到一个合适的词，后来我想"一丝不苟、兢兢业业、潜心教学"几个字是大致可以概括这22年来的工作历程的。现在回眸，选择教师这份职业，我无怨无悔，始终在教育教学的路上，努力追寻教师职业的幸福。

同事们评价我是一名智慧型教师、研究型教师，也是一名艺术型教师，领导们肯定我是一名优秀的模范党员，乐学勤思，勇于实践，用真诚的爱心，科学的管理，创新的思路，走在了教育事业的前列，为其他党员和教师树立了榜样。

我以打造红色校园文化和红色基因传承展览馆为载体，通过创立"红色党建，浸润红小"的党建品牌，以"1+2+4+N"构建红色教育体系。学校先后被中共西宁市委宣传部命名为西宁市爱国主义教育基地，被共青团西宁市委命名为西宁市青少年爱国主义教育基地，被城东区委授予城东区新时代文明实践点，被全国红军小学建设工程理事会授予全国红军小学建设工程爱国主义教育培训基地，被全国红军小学建设工程理事会授予全国红军小学五星级学校，被中共西宁市委授予全市先进基层党组织、青海民族大学教师教育实践与研究基地、城东区科技实验校等荣誉称号。

正如习近平总书记在八一中学中提出的做"有理想信念、有道德情操、有扎实知识、有仁爱之心"的四有好教师的标杆，我在努力修炼中。

一、头雁效应 抱团成长

我所在的青海西宁红军小学，位于西宁市东关大街80号，是西宁市建校最早的完全小学之一。近年来，在国家和省、市、区各级教育部门的大力支持下，学校各项工作稳步开展，教学成绩逐年提升。2008年6月26日，在全国红军办举行的"红军后代向青海希望工程援建红军小学捐赠仪式"上，西宁市东关大街小学被正式授牌为"中国工农红军青海西宁红军小学"，成为红军后代援建的全国第77所受益学校。学校从精神文化建设、物质文化建设、制度文化建设等层面整体规划，修订完善学校管理体系、德育教育等方面的工作，确保德育教育目标层次化、内容系列化、时间常态化。红军小学展览馆作为省、市、区青少年爱国主义教育基地，主要对全省的中小学生开放，同时也对各企事业机关团体单位和省内外游人开放，全体教师致力于学生社会主义核心价值观培育，培养学生的核心素养，引导学生"系好人生第一粒扣子"。2020年11月21日，中央电视台全国新时代好少年先进事迹发布会上，学校"红军精神宣讲团"成员马伟同学获得全国"新时代好少年"荣誉称号。在教育实践中，我带领全体教师结合学生的年龄特点，采用适合学生的简约教学方式，打造简约不简单的有效课堂，引导学生坚定理想信念，争做有理想、有本领、有担当的时代新人。

二、乐学勤思 爱岗敬业

从事小学数学教育教学工作以来，尤其是加入徐长青名师工作室后，通过导师引领和同伴互助，积累了比较丰富的课堂教学经验，形成了富于情感、求真务实、具有亲和力的简约教学风格。曾主持或参与国家、省、市、区级课题的实验，有一定的科研能力。在教学研究中不断提升自己的教学水平，努力围

第一章 简约之道 李得顺

绕日常教学现象展开研讨，并记录自己的感受和思考。

爱是教育永恒的主题，热爱学生是教师厚重的职业底色。在指导青年教师的同时，我面对一个个具有丰富情感的鲜活生命，用一颗仁爱之心关心、爱护每一个孩子，同时也赢得了学生们真诚的爱戴。

教学是一门艺术，需要用心揣摩，我始终坚信这一点。我常想："对于老师而言，班级的一位学生只是你的几十分之一，而对于一个家庭而言，他就是全部的希望。"每每想到此，我都觉得肩上责任重大，所以，我从不放弃对任何一位学生的教育。关注弱势群体，对于班级里学习较差的学生，从不放弃——课堂上将简单的问题抛给差一点的学生，培养他们的自信心；同时，注意挖掘这些学生身上其他方面的才华，让他们意识到自身的价值，给他们提供展示自己的舞台。我所带的班级无论是教学成绩还是学生身心健康发展方面，都得到了学校和家长的认可与好评。

三、引领辐射　逐梦教育

做一个幸福的简约教育人是我毕生的追求。其实，幸福只存在于个人的心里，本质上就是自我在心理上的一种满足感。最简单的幸福，就是与各种不幸相比较而言的。知足者常乐，心安者幸福。

作为学校的校长和城东区名师工作室的主持人，我在业余时间主动学习，对全体教师和工作室学员起到了潜移默化、模范带头的引领作用，而且，我主动承担青年教师帮教工作，将所学用于教育教学的实践当中，在业务上积极指导，在教学上进行沟通与交流。这些年青教师也经常邀请我去听课，我总是积极地提出指导意见，让教师们明确今后教育教学中要把握的方向。

一个幸福的人，既能享受当下所做的事，又可以获得更美满的未来。幸福不是拼命爬到山顶，也不是在山下漫无目的游逛；幸福是向山顶攀登过程中的种种经历和感受。真正的、持续的幸福感，需要为了一个有意义的目标，而去快乐地努力与奋斗。

我在想，一个能感受到幸福的教师，怎么会不把学生引领到追寻幸福的道路上来呢？所以从这个角度来说，教师在完成本职教学工作，教育学生成才的同时，努力成就自我，二者是不矛盾的。如果说学生成才是教育工作的着眼点，那么，教师成长就是教育工作的着力点。

站在新的历史起点上，我校从幸福的教育观、内容、方式方法、途径等开始构建，让家长、学生和教师都参与其中，让教师在努力践行简约教育的过程中感受教师职业的幸福，让学生在简约教育课堂中幸福快乐地成长。今后，我必将顺应时代发展，发挥西宁市爱国主义教育基地和城东区新时代文明实践点的作用，带领红军小学的少先队员们，始终听党话、跟党走，从小培养热爱党、热爱祖国、热爱人民的情怀，展现出朝气蓬勃的精神风貌，不断改革创新，积极开展工作，带领全体教师构建平等和谐的师生关系，把简约高效的课堂践行好，让更多的孩子和家庭享受简约教育的丰硕成果。

在今后的简约教育教学实践中，我依然秉持着"做孩子喜欢的数学教师"，铸就属于自己风格的教师气质，在平和中找寻做教师的幸福！

赵晓兵

山东省泰安市泰山区上高街道办事处小井小学校长，泰安市优秀教育工作者，泰山功勋教师，泰安市学科带头人，泰安市优质课、泰安市创新课一等奖获得者。2014年加入徐长青工作室团队。

约取精华，滋养生命

一、博观立己，追求卓越

作为一名数学教师，赵晓兵在专业发展上一直追求卓越，不断探寻专业成长突破口，实现一次次自我突破。

1. 探究生本课堂，滋养"真学习"

课程标准指出"学生是学习的主人，教师是学习的组织者、引导者与合作者"。然而，在我们的课堂上，学生的学习动机是否得到激发？学生的思维是否得到激活？教师隔靴搔痒的现象时有发生。如何实现学生"真学"？基于徐长青校长提出的"学生最近发展区"教师有效干预的教学主张及课堂教学中"三不讲"原则，赵晓兵开展了"生本课堂"，改革实践研究，具体做法如下：将教材中的情境图印发给学生，组织大家开展预习活动，实现先学后教；第二天课堂上集中处理学生预习活动中出现的问题，实现以学定教；在师生互动中，教师紧扣教材，实现精讲精练，完成教学目标。上述操作流程，简化了课堂教学环节，保障了学生的主体地位。教师的讲解直指学生困惑处，提高了课堂教学效率，促进了学生全面发展。基于该研究，赵晓兵撰写的论文《小学数学中高段生本课堂实施路径的研究》荣获山东省教学成果二等奖。

2. 依托小课题，滋养"真研究"

徐长青校长非常关注团队成员的教育科研能力，告诫团队成员"教师不搞教研，过不了好日子。不搞科研，好日子长不了"。在徐长青校长的指导下，赵晓兵紧紧围绕"小课题、真研究、研究透"的科研要求，开展了"小学数学低段笔算教学学具使用有效性的实践研究"国家级课题研究。其间经历了严格、规范的课题申请论证、开题、中期考核、课题结题答辩等过程，最终顺利结题。通过课题研究，赵晓兵提出了"当前小学数学笔算教学，既要重视学具使用，又不能过度使用"的研究主张，得到马开剑教授的充分认可，该课题研究获得"A"的评价。

3. 深植传统文化，滋养"真案例"

习总书记指出："传统文化是中华民族的根。"根不能断，根不能丢。数学传统文化如何与现代课堂教学有效融合？在徐长青校长的指导下，赵晓兵开展了数学传统文化融入现代课堂的实践研究，先后成功开发出《更相减损术》《一尺之棰》等课例，先后应邀赴河南、河北、山东等地讲课、作报告，均受到欢迎与好评。

二、约取达人，守正创新

作为一名校长，赵晓兵将"简约教育"理念融入学校管理中，以促进教师专业发展为提升学校管理水平的抓手，不断探求学校管理的新境界。

1. 教师评价，实现教师发展有动力

人，是学校发展的关键因素。评价机制，是学校管理的关键环节。抓住教师评价这个事关学校发展的牛鼻子，管理就会事半功倍，学校就会风清气正。2014年，赵晓兵上任伊始，通过个别谈话、集体研讨等形式发动教师查漏补缺、建言献策，积极构建科学合理的教师评价方案。经过努力，学校综合考评方案应时而出并获教职工大会全票通过。该方案奖勤罚懒，激励奉献，彻底摆脱了论资排辈等困扰学校管理的旧规，实行7年来效果显著，教师们有了奋斗的目标，不用扬鞭自奋蹄。在此带动下，一系列成体系的学校管理制度逐步建立健全，学校管理逐步规范，学校办学质量快速提高。办学规模从原先的7个教学班，学生不足300人发展到42个教学班，学生超过2000人。

2. 教师培训，实现教师发展有后劲

学校紧紧围绕提高教师基本素质，先后开展了教师普通话、教师粉笔字、

教师教材解读、新教师入职培训、中层干部培训等系列培训活动，有计划、系统地提升教师群体素质，实现了教师发展有后劲，多名教师在泰山区教师基本功大比武中取得一等奖的好成绩。

3. 教师教研，实现教师发展有抓手

课堂是实施素质教育的主阵地。上好课，是教师的看家本领。学校聚焦课堂，有计划地组织"入职教师亮相课""青年教师赛课""骨干教师展示课""学期考核课"等教研活动，让教师在课例打磨中成长。为了更好地促进教师发展，学校坚定不移走"请进来"和"走出去"之路，邀请省内外名师送课到小井小学，并组织骨干教师送课到友好学校、农村学校，在带动兄弟学校发展的同时，实现自我提升。在学校的努力下，一批青年教师茁壮成长，仅2021年，学校就有四位教师荣获泰安市优质课和创新课一等奖。

学校发展了，最大的受益者就是学生：自选社团丰富多彩，校外实践基地收获快乐，校长杯足球联赛不亦乐乎，"好习惯"天天读书活动其乐无穷……小井小学已经成为学生的幸福家园。学校先后获得"全国校园足球特色学校""泰安市教书育人先进单位""泰安市规范化学校"等荣誉称号。

"井养万物，养而不穷"，教育不就是那一口养育生命的井吗？赵晓兵校长用自己的青春与才智约取精华，滋养生命，不断探求自己的教育梦想。

张　然

徐长青工作室成员，河北保定人，1979年出生，大学本科学历。保定市莲池区河北小学教育集团青堡校区校长，1998年8月参加工作，荣获莲池区优秀党员，保定市莲池区好人，保定市说课、微课一等奖等荣誉称号。

扎根农村教育的守望者

张然校长1998年8月分配到青堡小学任教，2012年任青堡小学校长。学校位于保定市东三环的青堡村，拥有南北两座教学楼，二百米标准地胶跑道和足球场地，学校拥有美术室、音乐室、书法室、实验室等15个专用教室，是一所教育教学设备先进的现代化小学。如果不是坐落在农村，我们无论如何也不会将这样一所小学与农村学校挂上钩。张然校长用了三年时间，实现了校容校貌和教育教学质量双提升的华丽转变。

一、艰难时刻，砥砺前行

在刚上任时，她被家长称为青堡小学"末代皇帝"，原因是村民们早就知道学校在上级的撤并名单之列，当然更重要的原因是家长们一般都不会把自己的孩子送到这个学校。接下来的几年，她几乎没有休过周六日，没有节假日，她动员书记、村长一起找到文教局，一趟趟地找，终于等到了市里的专项资金，于是，学校的第一座教学楼在2014年6月开工了，当时村民们都涌到了开工现场，我们教师们激动得掉下眼泪。一千个日夜的守候，她用行动践行了自己的诺言，三年间，她几乎每天都到工地上与工人探讨建设思路，帮助协调因施工而受到影响的村民，动员村里搬迁了六户房基地和民宅，学校扩建了2300平方米，处理村民与学校占地纠纷数十起，每天，她第一个走进学校，嘱咐好施工方的安全施工，放学，她最后一个走出校园，看着学生们平安离开。在学校建设的几年中，她没有一次和爱人孩子外出旅游，孩子中考她没能去送，老人生病她也只能利用晚上的时间守候，她总说：学校无小事。她不仅带领学校摘掉了落后的帽子，而且让学校成为农村学校的标杆，很多教育同行来学校参观学习，对学校的建设和文化布置都赞不绝口。

二、加强理论学习，提升农村学校的管理水平和教育质量

办学的根本是教育教学质量的提升，在学校外在条件得到很大提升的同时，她没有忽略学校的内部管理和教师教学能力的提升。学校的长期发展是与办学水平的提升密不可分的，为了提升自己的管理水平，她不仅自费报考教育管理专业，而且利用假期多次带领教师们到北京的十一学校、润丰学校、清华附小参观学习，通过学习，提高管理水平。她深入课堂，了解现在学生的学习状态，每学期都开展各种教研活动，提升教师的教研水平。经过几年的努力，教师们的教育理念大大提升了，教学水平也有很大的提高，教学成绩更是有了明显的进步。2017年5月，在徐长青校长的大力支持与帮助下，莲池区第一个"简约教学基地"成立了，同时，青堡小学也加入保定市名校河北小学教育集团，从此更名为"河北小学教育集团青堡校区"，有了优质教育资源的引进，学校才真正地插上了腾飞的翅膀。

在莲池区第一届教师业务大比武中，学校教师齐心协力，顶着莲池区众多名校的压力，派出三名教师参赛，最终，英语获得莲池区一等奖，并向全区做了汇报课，语文获得全区二等奖，思品课获得全区一等奖；2016—2017年度"一师一优课，一课一名师"市级优质课评选活动中，语、数、英三位教师的课被评为市一等奖，其中，语文课获得"省级优课"；语文教导主任在2017年莲池区小学语文青年教师基本功竞赛中获一等奖；2018年5月，学校老教师荣获2018年度莲池区班主任素质大赛小学组一等奖；2018年7月，在莲池区教师发展中心举办的中小学校本课程学科优质课评比活动中，语文、思品、综合实践课等都获一、二等奖；2019年4月，我校三名教师被评为莲池区级骨干教师；同月，我校语、数、英、音乐、美术、信息等一批教师在说课、微课、优质观摩课等活动中纷纷获奖；2019年12月，音乐教师的课例《山谷回音真好听》被中央电化教育馆评为教育部2019年度"一师一优课、一课一名师"活动"优课"；2020年3月，我校四位教师在"心系荆楚、驰援湖北"的爱心援教中，参

与徐长青工作室发起的"睿师有约、空中课堂"公益课程的研发，为学生录制语文、数学课程2节，为湖北师生居家隔离阻击疫情做出贡献；2020年4月，我校教师的微课《小数乘法》，在河北省第五届微课大赛中获河北省电化教育馆授予的三等奖。

三、不忘初心，砥砺前行

教育事业是一项面向未来的事业，校长总在全校教师会上这样说："为了孩子们，所有的付出都是值得的，尤其是农村的孩子，家庭成员的知识水平差，农村教育工作者身上的担子更重。"现在村里的孩子们不再羡慕城里的小孩，因为学校的硬件设施不比市区差，甚至很多方面比城市学校更好，她的执着与努力，换来了学校教学质量的大大提升。家长们送来了锦旗，赞誉声一片。近几年来，在张然校长的带领下，我们农村的教育跟上了天津名师徐长青老师的脚步，徐老师在我校成立了名师工作室，能与名师为伍，这对我们农村小学的教师来说是何等幸运！在张然校长的带动下，我们跟随徐老师的脚步往返于天津、北京、雄安新区、山西、海南，开阔了眼界，增长了知识。

展望未来，青堡小学在张然校长的带领下，我们会更明确"德育"的重要性，先做人，后做事，走上三尺讲台，教书育人；走下讲台，为人师表，用以德育人的教育理念引领着一批又一批的教师成长！我们现在更有理由相信，青堡小学一定会走出一条别具特色的农村教育之路。鲜花在前面，我们在路上！

第一章 简约之道 张 然

孔维薇

天津市北辰区佳园里小学校长，高级职称，徐长青工作室第一批进修学者。荣获第十五届"创新杯"全国教学艺术大赛讲课类一等奖、红桥区十大杰出青年称号、天津市第四届青年校长学术论坛一等奖、市区级教育学会先进工作者、学科带头人、教改积极分子、青年岗位能手、优秀教师、优秀教育工作者、优秀共产党员、"希望杯"一等奖、"成才杯"一等奖、区第二、三、四届名师等荣誉称号。先后主持七项国家级、市级课题并圆满结题。

耕耘在教育的田野中

走上管理岗位后的我，学校有需要时仍站在三尺讲台，和学生在一起分享数学的快乐，体会着为师的幸福。此后，我被聘为区教育中心兼职教研员，有针对性地开展各项研究活动，帮助教师提高教学水平，并参与红桥区六年级毕业班的试卷命题工作。在教学实践中总结出尝试交互型的学习方式，在课堂教学中为学生提供丰富的学习资源，让学生在相互作用、相互影响中，尝试解决数学问题，促进学生的自我学习、自我分析、自我提高能力的提升。

一、精细化管理校本教研，促进教师专业成长

为师之道，犹如一杯咖啡，若只是自己埋头苦干，那么它注定是晦涩苦闷的，如果在咖啡中注入爱与研究的伴侣和糖，就会散发出浓浓的香气。我们作为管理者就应当为教师提供一张咖啡桌，让每位教师都有属于自己的"咖啡时间"，创设和谐环境，让教师在温馨的氛围中研究。这个咖啡桌就是具有我校特色的校本教研平台。

我们提供的咖啡桌是"圆形"的。在这里，咖啡桌是属于每一位教师的，教研领导与每个教师都是平等的，教师之间也是平等的，咖啡可以独饮，也可以与朋友聊天小聚。教师可以各抒己见，可以聆听不同的声音，也可以争得面红耳赤。

我们提供的咖啡桌是立体的。我们组织教师的教研形式是多种多样的。以教师个人形式为主，或以年级教研形式为主，或以学科教研形式为主，或以学校全科教研为主。通过网络式的管理模式，四种教研形式相互联系、相互渗透、互为补充，形成提高教师技能的一个有机整体。我们组织教师开展教研的手段是丰富的。一是每学期人人参与的"课堂练兵"。二是将虚拟的咖啡桌搬到网上，打破时空限制，让教师随时随地都可以进行互动交流。三是课堂观察。采用管理细节的量化，将听课内容以量化的形式提出要求——课堂观察法，减少听课、评课的随意性，促进教师的专业成长。

我们提供的咖啡桌是开放的。一是邀请教育教学专家举办专题讲座，为教师带来课改前沿信息，不断更新教师的理念；二是把教师送出去，参加各种形式的讲习班和研讨会，学习先进经验，提高业务能力；三是在校内组织教师观看有关教育科研的录像；四是举办校本教研的经验交流会。每位教师带着自己的经验而来，带走集体的智慧。

二、创设生态服务，培养合格教师

所谓生态服务就是，追求学校教育服务功能的最优化，我们以导、信、带、引为服务宗旨，用适合的方式实现培养青年教师成为合格教师的目的。

导——满意职业，快乐学习。加强对青年教师的精神塑造，以唤起他们的职业自豪感、幸福感，我们以"座谈会""演讲会""经验介绍"等形式对青年教师进行理想教育，传递给他们这样一个信息——工作者是美丽的，学校为你的存在而骄傲。

信——尊重信任，大胆使用。在课题研究、教改实验上，大胆启用青年教师。

带——创设氛围，师徒结对。学校里严谨的教学风气，团结协作的学术团体，良好的研究氛围，前沿的科研课题，是青年教师快速成长的旺火炉。学校组织教学基本功培训，开展校内基本功大赛，以赛促练，让教师们一次一次地修改自己的教案、下水文等等。准备的过程也是进一步提高的过程。

引——建立档案，自主发展。从学生成长记录袋中得到启示，发现建立教师成长记录袋一是能丰富教师的评价内容和方法；二是让教师看到自己的成长过程，反思自己的成长过程；三是让教师明确自己的前进方向；四是通过档案袋中内容的交流实现智力资源的共享。

正如我们的一位青年教师在成长记录袋中的一幅自画像：小青虫正在慢慢羽化成蝶。

三、构建"绿色课程"体系，落实教育的目标

秉承"核心素养落地的根本途径就是课程"这一理念，在"构建和谐佳园"办学目标的引领下，根据学生核心素养体系的框架进行课程设计。设置了8个类别，25门课程的隐性与显性课程。

隐性课程——校园即课堂，一切皆课程。为了给学生营造安静的育人环境，强化儒雅的校园文化氛围，我们打造"绿色"校园，做到了校园内春有花、夏有荫、秋有果、冬有青。开展了多彩的实践活动，润物无声地影响学生核心素养的形成与发展。三风一训熏陶课程与墙面主题展示课程体现了学校的办学特色，分楼层的主题文化布局，融知识性、教育性、艺术性于一体。

显性课程——成长即课堂，特色润课程。设置了彰显学校教育特色的六类课程，即仪式课程、创意课程、拓展课程、辅助课程、生活课程、艺术课程。

耕耘了29年，在自己的田间本想小憩些许，我举目遥望，才发现教育的田野一望无垠，而我只走了一点点，田野在召唤着我继续前行。

张宝颖

高级教师，天津市滨海新区塘沽工农村小学党支部书记、校长；徐长青工作室骨干成员。全国生态文明教育创新人物，滨海新区优秀共产党员、骨干教师，滨海新区"三八红旗手"，滨海新区读书之星，科技教育先进工作者，教科研工作先进工作者。《天津教育报·未成年人》特约编辑。她还热心关注公益事业，《今晚报》曾报道过其光荣事迹。两次受邀到中央教育电视台开展学生学习习惯及良好品质养成方面的讲座。主持的课题《互联网+教育背景下混合式教学模式探究与实践》被评为"十四五"规划重点课题。从教30余载，奋斗成为她人生最美的姿态。

甘为孺子育桃李，醉心"简约"幸福常

一、以身示范做工小简约教学的引领者与分享者

未来已来，时不我待！张宝颖坚信等待只能远离未来，先开枪，再瞄准，力争学校教育常变常新，让先进的教育理念唤醒自己的教育初心。多年来，她醉心"简约"，潜心钻研，不管作为班主任、教学主任、教学校长还是塘沽工农村小学校长，她坚守"俯首甘为孺子牛"的人生信条，与全体教师一起，深入一线，将工作中碰到的难题视为机会、资源。面向未来，教师需要具有超越自己原有边界和局限的勇气与智慧，她始终保持上行的姿态。2013年，她应邀到广西玉林送课交流。2015年，她在徐长青简约教学研究成果交流展示暨海峡两岸教育名家共享智慧课堂高峰论坛活动中做展示课。2017年，她受邀参加央视教育台少儿节目并担任嘉宾。2021年5月，她再次受邀到央视教育台进行《习以践行静待花开》为主题的学生习惯养成方面的培训。她写的文章在《天津教

育报》《青少年科技博览》《语文现代化论丛》等刊物上发表。2021年，天津市滨海新区塘沽工农村小学成为滨海新区教学研究实验基地校。

二、勇挑重担做"幸福教育"的探索者和创新者

自2012年8月来到工农村小学，她始终关注学校发展必须有自己的核心发展要义，她与行政团队不断思考：我们要建设一所什么样的学校？我们要给学生和教师怎样的学校生活？未来在当下，她引领工小人不断提取学校发展的教育基因，最终将"幸福、仁泽、和暖、明润"定义为学校的核心价值观，潜心发展"创客"教育，稳健行走在"幸福教育"的路上。

张宝颖始终关注青年教师的专业成长，为教师发展顶层设计提供决策指导。引源头活水浇灌学校幸福教育之花，2014年以来学校加入"徐长青"简约教育工作室、"王晓龙"名师工作室，引领青年教师不断成长。全面贯彻党的十九大教育方针，深化教育改革，着力提升教育质量，树立"以学生发展为本"的教育思想，不断更新教学观念，在简约教学理念指导下，构建学校"趣教学"的模式，引导改变教师的教学行为。以课堂转型为重点，打造"学为中心"的评价体系。同时充分激励校内资源，打造由校内学科骨干教师、组长、教研组长、师傅等组成的指导团队，为青年教师成长保驾护航。学校教师在"简约教学"理念的影响下，不断推陈出新，让"简约教育"理念深入塘沽工农村小学每一位教师的心田。学校开设的公众号"悦读于心"，三年来推送经典美文及在校学生优秀习作，至今已有二百余篇。她利用校本课程指导学生聆听赏析，引导教师、家长和孩子们一起徜徉在文学的海洋中，去吸取文字的精华；营造书香校园，助力师生成长，引领教师专业素养提升，丰富学生文化内涵积淀。

幸福教育的理念在师生心中逐步扎根发芽，确定校训"迎着晨光你微笑了吗"像一缕阳光润泽师生成长。学校老教师的扎实稳健、尽心尽力；中年教师的一丝不苟、意气风发；青年教师的孜孜以求、激情洋溢。组长、教研组长们身先士卒；组内教师关爱体谅；行政团队的进取奉献……最美教师如春笋般涌现。大家和谐共处、友爱互助。集中展示广大教师爱国爱党、仁爱奉献的精神面貌，团结凝聚广大教师更好担负起立德树人的根本任务，向全面建成社会主义现代化强国的第二个百年奋斗目标迈进。学校连续六届进行"工小最美教师评选"。支部开展"党员亮身份、支部亮旗帜"党员先锋岗系列活动。党员教

师们亮出旗帜，示范引领。一幅幅美好的画面为工小人注入了前进的动力。

在天津市第三轮现代化达标工程中，学校四项达标项目均获得"优秀"等次。2019年，与甘南合作市第一小学签订帮扶协议，并亲自到合作校指导工作。疫情期间，我们与合作校甘南合作一小开展的"津甘共携手、剪纸助抗疫"活动，被津滨海、《天津教育报》、市网信办等媒体报道。

几年来，多次接待各地兄弟校来访交流。作为学校党支部书记，她坚持以党建带队建原则。2021年，学校被评为"全国优秀少先队大队""全国人工智能特色单位"、全国生态文明学校；被教育部命名为全国青少年校园篮球特色学校；2019年获第19届全国青少年机器人大赛二等奖，被评为天津市粮食安全宣传教育先进单位；在天津市网信办"四海声评"网评大赛中被评为先进集体，获天津市第六届语言文化文采展示市级一等奖等多项荣誉。近一年，学校开展的各项活动，被学习强国、津云、《天津日报》《天津教育报》《津彩少年行》、津滨海等媒体报道达120余次。

俯首育才，甘为孺子。追求卓越，敢为人先。"捧着一颗心来，不带半根草去。"她始终恪守着自己的誓言，让教育事业岁月如歌。她用奋斗唤醒了理想，引简约浇灌了希望，让幸福教育的东风吹动工小航帆万年常。

刘月霞

特级教师，正高级教师，北京市语文学科带头人，全国首批"访学名师"，徐长青工作室成员。

北京市昌平区城关小学任语文教师36年，从事班主任工作18年，到山区农村小学长陵中心小学全职支教一年，曾获得北京市课堂教学大赛一等奖。曾获得北京市小学市级骨干教师、北京市小学市级学科带头人、北京市义务教育课程教材改革先进个人、北京市语言文字工作先进工作者、北京市教育科研先进工作者、北京市"十五"时期继续教育工作先进个人、优秀教学干部、北京市爱国立功标兵、北京市优秀教育工作者等荣誉称号。

丹心化作春雨洒，换来桃李满园香

一、投身教改实践

刘月霞老师积极投身教研、教改实践，潜心研究教材教法，大胆进行语文教学改革，锐意进取，不断创新。在担任城关小学教导主任期间，她带领语文团队开创了独树一帜的教学课程——结合点课程，多次为本区教师、外省市教师做展示课，得到了专家、同行的认可与好评。

2019年9月，统编教材在全国全面推行。在这样的背景下，刘月霞老师带领她的团队做好了应对工作，以统编教材为蓝本，组织成员多次进行单元备课的实践和研讨，研讨过程中，各成员积极准备，在实践中深入了解统编教材的特点，为教师们全面了解、使用统编教材做了很好的准备与铺垫。最近两年，刘老师还在古诗词、作文教学方面进行了积极的探究与实践，参与了《小学创意写作》的编写工作。

二、承担教育责任

作为北京市语文学科的带头人之一，刘月霞老师肩负着社会责任，主动承担传帮带使命，她有省、市、校级徒弟27人，有的已经成为北京市骨干教师，近几年成立的语文学科坊惠及区内11所学校、15名教师，2019年8月—2020年12月以来，她组织了大大小小17次学习活动，使参与活动的每个人都有丰富的收获。刘月霞老师努力追求专业发展，利用一切学习的机会，注意学习最新的教育理念和要求，并积极地将新理念、新要求推广给广大教师。她的《长相思+秋思》《桥+诺曼底号遇难记》《秋天》《我要做个聪明娃》等几节经典课的教学，为团队成员在专业发展上做出了引领，指明了方向。同时，她还多次到外省市为师生开展讲座、进行授课，她教过的学生有的已经走上了教师的工作岗位。师徒、师生携手共同发展，是刘老师勇于承担教育使命的完美体现。

三、参与疫情防控

庚子鼠年，新冠疫情暴发，刘月霞老师决定为全国防疫抗疫出一份微薄之力，以真情服务广大学生、家长，携手共渡难关。为了提高1—6年级乃至初中学生的语文阅读能力，她组织学科坊开通了"明月小语坊"公众号，通过这个公众号，将《诗经》和"小古文"作为线上课程，每天在公众号上推出。目前，线上解读诗经305首，已经发布的有146首，共计约560课时。

疫情期间，刘月霞老师还组织学科坊的教师们积极参加网上直播课和昌平区空中课堂的录制，有几十节之多，在为武汉录课活动中，学科坊共有7人参加，录课42课时。刘月霞老师在身体不适的情况下，坚持指导二年级和四年级全书课程的录制，为打赢疫情攻坚战献出一分力量。

刘月霞老师用行动诠释着教师的深刻内涵，这真是"丹心化作春雨洒，换来桃李满园香"。

赵改玲

中共党员，高级教师，山西省太原市杏花岭区外国语小学党支部书记、校长，国培专家库成员，徐长青工作室成员，山西省小学数学教学研究会理事。山西省基础教育教学改革专家委员，山西省教学名师培训专家，山西省委直接联系的高级专家，太原市中小学教师导师团导师，杏花岭区人大代表。被评为全国优秀教师、首届国家级好老师、首届全国名师、山西省学科带头人、山西省教学能手、首批山西省教学名师，被授予山西省五一劳动奖章。

做一名让孩子们受益终身的教师

32年来，赵改玲老师致力于小学数学教学改革。从激发学生学习兴趣的"七个途径"，发挥教师主导作用的"六种方法"，到"三卡自主·和乐教育"的积极倡导和实践，她打造出孩子们喜欢的数学课堂，形成了自己独特的"稳中求活，活中求实，实中求新，和谐自然"的教学风格。她先后主持50余项课题研究，研究成果荣获山西省人民政府教学成果一等奖五项、教育部二等奖一项；在全国多家教育教学类专业刊物上发表论文、课例等80余篇，代表性论著《学会质疑——小学生数学问题意识的培养》由吉林文史出版社出版发行，《让老师告诉老师——胜利人的教学智慧集》由山西出版集团山西教育出版社出版发行；参与编写的《中小学教学艺术实用全书》由北京大学出版社有限责任公司出版发行。

一、良师益友 润物细无声

透过杨柳溪边，漫步汾水河畔，静赏桃花吐艳，为师路上印有谁的足迹？

从教32年，执着的赵改玲老师做出了回答——从1989年至今，她坚持站在教育教学第一线，努力做孩子们喜欢的数学教师，给孩子们传授知识，引导知识如何活学活用，和孩子们共同游戏，教育孩子们如何做人，怎样做一个踏踏实实的人，同时也和孩子们共同创造着学校毕业班一个又一个"奇迹"……就像辛勤的农人终会有丰富的收获一样，她用爱播撒的种子换来了一张张灿烂的笑靥，定格在被全国知名大学录取的孩子们的合影里；记录在"山西省教学名师"的荣誉册里；而今，32年过去了，她常会擦拭着那些旧得泛黄的照片享受着情爱满心中，师恩满天下，桃李遍神州的幸福。

二、孜孜以求 诲人永不倦

"一堂好课，绝不意味运用着繁杂的教学方式、高超的教学手段，也不意味有着多么丰富多彩、激动人心的教学活动。一堂好课，是师生之间一次真诚的晤对；是智慧火花的迸发，灵感涌现的一个个瞬间；是一幅生动饱满的课堂生活剪影。"而此等的"朴实无华"，正是赵改玲所追求的"返璞归真"的教学境界。

对待数学教学，赵改玲是艺术家，是思考者，也是开拓人。在她眼中，数学的魅力是无穷的，课堂是妙趣横生的，教学充满理趣、情趣、乐趣，弥漫着浓郁的生活气息，渗透着奇妙的创造之美。

"教师有责任使学生觉得数学是有趣的。"这便是赵改玲全部教学智慧浓缩的精华。她坚持不懈地反思、学习、创造，只为将数学课程变为"思考的数学"，而不是"操练的数学"；变为"有趣的数学"，而不是"令人生厌的数学"；变为"学习者获得不断成功的数学"，而不是"可怕的，使人失去信心的数学"；变为贴近学生生活的"现实的数学"，而不是将学生的生活世界抛在一边的"抽象的数学"；变为带着"文化味"、闪耀着思想火花的数学，而不是作为解题工具的数学。

她带领教师们探索总结出激发学生学习兴趣的"七个途径"，总结出发挥教师主导作用的"六种方法"，创设了"三卡四导五环"的教学模式，实施了"点拨、实验、研讨和自主探究"的教学方法。学生的潜能被唤醒，记忆被激活，心智被开启，情愫被放飞。学生们敢想、敢说、敢问、敢标新，孩子们如是说："我们从赵老师的课中感受到了学习的乐趣，我们喜欢赵老师，喜欢上赵老师的课。""赵老师是我们的知己，是我们的指路人。"教师们如是说：

"赵校长不知什么是累，什么是困……她和我们一样有着繁重的教学任务，还引领我们教学研究工作。难道有分身术？"……

三、甘为人梯 倾心乐奉献

近5年来，她先后带徒弟20余人，重点培养对象遍及三晋大地乃至内蒙古高原。其中，有的成为省市教学名师、教学能手、骨干教师；还有的在各自的工作岗位上起着骨干带头作用，成为学校的佼佼者和教学改革的带头人。

她担任教师培训教学任务、公开课、示范课等公益性教学活动100余次，示范课有《搭配》《角的初步认识》《圆的认识》《解决问题的策略》《用字母表示数》，专题讲座有《好课是如何炼成的》《小学数学实效性的思考》《智见于微》《精于心简于形》《智于简微于约——智见于微话简约》《教学如水高效如歌》《挖掘核心素养走向深度学习》……她应邀为十余个省市做示范课及专题讲座50余场，山西省内的示范课及听评课更是不计其数。

教师岗位让她有了实践的机会，教研工作给了她和教师们研究的平台，校长工作让她着眼师生终身发展。

张 琪

太原市教研科研中心小学数学教研员，市政协委员。徐长青工作室成员，教育部国培计划种子教师，高端研修项目小学数学教师工作坊研修指导专家，山西省"国培计划"专家团队成员，曾指导教师获中国教育学会小学教育专业委员会第十二届小学数学教学改革观摩交流展示课一等奖，曾指导太原市第二实验小学翻转互动校本教研模式展示活动。曾获中国教育学会小学教育专业委员会教科研先进个人，三晋英才，山西省教学名师、学科带头人、骨干教师、教学能手，全国第二十二届"创新杯"教学艺术大赛一等奖和教学艺术魅力金奖，太原市职工职业技能竞赛能手，荣记一等功。

用数学为孩子们锻造关键能力

一、博喻度人 履义日新

成长路上把握机会且行且思考，她怀揣着教师梦从农村十人校走出，刚刚毕业就站上一所单轨制小学的讲台，她时刻提醒自己只有不断学习和磨炼才能发挥更大的价值，为教育做奉献。机会垂青于有准备的人，全国第二十二届"创新杯"教学艺术大赛中，她受到特级教师徐长青老师简约教学思想的熏陶，进入太原市教科研中心后，在特级教师钱学锋老师的悉心指导下，成长为山西省教学名师。名师就是要发挥引领示范作用，带动更多的同行者，她探索教学中的热点、关键、疑难问题，使深度钻研成为她的一种工作常态，常常深夜思考，甚至拉动参与者解决当天的问题，不让问题过的夜。在2020年初的疫情期间，她主导策划"山西名师孙老师讲数学"公众号，吸引了来自全国各地的4 000多名粉丝。

"用数学提升儿童的关键能力"是她的教学主张。她经常问教师们："小学数学学习的目标与价值到底是什么呢？数学，到底应该给孩子们留下什么？是一句口诀，一个定律，还是一条性质？是一种意识，一种方法，还是一种思想？是对数学学习的兴趣，是对数学价值的正确认识，还是对数学练习的恐惧，对数学课堂的厌倦？……"

二、落红不是无情物，化作春泥更护花

雨果曾说过："花的事业是尊贵的，果的事业是甜美的，让我们做叶的事业吧，因为叶的事业是平凡而谦逊的。"如果把每一位学生比作一粒希望的种子，学校就是一片孕育希望的土壤，教师则是播种希望、播种太阳的使者。1998年的秋天，那时，一位年轻漂亮的女青年怀揣对教育事业的热爱，走进校园，走上教育这片神圣的土地。曾经的张琪和每一位教师一样，兴奋地托着教案走上讲台，看到的是一双双渴望知识的眼睛；课后和学生的交谈中，她听到的是稚气而充满童真的声音；每一次批阅学生答卷的时候，她感到的是自己肩上那沉甸甸的担子。十余年的教学经历，让她体会到教师应该蹲下来听听学生的心声，数学教学需要遵循儿童的生长规律，顺应学生的发展需求。

三、咬定青山不放松，立根原在磐岩中

作为数学教师，张琪明白"要给孩子一碗水，教师必须有一桶水"，所以课前翻阅资料，挖空心思精心备课；周末不辞辛苦，奔走于各个名师课堂。对待教学工作，她充满热情，一丝不苟，不断实践、不断反思。十余年的一线教学，让她由一名名不见经传的小学校教师成长为太原市的优秀教师。谦虚认真，热爱钻研，又让她成长为太原市一名数学教研员。

作为教研员，张琪很快转换角色，重新定位，投入到新岗位中。她勇于向同事、前辈请教学习，积极参与、组织课题研究；她经常深入一线课堂听课，了解和掌握本市的数学教学现状和问题，有的放矢地进行指导，每学期深入课堂听课八九十节；她根据太原市教研工作重点，结合学校实际，有针对性地参与指导各个教学环节，不断改进教学方法，努力提升课堂教学质量。同时，与教师们一起大胆实践，不断反思，探索课堂教学变革的新路子。近几年来，太原市的小学数学教研活动特别受一线教师欢迎。

四、一枝独秀不是春，百花竞放春满园

张琪老师深知"一个人走走得快，一群人走才走得远"。所以，她在太原市小学数学教师队伍中寻找同行者，占用自己的业余时间与热爱数学教学的教师们一起探讨钻研，用自己的星星之火照亮一片天空。十余年来，她凭着个人的魅力吸引了不少追随者，特别是在2020年疫情期间，教师们自发加入全国"睿师有约、空中课堂"的录制活动中，主动舍小家为大家，全身心地投入到"停课不停教、不停学"的网课研讨、录制中来，没有休息时间，忘记了黑夜，经常工作到凌晨两三点钟，大家有时干着干着，说着说着天就亮了。团队教师先后参与全国"睿师有约、空中课堂"录制活动，共录课29节，点击率上千万人次。来自不同县区、不同学校的教师走到了一起，有的是特级教师，有的是省教学名师，还有的是青年教师，在这次抗疫行动中，教研员、特级教师、教学名师勇担重任，示范指导，带动了青年教师的快速成长，非常有意义。感谢简约教育！

郑秀铭

本科学历，中共党员，小学数学高级教师，罗源县教师进修学校第二附属小学校长。现为福建省小学数学学科带头人，福建省小学数学教育学会理事，福州市骨干教师，罗源县首届名校长，罗源县小学数学教育郑秀铭名师工作室领衔名师，罗源县首届优秀人才，全国徐长青名师工作室成员。

简约教育的逐梦者

一、有缘结识，追随简约教育

我于1992年毕业于福州师范学校，有幸在毕业后一年加入县级骨干教师为期两年的培训，在1995年县青年教师比武中获一等奖；2008年，我参加福州市骨干教师培训，其间，所上的《圆的认识》一课被评为优质课；2010年，我评为福州市骨干教师；2011年，我参加福建省小学数学学科带头人培训，所上的《平均数》一课被评为市优质课；2014年，我被评为福建省小学数学学科带头人；2015年，我被评为罗源县首届数学名师；2016年，《三角形三边关系》和《用字母表示数》均被省特级教师协会评选为一等奖；2018年11月，我组建罗源县小学数学教育郑秀铭名师工作室，并成为福建省小学数学教育学会第六届理事。2018年12月，在一次省教育年会上，我初识全国特级教师徐长青，他简约的课堂教学、幽默的教学风格深深地吸引了我。从那时起，我暗暗下决心一定要做一个像徐老师那样的教师。一路追随，我有过迷茫，有过喜悦，但是对简约教育从未放弃。机缘巧合下，我有幸成为徐大师的徒弟，加入了全国特级教师徐长青名师工作室，成为一名研修学者。之后，我遇到难题经常向徐大师请教，并在教学实践中不断反思，对简约课堂也有了比较深入的理解。简约课堂不仅表现为形式上的简洁与明了，更体现为内容与方法的丰富与深刻。教学方法与思维训练的深入浅出、通俗易懂，要求教师在教学中，要运用简约的思想和策略对课堂教学要素进行精要的把握，使课堂变得简洁、深刻，进而实现课堂教学的优质和高效。

二、砥砺前行，逐梦简约教育

近几年，在徐大师的指导与影响下，我和我团队教师们一起在践行简约教育的路上不断砥砺前行，充分利用县名师工作室平台，与年轻教师共同成长。我指导陈翠云老师所上的《三角形边的关系》一课获省一等奖；指导高申老师所上的《单式折线统计图》获省二等奖；指导林建明、尤莺、沈守钦、林晓红等10多位老师所上的课分获市一、二、三等奖；指导本县各校教师数十节课年会课，均被评为县优质课。我主持的省级数学课题"巧设'非良构问题'，提高学生问题解决能力探究"与"构建简约、灵动、高效的小学数学课堂模式"的研究已顺利结题。我所撰写的论文《核心问题引领，助力数学本质理解》等30多篇文章分别在《福建教育》《新教师》等CN刊物上发表。我多次受省教育学院、各县进修学校等邀请为各级骨干教师做业务讲座50余次，讲座内容深受各级骨干教师的好评。为此，我多次被评为市、县优秀班主任与先进教育工作者。

第二章

简 约 之 美

《庄子·天道》中记载："朴素而天下莫能与之争美"；老子曰："大音希声，大象无形""大成若缺"；孔子云："大乐必易，大礼必简"，也就是说，美到极致是简约，最美的声音似乎听起来无声响，最美的形象仿佛看不见行迹，最美的事物仿佛还有欠缺。

"淖、溺、润、滑"这是水之美，"清、净、明、化"是简约之美，春风沂水是教育的简约之美，有情有爱，知冷知暖，感受生命，向往美丽与纯净。水，成美与天下，简约之美，成美于世间。

简要清通趣横生，

约法绝俗妙可言。

之去呆板生灵动，

美牍记录永留传。

赵洪贵

··

　　徐长青工作室成员，中共党员，正高级教师，天津市北辰教师发展中心教研员，天津市未来教育家奠基工程学员，天津市优秀骨干教师，天津市学科领航学员，获得天津市五一劳动奖章和天津市师德标兵荣誉称号。被聘任为国家级"一师一优课、一课一名师"活动评审专家，天津市双优课评审专家，天津市中小学教师继续教育培训师，海南省骨干教师培训专家，四川省骨干教师"国培计划"培训专家，河北省师范大学基础教育学院外聘培训专家。

用爱谱写教育的新篇章

　　赵洪贵老师参加工作27年，其中在一线教学17年，担任区教研员10年。作为教师，他用真爱去浸润学生的心田，用教育艺术去开启学生的智慧。他是学生的引路人，是学生前行的一盏明灯。作为教研员，他用高尚的人格魅力影响教师，用专业的教育学识感染教师，他是教师的好榜样、好领头雁。

一、立足课堂　情系教育

　　赵洪贵老师深入研究课堂教学，认真学习课程理论，钻研教材教法，打造适合学生发展的教育教学方法，形成"幽默风趣、厚实淳朴"的教学风格。他多次参加国家级和市级赛课获得优异成绩，与华应龙等教育名家同台授课，多次应邀到外省市传经送宝。

　　他先后获得天津市优秀教师、天津市市级骨干教师、北辰区名师、北辰区教学能手等荣誉称号，个人事迹刊登在《天津市小学数学名师》《天津教育报》上。

二、潜心钻研 提升自我

赵洪贵老师深知打铁还需自身硬，为此他先后参加天津市"265"农村骨干教师培训、天津市未来教育家培训、天津市学科领航培训，不断充实自己、提升自己，向同行学、向专家学，把学习与实践相结合。他撰写的20余篇文章分别发表在《小学数学教与学》《天津师范大学学报》《小学数学教育》《辽宁教育》《天津教育》《天津教研》《天津教育报》等报刊上，10余篇文章被《创新教育》《中华教育纵横》等书籍收录。

他以科研为先导，采用问题即课题的研究思路，不断探索教育新问题。他组建课题团队，先后开展国家级和市级课题4项，并将研究成果推广到区域教育教学之中，在多所基层学校开展市、区级教学研讨会，助推区域教育教学的高质量发展。

三、甘为人梯 无私奉献

一枝独秀不是春，万紫千红春满园。赵洪贵老师被十多所学校聘请为学校教学指导专家，深入教师课堂把脉问诊，与20多位青年教师结为师徒。他指导多位优秀青年教师参加国家级和市级赛课活动，均取得优异成绩，他多次获得国家级优秀指导教师奖和天津市双优课指导教师奖。

四、学术引领 带动辐射

为了充分发挥名师的引领与辐射作用，在区外，赵洪贵老师应邀走进华中师范大学、河北师范大学、海南省继教中心、甘肃省庆阳市，为当地的师生进行授课与专题培训。在区内，他每年开展多场区级的专题讲座和展示课活动。将自己的经验和研究成果毫不保留地与各地教师进行交流与分享。

五、支教西部 青春无悔

2019年，赵洪贵老师响应国家号召，主动请缨支教西部，在甘肃省华池县支教，他将天津先进的教育理念和自己丰厚的教学经验带到西部。他以提升教师理念、指导课堂教学、示范引领、校本教研提质、课题深入研究、教学反思有效撰写等为工作核心，采取点面结合的方式深入开展帮扶活动。一年来，他共听、评课200多节，开展3场送研下乡和送课下乡活动，开展10多场专题讲座，指导多位教师参加县级和市级比赛取得优异成绩，指导5项省市级课题研究，填补了学校多年来没有课题的情况。在支教结束时，华池县授予他红十字志愿服务先进个人称号，北辰区扶贫办授予他扶贫"立功"先进个人称号，他的帮扶事迹刊登在《魅力华池》上。

路漫漫其修远兮，吾将上下而求索，赵洪贵老师体现了对教育的执着追求，他怀揣教育梦想，真爱教育事业，用对教育的这份挚爱，来谱写自己人生的新篇章。

冯江浩

民进会员，徐长青工作室成员，冯江浩名师工作室主持人。先后获得全国优秀教师、河北省优秀教师、河北省优秀班主任、河北省骨干教师、保定市教书育人楷模、保定市学术与技术带头人、保定市支教先进个人、保定市教学标兵、保定市特级教师学科名师扶贫讲学团成员等荣誉称号。曾两次获国赛一等奖、三次获"一师一优课"部优课，曾两获省教学评比一等奖；出版独著《核心素养落地数学课堂》。保定电视台《教育在线》栏目对冯老师的教学艺术进行了专访。

俯身为学　　励志成师

自从加入徐长青工作室以来，随着与导师和团队成员的研学同行中，冯江浩渐渐地寻到了数学教育的方向。在这几年里，冯老师继续解读数学教学、研磨精品课例，撰写反思心得，提高认知层次。在与工作室成员的研讨中，统计应用背景下的百分数认识、数据分析环境下的统计图表教学、归于数理源头的分数认识、成于学习路线的体积和体积单位等主题研究都朝着简约方向，直击教学本质，体会着数学研究的乐趣和价值。

在教育教学过程中，冯老师秉承着"课比天大"的思想，这思想不仅仅实践在课堂之上，更是冯老师对课堂教学的追求。冯老师常常不满足于现状，不断地深入研究儿童特点，不断地深入研究数学本质。渐渐地，他树立了以儿童成长为目标的数学教育，尊重生命且让生命绽放。冯老师在专业研究中不断追求，完成省级课题一项，正在主持研究全国信息技术课题一项，公开发表论文3篇，参编教育部基础教育课程教材发展中心组织编写的《小学数学教学关键问题指导》，独立编著的《核心素养落地数学课堂》一书由电子科技大学出版社出版。就是这样，冯老师用工匠精神打造专业成长之路，在行走的过程中不断地锻造精品，提高思想认识，提升专业层级。若教师像泥土，冯老师就不断地为泥土增加养分，提升自己的品质。

就是这样，在读书、教书、写书的日子里形成了"简约归本、启智增慧"的教学风格。

恭敬桑梓，扎根沃土。在家乡的土地上，冯老师几乎踏遍了各个区县，尤其是保定的西部山区，那里寄托了扶贫攻坚的希望。冯老师多次走进涞源、涞水、唐县、曲阳等山区县，去过的学校有县进修学校、县城小学、乡中心小学，还有藏在深山里的山村小学。7年，25次，10课，11个不同主题交流。内容涉及简约教学理念、四大领域分析、核心素养解读、专业成长助力。

课堂上，冯老师和学生们亲切互动，红扑扑的脸蛋、稚嫩且质朴的语言让他感受到山区孩子的真诚。学生逐渐深入数学的本质，体会着数学方法的一般性和重要性。有限的课堂传递了无限的力量。课后，孩子们真诚的赞美和诚意的挽留都让他深深感受到师者的自豪与担承。

冯老师在2020年选择走进山区，进行长达一年的支教。他想："天空都是一样的，孩子们也应该是一样的，从走下去到不走下去，才是真正的希望。"回顾这一年，冯老师坚持做了两件事。第一件事就是开放课堂。他的课程表是属于大家的，虽然三易岗位，但冯老师每次都把课程表发到学校的群里。冯老师真诚地欢迎数学教师们来听课，听教学理解，欢迎跨学科的教师来听课，听教育理解；这里面蕴含着一份虔诚的期待。第二件事就是一年来全力以赴做教研，从不间断。一开始，冯老师多以听评课和专题讲座为主，有针对数学团队的教材板块知识的梳理，也有针对全体教师的教育理念的传递。后来，冯老师把专题讲座和团队共研的主题教研相结合，培养教师团队的合作意识和研究能力。就是这样，有计划的教研策略落地整整一年，阜东小学张校长说："老师们和冯老师在一起的这一年变化着，成长着，从懵懂的教书匠走向了教育的探路者。"

这都是明面上的经历，在支教的过程中还有一些是潜在的影响。作为全国优秀教师，冯老师本身带着这份荣耀走进阜东小学。教师们也在观察，他们能从教学常态中看到冯老师对待工作的严谨和全情付出，同时办公桌上的书籍和宿舍门缝里或深夜或凌晨投射出的灯光，也无形地感染着身边的教师们。因为冯老师一直在学习的路上，交流的路上，他也想做教师团队的长明灯。

暑假里，冯老师回到了莲池区，带回来的是一封5页篇幅的长长的感谢信，留下的是河北小学的品牌——城乡互动课堂，冯老师所支教的阜东小学加入了城乡互动课堂联盟，同时爱心协会为其捐赠了一套城乡互动课堂设备，为"离校不离教"做好了准备。支教虽然结束了，但是支教的经历为冯老师的教育理解和教育经历增添了浓墨重彩的一笔，正如冯老师支教总结中标题所言：远山不远，点亮一盏心灯。

跟随国培项目和工作室辐射项目的脚步中，冯老师还先后走进了山东、山西、河南、秦皇岛、廊坊、唐山、邢台等省市、地区进行简约教学交流，正如工作室理念中提出的"游学以立言"。

学生犹如一棵棵树，要扎根，教师就要做那一片沃土；教育犹如一片片林，要扎根，教师就是那一片广袤的原野。只有日月的流转和风雨的洗礼才能让泥土营养厚实，那么就让我们用努力记录成长，把奋斗写进时光，不负韶华、不负时代。

杨 雨

河北雄安人，1998年参加工作，本科学历，中小学高级教师，容城县教师发展中心副主任，小学数学教研员，徐长青工作室容城工作站成员。编辑出版《教材通解》《数学练习册》《数学与阅读》《点拨》等数学书籍；参与的多项省、市级课题结题；先后被评为容城县数学学科名师、保定市优秀教研员，被聘为河北省小数学会理事，被评为中国教育学会先进工作者。

勇做新时代教师发展的引路人

我作为徐长青工作室的成员、容城县教师发展中心数学教研员，一直政治思想坚定，忠于职守，乐于奉献，开拓创新，踏踏实实研究简约教学，为教师服务，为教学导航。

一、提高师德修养，提高政治意识

1. 战役来临，冲锋在前

2020年春节，一场危害人类的新冠肺炎暴发。我积极响应教育局号召，于大年三十放弃与家人团聚，在当时防疫物资严重不足的情况下，果断加入社区防疫战役之中。每天按照要求在小区门口做好业主出入登记，来往人员体温检测，分包到户，排查疫区和发热人员，坚持日报告、零报告，保卫好社区这片净土不受病毒侵害。由于像我一样的众多一线防疫人员的付出，新冠疫情取得阶段性胜利，保卫了一方净土。

2. "停课不停学"，线上保学业

因为疫情，学校不能正常开学。局领导安排教研室提前谋划做好"停课

不停学，停学不停教"，"空中课堂"在线教学活动。时间紧，任务重，教师们信息技术基础差，技术、平台严重落后，在坚持分包楼道日排查日报告工作的同时，我被从社区门口防疫抽回来，负责"空中课堂"的建设工作。我根据原来学习的录课技术，积极向教师推荐"录屏软件"、推课平台，负责教研员、录课教师的技术培训，开始的几天整天守着手机、电脑，有时候，整个晚上都在线解决教师们录课中的问题，长时间盯着屏幕导致眼睛严重模糊，双手敲击键盘和手机出现僵硬的"鼠标手"现象。在各级领导的关怀和指导下，在全体教研员和录课教师的共同努力下，中小学空中课堂在正月十六如期开课了，老师、家长、学生反映非常好。为了了解录课教师的辛苦，我在指导好教师录课的同时，自己参加了"心系荆楚、驰援湖北"的活动，成功录制微课两节，供武汉的孩子们学习，受到高度好评。一个学期，我负责全县小学课程周教学工作安排和课程链接推送，为了不出现教学失误，我定每天不下十几个闹钟。到7月1日，共计进行"空中课堂"20周，推送课程744节，其中语文239节、数学277节（全部容城教研公众号）、英语119节、科学90节、心理防疫课19节，圆满完成"停课不停学"的任务，保证大役面前学生学习不受损失。为了诊断在线学习效果，在期中、期末组织了线上学习质量检测，共命制4个年级的10套试题。

二、潜心钻研，勇于探索，积极撰写教学论文

任现职16年来，在圆满完成上级领导交给的各项工作任务的同时，我始终不忘教学教研积累，用笔记录下了教研中的点滴体会、汇集成文，不断锤炼自己的教学基本功，教改成果遍地开花。

2010年5月，论文《算法多样性理念下的数学学习》在市年会交流并获一等奖。

2011年3月，论文《什么样的课是一堂好课》获人教社组织的数学教学论坛论文评选一等奖。

2011年6月，论文《把握教学评价方法，提高学生学习兴趣》获省一等奖。

2012年，《对数学试卷命题的几点思考》获"语文周报杯"名师课堂论文大赛一等奖；同年9月，教材解读《圆锥的体积》获保定市一等奖。

2013年2月，论文《多措并举培养学生解决问题的能力》发表在《少年智力开发报》2012—2013年度第33期；3月，论文《如此"烙饼"好吃吗》发表在

《中小学数学》2013年第3期；论文《浅谈应用题教学和计算教学的"昨天"与"今天"》发表在《学周刊》2013年第3期。

三、编写课辅，科学评价，为基层教学导向护航

2010年10月，文章《只知其一，不知其二》《巧用比的知识解决问题》发表在《少年智力开发报》六年级第6、7期。

2011年6月，文章《四则运算、运算定律与简便计算临考大练兵》《位置与方向临考大练兵》发表在《少年智力开发报》四年级第43、44期。

2010—2013年，我编写15套学生评价试题分别在《少年智力开发报》一至六年级不同版面发表。

我主编的四年级数学上册《名校课堂》由广东省出版集团·广东经济出版社出版。

我主编的六年级数学上册《成功数学阅读1+1》由延边大学出版社出版。

我主编的六年级数学下册《成功数学阅读1+1》由河北出版传媒集团·河北少年儿童出版社出版。

四、积极参与教育科研，教研成绩优异

2009年，我参与的市级课题"数学问题解决的研究"结题。

2010年3月，我主持市级课题"新课程改革中有效实施'算用结合'的研究"并已结题，获保定市优秀教育科研成果二等奖。

2012年，我参加河北省小学数学骨干教师——"国培计划"培训和参加省小学数学新课标培训合格。

2012年12月，《如何开展有效教研工作》在市年会交流并获优秀讲座；我指导的《平行四边形面积》《通分》录像课获一等奖。

2013年6月，我主持的省级课题子课题"数学新课程教学模式探索"结题。

2019年，我参与的河北省"十三五"规划课题结题。

五、提升外形内质，各项荣誉开花

2008年，我被聘为保定市小学数学教育专业委员会第八届理事，被评为省校本教研先进工作者。

2012年9月，我获县学科名师称号；12月，获中国教育学会先进工作者。

2014年，我评为保定市优秀教研员。

2016—2019年，我被聘为省、市级"一师一优课、一课一名师"优秀评委专家。

2018年，我获保定市小学数学优质课指导一等奖，同年，指导多名教师参与省微课大赛并获奖；指导赵丽蓉、王子月老师参加雄安新区优质课并获特等奖。

2019年，我被评为全国"第七届"优创课专家评委。

2020年，我参与徐长青工作室"心系荆楚、驰援湖北"活动，网上录课两节，获突出贡献奖；被评为县级优质课教师、优秀教育工作者。

第二章 简约之美 杨雨

张 煜

高级教师、省级教学名师、省级骨干教师、省级乡村教学名师、毕节市优秀教师、徐长青工作室学员、七星关区专家库成员、全国名师工作室首批专家库成员。

缘聚感恩 回顾展望

有幸成为徐长青工作室的一员，我倍感荣幸，不光我收获多多，就连我工作室的成员们也收获丰硕。一路走来，有不尽的感谢，也有颇多的硕果。

一、缘聚

在徐长青工作室的关心和帮助下，我们从全国各地有幸聚到一起，从相遇到了解，相互学习，共同探讨研究，在探讨中明白，在研究中成长，为的是让我们在简约教育的路上走得更远，爬得更高。同时，我真心地希望我们简约团队一如既往地加强沟通，实地交流，互通有无，为新时代立德树人撑起一片蓝天。

二、师说

在徐长青工作室的精心安排下，我欣赏到徐老师的精彩课例和讲座。在讲座中，我认识了简约教学法。所谓简约教学就是要求课讲得简单、有条理、更精练、更高效、更艺术。在方式上要求教学内容简要、精辟；课堂环节简单、厚实；教学方法简明、灵活；教学评价简洁、真诚。在简约教学中，徐老师提出了基于学生"最近发展区"的教师有效干预策略。学生"最近发展区"的两个发展水平即学生独立探究所能达到的发展水平和在他人指导下所能达到的发展水平。还提出"三不讲"，即学生会的教师不讲，这是基于学生已有的知识基础和生活经验而言的；学生自己能学会的，教师不讲，这里强调的是给予学生学习的主动权；学生怎么也学不会的不讲，突出的是以人为本，因材施教……

在示范展示课上，让我们大开眼界，给予我们简约的范例，在"简约"理念的指导下，我们的课也逐步走向简约。顾明远老先生将教师分为四种："浅入浅出型教师""浅入深出型教师""深入深出型教师""深入浅出型教师"。而我们所追求的"深入浅出型"，正是课改所追求的复杂中的简单，简单才是内功的体现，简单才是真实的呈现，简单才是艺术的表现，简单才是有用的实现，简单才是教育的真谛。其实，"数学使一切科学变得简单，让我们的教学从简单开始并变得像呼吸一样自然与自由，简单到不拒绝任何一位学生的参与"，在思考和梳理之时，一个崭新的理念在自己的脑海形成："数学课堂迫切需要从冗繁走向凝练，从紧张走向舒缓，从杂乱走向清晰，从肤浅走向深邃"，从而实现有效的数学教学——"简约教学"。每一场讲座、每一次课例犹如一顿丰美的大餐，吃得有味，收获满满。所有这些都与徐长青工作室分不开。有时，徐长青工作室还把我们这些教师当作刚入门的小学生，在科研上手把手地教，让我们从不知道到知道，把我们从小学生一步步变成初中生、高中生……我们呢，把学到的知识带到学校，引领他人，一同发展。

三、感恩

纵有千言万语，也无法表达我内心的感慨。在徐教授的帮助下，我在教育科研方面得到了启迪，取得了很大的进步，从2018年到现在，我主持并结题了2个市级重点课题，1个省级课题和1个国家级课题。公开出版专著2部，发表论文数篇。在简约教学的引领下，我的展示课多次获奖，荣获国家级一等奖2次，省级一等奖1次，市级一等奖多次，在2021年"全国名师工作室创新发展成果博览会"上，四年级的课例《三角形的认识》经博览会评审委员会评审，荣获了优秀课例特等奖。

四、回顾

过去的学习是为了收获，今天的学习是为了做更好的自己。

在奖励方面：2018年11月，我荣获教育部"教育科研'杰出贡献奖'"；2020年2月，我荣获贵州省"教学名师"荣誉称号；2018年1月，我荣获贵州省

第二章 简约之美 张煜

"骨干教师"荣誉称号；2017年7月，我荣获贵州省"乡村名师"荣誉称号；2019年4月，我荣获贵州省"优秀班主任"荣誉称号；2017年9月，我荣获毕节市"优秀教师"荣誉称号；2017年4月，我荣获毕节市"骨干教师"荣誉称号；2016年3月，我荣获七星关区"优秀培训者"荣誉称号；2016年3月，我荣获七星关区"师德优秀教师"荣誉称号；2018年11月，我荣获"全国优秀名师工作室主持人"荣誉称号；2019年12月，我荣获"全国优秀名师工作室主持人"荣誉称号；2020年9月，我再次荣获"全国优秀名师工作室主持人"荣誉称号。

在成果方面：2018年7月，课题"薄弱学校家庭教育效能的研究"荣获教育部关心下一代工作委员会颁发的一等奖；2020年8月，专著《立德树人：薄弱学校家庭教育的沃土》荣获毕节市教育局教育科学研究优秀成果三等奖；2020年8月，征文《一路梨花一世情》荣获毕节市教育局颁发的一等奖；2018年12月，课例《认识角》和《两位数加两位数》同时荣获教育部中国教育电视台颁发的一等奖；2018年8月，课例《两位数加两位数的口算》被评为七星关区"一师一优课、一课一名师""优课"；2017年7月被评为安全主题班会录像课荣获七星关区优质录像课二等奖；2017年2月，七星关区六年级数学单科成绩荣获优秀奖；2019年12月，课例《平均数》荣获全国特色课堂优质课例一等奖；2019年12月，研究成果《小学数学"灵动"教学模式》荣获全国名师工作室发展建设成果一等奖；2019年7月，课例《用数对确定位置》荣获全国名师工作室第二届博览会成果一等奖；2019年7月，专著《立德树人：薄弱学校家庭教育的沃土》荣获全国名师工作室第二届博览会成果一等奖；2018年11月，研究成果《基于名师工作室引领教师专业成长策略的探究》荣获全国名师工作室第二届年会暨第十二届全国名师工作室发展论坛建设成果一等奖；2018年11月，课例《年月日》荣获全国名师工作室第二届年会暨第十二届全国名师工作室发展论坛优秀课例创新奖；2020年9月，研究成果《教育助推农村可持续根治贫困问题研究》荣获2020年度全国名师工作室创新成果发展一等奖。

五、展望

"鲜花在前面，我们永远在路上。"作为一个简约教育人，我可以为昨天而自豪，也要为明天而展望，因为我们简约教育的帆船才刚离岸。我们只要砥砺前行，永远追随"教育"，我们的教育梦就会越来越精彩，明天的花更鲜艳，果子更硕肥。

乔德生

高级教师，东港市"十二五""十三五"骨干教师；乔德生逐梦名师工作室主持人，徐长青工作室成员，全国名师工作室联盟成员，中国教育学会会员，已完成两项国家级课题研究，获得一项国家级科研成果，数节授（微）课被评为国家级及省市级优质课，发表国家级和省市级教育教学论文数篇，指导数名学生在全国各级各类作文大赛中获奖。

力行简约，育人不悔

2015年，乔德生在参加全国教育科学"十二五"规划课题"中学有效心理健康教育操作模式研究"时，积极参与实验工作，成绩显著，被评为优秀实验教师；全国教育科学"十二五"规划课题"中学有效心理健康教育操作模式研究·教师、家长和学生互动式心理健康教育研究"结题；在第一届"辽宁'和教育'杯"中小学作文大赛中，荣获小学组优秀指导教师称号；教育部国家教师科研"十二五"规划重点课题"教师专业发展研究"子课题"名优教师微课与学生自主学习研究·初中语文"结题；全国优质教育科研成果"名优教师微课与学生自主学习研究·初中语文"经课题专家组鉴定，通过评审验收，荣获教研成果一等奖；荣获首届全国中小学微课互通互享大赛一等优质课奖；被授予一起作业网校园大使荣誉称号；编写的《2015年辽宁丹东卷中考作文真题阅卷解析与满分作文》被选入《意林2015中考作文真题阅卷解析与满分作文②》一书中；英特尔·未来教育基础课程学科教师培训结业。

2016年，乔德生编写的《2016年辽宁丹东卷中考满分作文与名师阅卷解析》被选入《意林2016中考满分作文与名师阅卷解析②》一书；在东港市2016年中小学幼儿园"教师普通话技能大赛"中，荣获优秀奖；在东港市中学"一师一优课"晒课评比活动中，执教的《桃花源记》一课，被评为东港市级优质课；执教的《你了解自己的情绪吗？》一课，在东港市中小学心理健康教育优质课评选活动中被评为二等奖。

2017年，作品《中考半命题作文真题例析》在2016年创课大赛作品征集活动中荣获一等奖；乔德生被认定为东港市"十三五"中小学骨干教师；其编写的《2017年江苏南京卷和辽宁丹东卷中考满分作文与名师阅卷解析》发表于《意林2017中考满分作文与名师阅卷解析②》一书；其执教的初中语文《中考半命题作文真题例析》微课荣获2017年度"辽宁省中小学信息技术与教学融合优质课大赛"三等奖；其执教的《审题和立意》一课，在2017年丹东市初中"一师一优课、一课一名师"评比活动中，被评为优质课。

2018年，稿件《情景交融，情真意切——辽宁丹东卷中考作文升格示例》被选入《2018意林中考满分作文与名师阅卷解析②》；教学设计《考场失误文升格指导》在第十届"语文报杯"全国中学语文教学设计大赛中荣获国家级二等奖；论文《中考满分作文与名师阅卷解析》在第十届"语文报杯"全国中学语文教学论文大赛中荣获国家级一等奖。

2019年，在简约教学研修活动中，经徐长青工作室推荐，全国名师工作室联盟专家学术委员会审定，乔德生被全国名师工作室联盟、全国中小学名师工作室发展实践研究专家委员会、呼和浩特市教学研究室、银川市教育科学研究所、天津市红桥区教师进修学校、成都市成华区教育科学研究院评为2018年度简约教学研修先进个人。稿件《一看就会，风采无限——辽宁丹东卷中考作文升格示例》被选入《2019意林中考满分作文与名师阅卷解析①》。

2020年，乔德生逐梦（语文）名师工作室被全国名师工作室联盟、北京中教市培教育研究院、全国中小学名师工作室发展实践研究专家委员会批准为全国名师工作室联盟正式成员。经徐长青工作室审核通过，乔德生成为徐长青工作室正式成员，被中国教育学会吸纳为正式会员。2020年3月17—19日，其参加了全国初中语文统编新教材高端培训暨教学研讨会。稿件《温暖人心，迎接挑战——2020年辽宁丹东卷升格指导》被选入《2020意林中考满分作文与名师阅卷解析①》。稿件《新题演练3》被选入《2020意林中考满分作文与名师阅卷解析②》。

从教25载，一路汗水，一路鲜花，力行简约，育人不悔！

吴远辉

中共党员，区骨干教师，区优秀班主任，县优秀教师，徐长青工作室骨干成员，中国教育学会会员。

不畏艰难，砥砺前行

吴远辉老师，于2006年秋季调到那雷村小学任教，一个令大坝镇教师望而生畏的边远山区学校，一直到2014年秋，他在那儿待了整整8年。风里来，雨里去，他在那条坎坷、泥泞、尘土飞扬的乡间土上走了足足8年。他被雨水淋过多少次？被强烈的阳光烤炽过多少次？在这条路上颠簸了多少回？他早已记不清了，但那时对于大坝镇的老师来说，他也算得上是最艰难者之一了，但这一切终归动摇不了他的信念，浇灭不了他热爱教育事业的心。

那时，他骑着一辆摩托车，日晒就不说了，一个学期下来，总能遇上几次倾盆大雨把他淋成落汤鸡，不仅如此，那黄泥路被淋得烂烂的，不仅车子开不过去，就算人一脚踩下去都很难拔出来，现在回忆当年，真的好难，好难，不禁让人泪流满面。虽然环境如此恶劣，但是吴老师总是按时上下班，即使2012年12月他手骨骨折的那一段时间，也是一如既往，他单手骑着摩托上下班，演绎着最厉害的驾驶技术，如黄牛般孜孜不倦地为教育事业贡献着自己，当时快放寒假了，他满脑子全是学生：全是我若请假，学生的课谁上，谁给我的学生复习？不复习他们怎么能考得好？他母亲劝，医生劝，都怕他的手骨受到二次伤害，但是他依然在包扎的第三天，就单手骑摩托，左手背着"驳壳"，每天早早地在他母亲的千叮万嘱之下开启上班之路。

他热爱他的学生，不容许自己随意耽误学生的一节课。他从来都是把学生当作自己的儿女，努力做到像他们的父亲一样，该乐的时候尽情地跟他们乐，和他们拥抱，该批评的时候他也会特别严厉，毫不懈怠。学生生病了，他会第一时间把他们送到医院；学生取得好成绩的时候，他会高兴得奖励他们三元、五元，他的世界早已和他们融为一体。如果说有一天，他的教室发生了地震，他肯定会走在最后。他就是这样的一个人。

一、膜拜大师，成就自己

是缘分，2011年5月他意外结识了天津徐长青老师。2011年4月27、28日，是吴老师值得怀念的日子。这两天，他被学校派遣到玉林市观摩"创新杯"小学数学课比赛，在这一次观摩比赛中，他有幸认识了该大赛3号选手王庆婕老师——一个他认为在玉林创新杯表现最为出色的老师。更值得一提的是，在和王老师的亲密交谈中，得知她是天津特级教师徐长青工作室的首批研修学者，换句话说，她就是徐老师培养的首批学徒，她除了给他介绍徐老师，还给了他徐长青工作室的邮箱，进而让他得以结识徐长青老师——一个在中国教坛赫赫有名的小学数学教育专家、天津未来教育家培养对象，这才有了吴老师和徐长青老师的故事。

徐长青老师在网上有两节数学课——"重复"和"找规律"，他搜索这两节课来听，多好的两节课，让学生在愉快的活动和游戏中学习，全班没有人不参与的，课堂充满幽默与欢笑，不知不觉地完成了教学目标，这些都是吴老师认可，也是他追求的教学方式。除此以外，他还搜索了徐老师在网上发表的论文——《"简约"教学艺术探索》，并精读数次。这篇论文所提出的观点几乎与他从教以来对教育的认知大致相同，他非常支持徐老师提出的观点，徐老师针对小学数学的教育理论，使他感悟非常深刻，令他折服。此后，可以说他"爱"上了徐长青老师，每当他在教学上有了任何困惑，他都给徐老师发电子邮件或者打电话请教，徐老师每次都悉心给他讲解、消除困惑，徐老师每次到广西讲学都邀请他去学习，他也亲自到天津去听过徐老师讲学，和徐老师一起进餐，一起谈笑风生。

二、硕果累累，成绩喜人

由于吴老师刻苦学习，在徐老师的影响和指导下，他取得了一系列喜人的成绩：2011年5月获县数学青年教师课堂比赛一等奖；2010—2011年度被评为县"优秀班主"；2011年被评为县"十佳通讯员"；2012—2013年连续两年被评为县"优秀通讯员";2012年3月被评为县"教坛新秀";2011—2012年度被评为继续教育校本培训先进个人;2012年12月获"创新杯"全国青年教师教学艺术大赛一等奖;2012年被评为县教育教学先进个人;2013年4月随徐长青工作室教学团队在玉林体育馆上展示课;2012—2013年度被评为县"优秀教师";2013年被遴选为博白县教育振兴行动计划"骨干教师";2013—2014年度被评为玉林地区"优秀班主任";论文《探讨如何营造"活跃的课堂气氛"及它的重要性》被中国教育技术协会授予一等奖;《在"简约"中求索》被玉林市教育学会评为一等奖;2016年被遴选为博白县500骨干教师选100参加柳州比较学习;2016年10月被评为博白县教学工作先进个人;2018年10月被评为博白县提高义务教育巩固率工作先进个人;主持的课题《小学生核心素养培养的实践与研究》于2020年6月荣获玉林市一等奖;2020—2021年度被评为县"优秀教师"。

路漫漫其修远兮。站在巨人的肩膀上成长,吴老师已经尝到了甜头,但他不会因此而满足,更不会骄傲,因为他知道优秀的教师太多了,自己不过是风沙里的一粒尘埃,深深明白努力工作是他的本分。他还要继续深造,用心、用情孕育他的学生,做孩子们人生的贵人!

侯占秋

徐长青工作室成员。天津市教工先锋岗先进个人，天津市"一师一优课、一课一名师"活动评审专家，天津市第六周期继续教育学科培训教师。滨海新区首批骨干教师、首批教坛能手培养对象。汉沽"十三五"教育科研积极分子，教育学会先进工作者，"十四五"规划课题后备专家。在"创新杯"全国教学艺术大赛讲课、说课、评课中均获一等奖，主持完成市规划课题两项，获天津市课改展示课赛一等奖、"简约教学"论坛一等奖，汉沽双优课赛一等奖、汉沽教师基本功比赛一等奖。

中共党员，2004年8月参加工作，天津市滨海新区汉沽盐场小学教务处副主任。

美丽简约，大有可为

一、疫情就是命令疫情就是责任

在"心系荆楚、驰援湖北"的爱心援教中，我参与徐长青工作室发起的"睿师有约、空中课堂"数学课程的研发，录制数学课程8节。其中《位置与方向》复习课观看人数突破十万，为湖北师生居家隔离阻击疫情做出贡献。在公益课程研发过程中，我工作突出，表现优秀，获得较高的社会认可，被常州大学尝试教育科学研究院简约教育研究所授予"战疫优秀教师"荣誉称号。在2020年春季疫情期间，《统计与概率》一课入选天津市基础教育公共资源服务平台的"天津云课堂"。2020年9月，我为滨海新区"居家学习"录制课程资源1节，指导我校青年教师录制课程2节。

接到录课任务后，我感到非常荣幸。"我是一名共产党员，我应该冲在前面，虽然不能像白衣天使一样奋战在抗疫一线，但我要发挥教师的专业特长，为抗击疫情贡献一分力量。"为了达到更好的教学效果，每节课的教学设计、课件都经过反复推敲、修改、录制多遍，一天只睡几个小时是常事。累了，就趴在沙发上休息一会儿，然后继续工作。在接到第三批录制任务的时候，我的奶奶过世了，在农村的老家，我一边守孝，一边带着资料，抽出时间来研究教材、教学设计，严格按照时间节点上交课程。

疫情期间，我作为一名班主任，经常与家长沟通，关注学生居家学习的状况。我指导家长登录各种平台，及时处理学生、家长遇到的问题，做到全天在线，发现学生学习中存在的困难，单独进行辅导。学校的通知，我会关注每一个学生是否知晓，不让一个学生落下。

二、成长历程

怀着对教育的梦想，2004年8月，我走进汉沽盐场小学，踏上了神圣的讲台。由于缺乏经验、对情况不了解，年轻的我总是不能很好地处理这样或那样的问题。为了迅速提高青年教师的教学水平，学校经常组织青年教师外出学习，让他们利用外出听课的机会与特级教师面对面地接触，感受他们的教学风采。也正是有这样的机缘，我在刚刚参加工作后就能认识徐长青校长。还记得第一次听徐校长的课"积的变化规律"，徐校长那诙谐、幽默、激情、智慧的语言，深深吸引了我。我心想如果有一天能像徐校长这样跟学生一起学习该多好。

在工作室研修期间，我领略了徐校长提出的三个不讲、教师视域与行走路线等理论，学习了旧课新上、同课同构、三师同研等先进教学模式，其中三师同研在我校全面展开。我聆听了教育专家张梅玲、吴正宪、柏继明、田莉莉、翟渝成等的精彩课堂教学或报告，开阔了眼界，启迪了思维。

为了上好每一节课，我利用学习的机会，通过录音与录像积累了大量的一手资料，也经常在网上观看特级教师的讲课视频，很多时候忙到深夜。但当看到学生学得那么轻松，那么愉快，这点辛苦又算什么呢。通过研修，我对课堂教学的认识有了新的变化：从教之初的害怕学生在课上犯错误，到现在把学生错误当作一种资源；由开始时的关注怎么教到现在关注教什么；由以前教育理念的茫然到现在简约教育思想的实践。在徐长青工作室的研修道路上，我感到我是幸运的，因为我能与名师相伴。经过多年的努力，我还取得了以下一些成绩：在中国教育技术协会中小学教师信息技术创新与实践活动中获深度融合探索成果，获天津市"一师一优课、一课一名师"活动市级优课奖，在天津市2018年"作业盒子"游戏化速算竞赛中获优秀指导教师奖，获天津市学科德育精品课程二等奖，获天津市第八届双优课赛三等奖，获天津市"基于数学核心素养下小学数学自主学习课堂"主题论坛三等奖，获滨海新区首届基本功比赛二等奖，获汉沽"翼彩杯"精品教研优秀奖，获汉沽"十三五"教育科研优秀成果。多年来，我做区级以上展示课数十节。多篇论文获国家、市、区级奖励，其中《读懂教材、把握本质——以小数加减法为例》在《天津教研》论文评选中获二等奖，《磨课促进教师专业成长》在《天津教育》杂志发表，《面积概念的引入要突出本质》发表在《基于学科本质的有效教学》论文集。2018年，我在"津冀蒙"促学教育现场会上做主题报告。在2012年滨海新区教坛能手培养项目中，论文《分数的意义磨课记》被评为优秀成果，我在结业论坛做"会背等同于理解吗"的主题发言。论文《面积的本质是什么》获天津市教育创新论文评选三等奖，并被认定为天津市基础教育教学成果。

三、指导青年教师情况

我指导我校吕红老师获人民教育出版社课程教材研究所组织的第一届全国小学数学微课评比活动二等奖，指导陈菁霞老师获滨海新区首届教师大练兵大比武活动青年新秀组二等奖，2018、2019年分别指导崔颖、张春姝老师在"津冀蒙"促学教育现场会上做观摩课《认识面积》《找规律》，指导的张春姝老师的课《商末尾有0的笔算除法》被认定为天津市小学精品微课程资源。在汉沽图形的测量数学专题教研活动中，我指导李薇老师做展示课《长方形的面积》，指导李娜老师的《分数的意义》在"一师一优课、一课一名师"活动中被评为市级优课。

张宝增

天津市河西区卫东路小学教师，天津市第九批援藏工作队成员，正在西藏昌都市实验小学执行组团式教育援藏任务。曾获天津市河西区教坛新秀、河西区敬业标兵、优秀中队辅导员等荣誉称号。执教优秀课被评为"一师一优课"部级优课，获新世纪小学数学优秀教学资源一等奖。

甘为孺子育桃李 醉心"简约"幸福常

2017年赴北京师范大学参加新世纪小学数学教育立项重点课题"互联网+视域下数学教育的理论与实践研究"，高质量完成课题工作坊任务。随后，一直致力于"魔法园丁"等教学App的线上资源研发工作。本着符合学生实际需求，让课堂简单多样的原则，张宝增将工作成果应用于课堂。

2019年，张宝增赴昌都市实验小学执行为期三年的组团式教育援藏任务。其间加入徐长青发起的"心系荆楚、驰援湖北"爱心公益课活动，为尚未复课的学生录制网课，并将徐长青工作室的录制成果分享到整个昌都市，让西藏的孩子们在家也能看到来自全国各地优秀教师的优秀课。

2019年8月6号，他们组团式援藏一行人登上了离家的飞机。经过两天一夜的奔波，终于踏上了西藏这片土地。强烈的高反给所有人当头一棒，有的人头疼、头晕、失眠，而他的反应是上吐下泻并伴随着高烧，当天晚上几个人就住进了藏医院。在藏医院里，他还有说有笑地跟援藏医生聊天，当地领导来探望时，主任医生跟领导汇报，那个笑得最开心的，其实是烧得最厉害的。当时，他心里就只有一句话：他代表的是天津，他没倒下，天津藏人就不会倒下。

西藏地区上课、考试模式与其他地方有所不同，学生在校学习时间比较长，比如周三，从早自习到晚自习，每天7：30一直到19：30，作为一名数学老师，他每周上20多节课，中间也只有一个半小时的午休时间。经过一段时间的接触，首先，他发现学生的汉语理解能力不好，往往一句话要解释多遍，才能听明白。但是从学生渴望知识的眼神中，他能看得出来，学生是想学习的，所以他尽可能讲得慢一些、详细一些。慢慢地，学生喜欢上数学课了，喜欢学数学了。在接下来的月考中，班级平均分直接升到了年级第二，并一直保持二三名。

学校的电子白板设备老旧，他自己更新了白板软件，培训学生如何使用白板设备来交互，学生说，原来这个东西有这么多功能，太好玩了！全校教师的教研会上，他利用电子白板做了一节展示课，与全校教师分享经验。

后来，他发现学生们的各种文具都旧了，铅笔、直尺也都断了，趁着六一儿童节，给学生每人买了一套文具。当把文具发到学生手里的时候，学生发自内心的笑成了他忘却疲惫的良药。

一学年很快就过去了，校领导看到了他和学生共同努力的结果，最终决定让他继续教六年级。援派教师带毕业班他还是第一人。西藏的小学毕业压力是很大的，张老师的工作时间就从早上的7：00开始，到晚上的21：00结束，周课时超过了30节。

因为疫情，2020年一整年，张老师都未离开西藏，身体已经出现了各种不适症状，尤其入冬以后高原的气压更是不足平原的60%，学生家长和本地同事给他最多的一句评价就是：他说话都已经气喘吁吁了，但是一进课堂就立马变得生龙活虎。

春节前，天津援藏前方指挥部要求每名援藏干部写一封家书，援友们洋洋洒洒写了好多字，他想了一个晚上，只写下了49个字：

卜算子·家书朝闻祖国唤，夕决建家园，自古忠孝难两全，只身赴雪原。三载劳筋骨，光阴逝如箭，待到男儿归家时，再尽孝膝前。

现今，他在高原上已经工作、生活了一年半，当初陌生的环境，现在是那么熟悉而又亲切；当初陌生的援友，现在成了最亲密无间的战友；当初熟悉的家乡，却因为疫情不能离藏，渐渐变得陌生。

昌都与天津很像，都是三叉河口，海河、澜沧江都是我们情意绵绵的地方，奔流而下，汇入滔海，就如我们血脉相连。在昌都凝聚情深，在昌都奋斗青春，在昌都心念故乡。

方 维

中共党员，国家心理治疗师、国家心理咨询师、天津市特级名师工作室"徐长青工作室"进修访问学者，现任天津市第四十七中学心理教师。天津市教育系统优秀思想政治工作者、天津市心理健康先进工作者、北辰区百佳班主任、北辰区师德先进个人、北辰区优秀德育教师，所带班级多次被评为区级先进班集体。曾借调于团市委参与共青团天津市第十四次团代会组织工作。

走进学生心灵

一、疫情下的心理防护"口罩"

医生面对病人，对手是病毒；心理咨询师面对来访者，对手是情绪。

186×××7157，这不只是一个电话号码，而是新冠肺炎疫情防控期间学生情绪发泄的"树洞"。电话这一头，方维老师用倾听的方式，收集着这段时间难以启齿的故事。从记录到分析，再到开导，与病毒带来的负面情绪对抗。

面对突如其来的疫情，不论学生还是学生家长，或多或少都会产生不良情绪。如何来缓解这些负面情绪，有效调适心理呢？

在特殊时期，医学救助已在前，守好"后方"成为心理援助最重要的任务。方维老师用他力所能及的心理学专业知识为大家的心理健康保驾护航，让温暖的阳光驱散疫情下的阴霾。

方维老师接到的第一个求助电话，是一位从事医护工作的学生家长。

"我已经两夜没合眼了，我是一名发热科医护人员，现在家里的孩子只要一咳嗽我就会心跳加速、脸色发红，担心他是不是生病了……"

自学校心理热线开通以来，方维老师就开始了疫情防控期间面向学生及家长的心理热线援助工作。这位来访者的情绪是特殊时期出现的应激反应。每个人的表现不同，有人可能是焦虑导致的失眠，有人可能是心理恐慌。

疫情之下，心理健康非常重要。面对疫情，人们第一时间关注的是身体健康，确认无恙后才会转入心理恐慌部分。随着疫情防控时间的延长，对疫情的恐慌和焦虑则会加剧。在疫情暴发的这些天，方维老师陆续接到了不同职业背景的家长和不同年龄段的学生打来的心理咨询电话。人们向他诉说着自己的恐慌、无助、绝望、愤怒等情绪。

记得2020年初疫情严重时，曾经有一名来访者因为所在小区被隔离而建议居家隔离。打来求助电话时，来电者已经被隔离了七天。这是一个120分钟左右的电话。电话那头不断强调："我会不会被感染，我家人会不会有危险……"前十分钟，来访者情绪激动，语言组织也非常混乱，需要反复回应，倾听，帮助他梳理凌乱、纷杂的情绪，给他一种宣泄方式。电话结束时，这位来访者情绪基本稳定，而这时已经是凌晨了。

"心理援助和心理治疗是不一样的，评估来电者的症状比较重时我们是要转接的，是需要心理治疗的。"这段时间，方维老师每天都会接到四五个来电，每个电话基本都在25分钟至45分钟左右，仅2020年已接待200余名各类求助者，有学生，有家长，甚至还有社区工作者、医务工作者。经过方维老师细致耐心的疏导，大部分来电者在咨询初期表现出的恐慌和绝望甚至愤怒情绪，挂断电话前已逐渐好转。

二、依托徐长青工作室打造"维方心语"系列微课

在防疫过程中，每个人都是参与者，只是角色不同。

方维老师一直坚持用自己微弱的光，尽力地帮助更多的人。疫情新常态下防控形势依然严峻复杂，一些师生及家长心理波动较大。如何及时有效地进行心理危机干预和心理疏导，让大家以积极健康的心态理性应对，对疫情防控工作至关重要。为此，方维老师认识到，作为心理专业从业人员，必须充分利用自身专业优势，下好先手棋、打好心理防疫主动仗。

疫情就是命令，岗位就是一线。为了守好疫情防控期间广大师生的心理防线，方维老师围绕构建心理服务体系、抓好心理疏导重点、完善心理救援措施等方面，为防疫期间做好师生及家长心理教育工作建言献策。依托徐长青工作

室全力制作"维方心语"中小学心理调适与生涯规划系列微课，重点从疫情防控期间恐慌、厌烦、焦虑心理的认知与调控等方面，引导和帮助广大师生缓解心理压力，保持良好心态，坚定必胜信心。"用正思维消灭负情绪，用理性分析防止自乱阵脚，用科学常识构筑心理防火墙……"由方维老师主导制作的疫情防控心理教育系列微课正式上线。40节心理健康系列微课从确定选题、撰写文稿、拍摄制作到上线传播，仅用时40余天。该系列微课上线当日，点击量就达2万余次，受到师生的广泛好评。

危急时刻见忠诚，抗疫战场显担当。"作为一名普通的人民教师，作为一名心理健康工作者，尽管未能投身疫情防控作战第一线，但我将在疫情防控的心理战线上献智出力！"

三、青春遇见团代会

牢记初心使命，在建设社会主义现代化大都市新征程中书写青春华章。

方维老师曾任共青团天津市第十四次代表大会联络员，在短暂而充实的大会筹备过程中，全程参与大会各个环节，认真倾听和学习大会精神。牢记习近平总书记的嘱托，牢记初心使命，积极投身"四个伟大"火热实践，在建设社会主义现代化大都市新征程中书写青春华章。立志要锻造理想信念之魂，坚定不移听党话、跟党走。认真学习领会习近平新时代中国特色社会主义思想，树牢"四个意识"，增强"四个自信"，找准青春坐标、校准人生航向、坚定政治选择，坚定对党衷心拥护和爱戴；要筑牢成长成才之基，在勤于耕耘中经磨炼、长本领。以青年时期的习近平总书记为楷模、为榜样，把艰苦奋斗作为青春最亮丽的底色，主动接受复杂艰苦环境的磨砺，在为人民服务的生动实践中练就真本事；要充分展现青年之特，争当新时代的弄潮儿、先锋队，保持初生牛犊不怕虎的劲头，弘扬革命精神，敢于超越前人，投身创新创业，为全市发展注入强大活力。

四、关爱流动花朵：让温暖阳光普照每个孩子的心灵

刚刚参加工作时，方维老师是一名小学教师，因负责心理健康工作而走进更多孩子的内心，他将关爱外来务工子女志愿服务同心理健康工作进行整合，设立了"七彩信箱"，每天都会收到很多孩子的来信。无论多少封信，无论多忙多晚，方维老师每天都会使每一封信得到回复、每一个心声得到倾听，

每学期下来回信数百封。其中一个孩子因为父母离异引起心理问题，她在第一封信中这样写道："我只相信你们一次，给我的回信偷偷放在角落里，我不想让你们知道我是谁。我想偷偷告诉你们，父母因为我是女孩而离异，我想去死……"方维老师意识到问题的严重性，谨慎地回复了她的每一封来信，以书信的形式进行危机干预。给她回复的每一封信、每一句话、每一个符号，甚至书写字体都经过了反复思考。在数月的努力下，她的回信速度从两三天回信一次，到每天一封。无论刮风下雨，还是周末休息，方维老师都陪着她聊着"心事"，不知不觉过了整整一个学期。就在期末复习最紧张的几天，方维老师收到了一封回信："谢谢你们，我尝试用你们的方法同父母谈心，现在我看到他们好像好了很多，我很开心。谢谢你们，这是我最后一次给你们写信，相信我可以面对这些问题了。没什么送给你们的，我手工做了一个大大的'好'字送给你们吧！"就在这样的一封封书信中，方维老师用他专业的心理知识，为无数的孩子们驱散了阴霾，让他们重现阳光灿烂的笑脸。

冯武云

高级教师，徐长青名师工作室成员，简约教学研修先进个人。西安市学科带头人、骨干教师、教学能手。西安市雁塔区首批名师工作室"冯武云小学数学工作室"主持人，西安市雁塔区优秀教师，西安电子科技大学优秀教师。陕西省教育评价专家咨询委员会委员。西安文理学院师范学院本科毕业论文指导教师。

中国数学奥林匹克教练员，曾获小学数学奥林匹克指导教师奖，获小学"希望杯"全国数学竞赛优秀辅导员、ICTS中小学生综合素质能力竞赛全国总决赛金牌指导教师称号。

做一个有担当的简约人

一、教书育人，发展为本

工作28年，冯武云熟悉教材，能准确把握重点、难点，并能运用恰当的教学方法。她不把完成教学任务当成唯一的追求，在教授知识的同时，特别注重学生学习能力的培养。如指导如何预习，如何阅读数学课本，如何养成认真倾听的习惯，如何大胆与他人交流，如何建立错题记录本……让学生在学好数学的同时培养终身受用的学习能力。近几年，她践行的简约教学和分享式教学受到学生家长的一致好评。

二、且教且研，不断提高

1. 积极参加各级活动

2012年，冯武云参加名师之路西部六省"同课异构"大赛获特等奖。2015

第二章 简约之美 冯武云

091

年，她参加雁塔区"一师一优课"获"基础教育资源应用名师"称号，参加中小学数学杂志社举办的优质课大赛获特等奖，作品《平年和闰年》获第二届全国新世纪小学数学微课大赛一等奖。在新世纪小学数学教师网络悦读活动中，2014年，她获教材最佳"悦读奖"，2017年获"应用意识"主题研究"优秀悦读者"奖。论文《在分享中让数学课堂"简约"》获省级一等奖。她每年参加简约教学成果交流，论文或教学设计多次获奖。

2. 课题研究

2011年以来，冯武云坚持主持或参与课题研究，在实践中提升理论素养。她主持并已结题的课题有：省级课题"应用新型学业素质评价技术促进落实小学生数学核心素养目标的实践研究""信息化促进优质教育资源共享研究"，市级课题"小学数学'分享式'教学法研究""从作业读懂小学中年级学生数学学习过程的研究"。在研教育部委托课题"中小学数学教师信息化教学能力显著提升的研究与实践"的子课题"整校推进数学教师信息技术应用能力提升研究"。

她作为核心成员参与并结题的课题有国家级课题"读懂中小学生数学学习过程的方法研究"，省级课题"大学区改革环境下名师培养的新机制和有效途径研究"，市级课题"'微课'在中小学学科教学中的实践案例研究"。

三、辐射引领，助力成长

自2015年获批雁塔区首批名师工作室以来，冯武云积极开展活动，发挥工作室的辐射引领作用，对成员进行微课制作、说课、不同版本教材比对解读和考试软件的开发使用培训。她组织成员参加"名师之路"全国小学数学研讨活动，其中，刘莹老师在2016年的"名师之路"现场课中获一等奖；陈萌老师2019年在名师大讲堂授课获得好评。她还组织工作室成员参加全国微课大赛，其中1人获特等奖，1人获一等奖。她指导的青年教师夏子颜获长安区教师能力大赛二等奖。几年来，工作室培养出1名区级教学能手，2名市级教学能手，1名省级教学能手，其他成员也均成为所在学校的骨干教师。

四、主动担当，推行简约

2015年，"简约教学"基地研究成果展在西安举办，作为活动对接人，冯武云出色地完成了会议的协办工作。在这次活动中，冯武云老师对简约教学的理念和教学的基本模式有了全面的了解，从此与简约教学结下了深深的情缘，开始践行并推行简约教学。

每年的"立教杯"优秀教学成果博览会，冯武云老师都组织教师积极参加。或现场，或云端，从数学一科的成果到语数英各科成果，从一所学校到"名校+"教育联合体各校，参赛作品从几十份到几百份，一年又一年，简约教学在西安电子科技大学附小"名校+"教育联合体发芽、开花、结果，教师在一次次参赛中感悟简约教学的内涵美。

2018年，经徐长青工作室推荐，全国名师工作室联盟专家学术委员会审定，冯武云老师被评为简约教学研修先进个人。

2020年初，突发的疫情让万千学生不能如期返回校园。为驰援湖北，徐长青名师工作室响应教育部提出的"停课不停学，学习不延期"的号召，发起"睿师有约、空中课堂"公益课程的研发活动，组织全国优秀教师录制小学一至六年级数学和语文系列课程，为抗击疫情尽一份教育人的责任。

作为徐长青工作室的成员，看到发起活动的通知后，冯武云立即组织工作室成员和西安电子科技大学附小"名校+"教育联合体各学校教师报名参加这次公益课的研发录制。经过徐长青工作室严格审核，最终冯武云、高媛、伍荣洁、杨翊、陈萌、王婷和张菲菲7名教师入选课程研发团队。接到任务后，教师们从教学设计到课件制作、从脚本撰写到视频剪辑，一次次修改，一句句录制，力求为湖北的孩子们送去一节节精品课。数学由于教材版本不同，为了录出精品课，冯武云带领工作室的20余位教师用了6天时间线上进行人教版12册教材的解读梳理，熟悉知识体系。这次活动中，7位教师共录制公益课19节，所有课程均已通过徐长青工作室的公众号推送供全国学生观看。这是简约人在抗击疫情中做出的贡献！

在徐长青工作室的指导下，西安电子科技大学附小"名校+"教育联合体作为基地校，还组织学生参加了全国抗"疫"纪实征文活动，数百名学生在比赛中获奖。通过这次征文活动，学生懂得了感恩，学会了担当。

滴水成河，涓涓长流。冯武云用不动声色的深情、体贴细致的温和和坚定信念的天性坚守着大道至简的简约教学理念，在研修的过程中用心刻出生本的神采，用情塑造课堂的亮丽，让师生感受到简约大爱的无边，也让每个生命得到明艳绽放！

蒋　获

徐长青工作室成员，天津市红桥区数学中心组成员，红桥区骨干教师，天津市第三中学附属小学教务主任。曾获得天津市红桥区优秀团员、优秀教师、师德先进个人、中国发明协会中小学创造教育分会科研先进个人等荣誉称号。

用心付出，赢得尊重

教师在传授给学生丰富知识的同时，更应以满腔的热情与真诚去关心爱护他们，对待学生有如春天般的温暖，用爱心点燃学生的热情，与学生之间架起沟通心灵的桥梁，注重以平等的身份和学生交朋友，去了解学生的内心世界。

曾有一名学生，因为家里的经济情况不好，经常穿着又臭又脏的衣服，同学们都不喜欢她，她对学习逐渐失去信心，性格变得更加孤僻。六年级下学期时，有一次考试仅得了9分。为了帮助她，学校安排她到新的班集体，由我教她数学。面对这种情况，我二话不说欣然接纳了她，并在她来到新的班集体之前，针对她的特殊情况与同学们做了交流，为她营造一个良好的学习环境，既不区别对待，又默默关心爱护，从来没有嫌她脏，经常与她谈心，帮她剪指甲、梳理头发、整理衣服等等。因为我坚信爱心和耐心一定能打开她的心扉，渐渐地，她和我越来越亲近了，学习也越来越用功了，经过短短一个月的时间，一次抽测时，她居然得了65分。当她接到成绩单时，我们都看到她的眼睛红了，激动得望着我深深地鞠了一躬。这是一个孩子发自内心的感谢，感谢老师、感谢学校，一个简单的举动蕴含着多么深的情，多么深的爱，短短的两个多月不仅使这个学生升入了中学，并使她拥有健康的心灵。

一、激情永在，奉献无悔

当工作与家庭不得兼顾时，因为对教育事业深深的爱，我选择舍小家顾大局，无悔奉献，勇于付出。2018年末，当接到由天津市红桥区委组织部紧急召集命令，远赴千里之外的甘肃省合水县进行技术指导时，我迅速安顿好家中年届80的父亲，以及刚刚因肺炎就医出院不久的母亲的生活，光荣地成为"东部地区支援西部地区"工作者队伍中的一员。

来到合水后，面对的首要问题就是克服害怕和孤独，西华池小学占地面积有8000多平方米，而晚上却只有我自己住在学校里，屋内又没有厕所，需要走出大楼到另一个楼解决如厕问题。等到了黑漆漆的晚上，紧张的情绪油然而生，作为一个从未单独在外住宿的女生，我只有不断给自己加油打气，迫使自己坚强独立。第二个问题是屋内没有上下水，不能洗澡，只能依靠水壶和水桶每天到另外的地方打水和倒水。条件的艰苦还不止如此，紧接着第三个问题就在第一个晚上出现了，寒冷的晚上，暖气突然没有了温度，只好把带去的所有外套盖在被子上取暖，这才度过了援甘之旅的第一天。

到合水的第四天，我就应六年级教师的要求，为他们上了一节"求一个数比另一个数多（少）百分之几的应用题"的示范课，课后又与听课的教师交流设计理念和想法。在随后的交流中，我慢慢地了解到，教师们对这些教育理念在认可佩服的同时，又有一定的担忧，他们不敢去尝试改变已经习惯的陈旧的教学方式。每每此时，我只有通过不断讲解和示范，打消他们的顾虑和担心，通过更具体形象的指导，提升他们的自信心和能力。有时，一个人一节课的指导就用去了大半天的时间。虽然比较辛苦，但当看到教师们带着自信走上讲台，在积极引导学生探究时，我感觉自己所有的付出都是值得的。

短短的一个月时间里，在开展的如演讲比赛、公开课、级组交流课、现代信息技术大赛、简约教学主题研讨等多项教育教学活动中，我都被赋予了比较重要的角色，为了更好地完成各项工作，不辜负校领导的认可和期望，我在每项活动前都做了充分的准备。为了呈现一节精彩的示范课，我花大量的时间课前与任课教师沟通了解学生进度、自制课件等。为了做好面向全县数学教师的简约教学主题研讨活动中的专题报告，我利用业余时间，翻阅资料提升理论水平，并结合所讲内容精心地准备有效的教学案例，力求讲座不空洞乏味，便于教师们理解和操作。教师们对简约教育思想的高度认识以及孜孜不倦的研究态

第二章 简约之美　蒋荻

度，不断激励着我进一步锻炼和发展，在交流、促进中成长，收获满满。

二、抗疫路上，我们在行动

2020年是不寻常的一年，自从暴发疫情以来，疫情防控无时无刻不牵动着我们每一个人的思绪。千千万万的人舍小家为大家，无私奉献。

作为学校教务处主任，我一方面做好线上教学的前期准备工作，另一方面积极组织和引领教师们寻找行之有效的教学方式。特别是初期，大家都面临缺少教学资源、信息技术手段单一等问题，大家互帮互助，交流分享，很多教师从网络小白变成了线上教学达人。在这个过程中，我有过困惑和迷茫，但从未停止继续探索的脚步。特别是在徐长青工作室组织的"心系荆楚、驰援湖北"的爱心援教中，我积极参与"睿师有约、空中课堂"公益课程的研发，为三年级学生录制数学课2节，为二年级学生录制数学课1节，同时参与了课程研发设计的初审工作。由于要向全国学生发送，因此对于每一个细节都要严把关，确保课的质量，工作压力和强度都比较大，教案设计改了一遍又一遍，录制反反复复，熬夜似乎成了家常便饭。

工作虽然辛苦，但我看到和听到录制的课得到教师们的赞赏和肯定，想到能为饱受疫情冲击的师生们做出力所能及的贡献，心里的满足感和成就感油然而生。疫情打不垮我们共产党员的意志，抗疫路上我们在行动。

蔡万茹

新疆伊宁市师范大学附属小学副校长、中共党员、小学高级教师、市级学科带头人、自治区教学能手、自治区蔡万茹小学数学教学能手培养工作室主持人，徐长青工作室成员。

蔡万茹重要荣誉：新疆维吾尔自治区第十二届小学数学课堂教学大赛中荣获一等奖；曾在发展与创新教育研究全国第十届研讨会上微格研练教学大赛中荣获二等奖；近年来撰写的论文、录像课、教学设计、制作的微课等多次荣获州级、自治区级、国家级奖项；曾获市级优秀教师荣誉称号。

匠心成就研教之梦

辛勤耕耘三尺讲台，默默奉献润育新苗，以爱唤爱，与学生并肩看风景……她用点滴平凡的故事，书写着普通园丁的"不平凡"，用匠心成就研教之路。

2012年11月，她在发展与创新教育研究全国第十届研讨会微格研练教学大赛中荣获二等奖。2015年9月，她在自治区第十二届小学数学课堂教学暨研讨活动中现场课荣获一等奖。2015年12月，微课《搭配》获得州级一等奖。2015年9月，获得"市级教学能手"称号。2016年6月，视频课《容积和容积单位》在伊犁州"一师一优课、一课一名师"评比活动中获得一等奖。2016年9月，微课《不规则物体体积》获得市级一等奖；2016年9月，她被伊宁市政府评为"优秀教师"。2016年11月，课例《容积和容积单位》在自治区"一师一优课、一课一名师"评比活动中被评为自治区级"优课"。2017年6月，录像课《倍的认识》一课，荣获伊犁州小学数学录像课评比活动一等奖。2018年3月，论文《抓实教学教研工作促学校内涵式发展》在首届全国中小学教育管理论文大赛中荣

第二章 简约之美

蔡万茹

097

获一等奖。2018年3月，她在首届全国中小学教育管理论文大赛中荣获"全国中小学教育学术活动组织奖"荣誉称号。2018年3月，她在第三届自治区中小学教学能手评选中，荣获"自治区中小学教学能手"称号。2019年4月，她被任命为自治区小学数学教学能手培养工作室主持人。2019年7月，她三年级《倍的认识》说课稿，在"第二届全国名师工作室创新发展成果博览会"上，被评为特等奖。2019年7月，被聘为伊犁师范大学硕士研究生教育硕士小学教育领域指导教师。2019年9月，录像课《圆的认识》荣获州级一等奖。2020年5月，《多边形的内角和》在说题比赛中荣获州级一等奖。2020年11月，她主持的自治区蔡万茹小学教学能手培养工作室在2019—2020年度考核中被评定为优秀。

一、以爱唤爱将爱传递

二十四小是她成长的摇篮，有一年，她参加了全国的录像课大赛，从准备、试讲到录制，周老师一直陪着她好几天，最后要连夜对录像进行剪辑，她坚持熬夜审课，体现二十四小人的精神。如果说得到帮助会获得幸福，那么帮助别人就会得到快乐。她在享受幸福的同时将把这种快乐继续传递下去。

2016年5月，二十四小一位数学教师接到代表学校至巩留一小参加"七城会课"赛课的任务，刚刚做完手术的她听到消息主动与该教师联系，帮助其挑选课题、分析教材。在磨课期间，这位教师遇到了教学上的瓶颈不知如何处理，在家休养的她跟家里人声称去医院复诊，却偷偷地跑到学校给其磨课。功夫不负有心人，这位教师获得了伊犁州"七城会课"小学数学赛课一等奖的佳绩。虽然没能安心静养影响了伤口恢复，但她为二十四小获得的这一荣誉而高兴，一时间忘记了自己的伤痛。

二、化作春泥更护"花"

转眼间，她在小学数学教师这个岗位上已经走过了21年。在这21年中，她收获了快乐和幸福。同时在这21年中，她懂得只有采用快乐的教育方法，才能收获快乐和果实。所以心中总会涌起一种强烈的责任感："我是老师，我要给这些寻梦的孩子引路，肩负着育人的重任。"这强烈的意识不断激励着她以真诚去拥抱每一个孩子。渐渐地，从那些友好和信任的目光中，她读到了孩子们的心音，看到了他们的进步和成长。

在这20余载中，她真正开始感觉和触摸到教育的真谛。她说："我现在是一个幸福的教师，对于一个幸福的教师来说，教育不是牺牲，而是享受；教育不是重复，而是创造；教育不是谋生的手段，而是生活本身……"褪去生活中的那一份浮华，那一份浮躁，来潜心教书育人，她相信我们自身的任何改变，其实就是教育的改变。她坚信，让我们用真情、用知识、用智慧去赴一场又一场和孩子们的美好约会，一路上定会感到幸福！

三、团队发展辐射引领

作为教科室主任，她带领各学科组长开展教科研活动，通过各类活动提升教师专业素养。她充分利用工作室积极培养新人，指导年轻教师成长，发挥着一个主持人及骨干教师的示范引领作用。

工作室自成立以来，她组织开展了各类研训及"主题式"送教培训活动，助推教师成长。

2019年3月28日，蔡万茹小学数学教学能手培养工作室在市二十四小学开展课例研讨活动。

2019年4月22日，工作室与仇学春工作室至十四小学开展手拉手送教送培研训活动。

2019年5月13日，工作室与南疆阿克陶县皮拉勒乡小学开展手拉手送教送培研训活动。

2019年6月10日，作为工作室主持人，蔡万茹老师参加自治区"核心素养在课堂暨复习课的思考与实践"专题研讨活动。

2019年10月10日，自治区级蔡万茹小学数学教学能手培养工作室举行授牌仪式。

2019年11月7日，自治区蔡万茹小学数学教学能手培养工作室与伊河南岸中学开展手拉手送教送培研训活动。

2019年11月14日，工作室开展伊宁市小学数学"提升计算思维品质"课题研讨——城西片区"图式结合，让儿童思维看得见"暨自治区蔡万茹小学数学教学能手培养工作室课例研训活动。

2019年11月15日，自治区蔡万茹小学数学教学能手培养工作室至巩留县一小开展"图式结合，让儿童思维看得见"送教送学研训活动。2019年，工作室成员至托克扎克中心小学、奶牛场小学、昭苏、巩留、特克斯、新源、尼勒克等地送教9节次。

团队研训及送教活动，为教师搭建互相学习的平台，提高教师的专业水平和专业技能，更新教育观念，自我完善，不断发展，从而在教育改革和发展的道路上双赢互惠，均衡发展。

四、做一个有情怀的教师

在小学数学教学中，她努力探索简约教学的新途径，在教中研，研中改，积极实践新课程标准，形成了"趣、实、简约"的教学风格。2020年1月，她有幸成为徐长青工作室成员。

如今，她继续走在"踏踏实实做事，堂堂正正做真人，不忘初心，继续前行"的路上，紧随简约教育之路，在自己的岗位上发热发光，去追求、去挑战、去创造更美的明天！这就是她，一名在平凡岗位上默默奉献、有着教育情怀的教师。

杨晶玲

新疆乌鲁木齐市第一小学数学教师，徐长青工作室成员，从教28年，曾参加全国、新疆维吾尔自治区、乌鲁木齐市教学评优课和论文评比，并多次获奖。2018至2020年，荣获全国论文、教学设计、录像课一等奖8次、二等奖11次。2019年赴清华附小跟岗学习，汲取先进教育教学理论、理念，后将其融入日常教学中。

有心护花二月风

一、传道授业，钻研"师艺"

师者，传道授业解惑也。在杨晶玲看来，教书育人是教师的天职，如果没有扎实的基本功，空有一腔热情，是无法完成这个使命的。

27年来，她潜心提高教学水平，坚信精深广博的专业知识是高质量教学的关键。

终身学习是教师的必修课，她探索增强教学针对性、实效性的新方法、新路子，每一堂课都认真对待。

成长，无关乎年龄，无关乎资历，无关乎地域。

只要听说乌鲁木齐市有小学数学公开课，刚上完课的她直奔比赛现场。做笔记、录视频、反复学、多请教……她知道，闭门造车只会故步自封，只会让眼界越来越狭小。

前瞻的教学理念、教学方法，对她有一种强大的吸引力，她总是不由自主地靠近，俯首甘为"小学生"。

曾经，她认为新疆离内地很远，毕竟乌鲁木齐到北京就有2 800公里。但时空阻隔不了一颗拼搏的心，阻隔不了前进的步伐。

契机在不经意间出现。2019年她突然觉得，新疆离内地很近，乌鲁木齐的教育与北京教育的距离只有零公里。

这一年的10月20日，通过学校选派，杨晶玲参加清华附小的跟岗学习。这一次，她汲取先进的教育教学理论、教学理念，聆听了徐长青老师的观摩课。

"那堂课仿佛给我打开了教育的另一道门，原来数学课可以讲得这样这么有意思，跟说单口相声似的。"杨晶玲感慨道。

取经之旅中，她豁然开朗，对数学教学有了更深层次的理解，感觉"专家真牛掰"。归来后，她将新理念融入日常教学中。

谁说"春风不度玉门关"？谁说"西出阳关无故人"？杨晶玲把办公室搬到教室，将"春风"带入课堂，给学校教学带来新的气息。同事、家长纷纷点赞，学生成绩稳步提升。

2019年，杨晶玲申报的研究小课题"思维导图在小学数学中的应用分析"，获得全国课题一等奖。

二、疫情突袭，传承"师德"

意外和明天，你永远不知道哪个先来。2020年新冠肺炎疫情席卷全球，湖北武汉疫情牵动着全国人民的心。

受疫情影响，春季全国各地中小学延期开学。停课不停学，各地启动网课学习模式。湖北——全国抗疫的聚焦点，那里的学生该如何更好地上课呢？

徐长青老师发起"心系荆楚、驰援湖北"的爱心公益课活动，为尚未复课的学生录制网课，旨在让湖北的莘莘学子安心学习。

杨晶玲报名参加网课录制，但横亘在她面前的是重重难题。教材是电子版，阅读不方便，被疫情困在家中的她，在小区微信群里询问"谁家有打印机"，将教材打印出来；以前她实录40分钟的录播课游刃有余，但面对十几分钟的网课，她没有任何经验；教案改了一遍又一遍，请教领导和同事；以前她都是面对面授课，面对新媒体技能，她动员全家齐上阵。

"困难再大，我也要做好录播课件。那段时间说话多，舌头都起泡了。"回想起当时的场景，杨晶玲笑了。

第一次录播，时间太长，有瑕疵，重来！

第二次录播，还是没达到预期，重录！

一次次推翻自己，一次次修改教案，一次次请专家审稿，一次次修正……反反复复，她跟自己较上了劲。

等六堂录播课拍板，她案头打印的纸质版教案，已经有厚厚的一沓了。

相较于传统教学，网课这种教学方式，对很多教师来说是新的尝试、新的挑战。

如何让网课上得好、上出新的教学理念，让网课与传统教学方式完美地结合，杨晶玲一直在思考。那时候她大病初愈，每录一节课，都是对身心的巨大挑战。

伯乐与恩师，一直在她身边。聆听徐长青的指导，她不断钻研，终于录制出高质量的六节课。课程上线后，为湖北学子送去了知识与关怀。

网课播出后，点击率达到八万人次。徐长青老师点赞、校领导认可、同事认可，《乌鲁木齐晚报》跟踪报道了此事。

那一刻，杨晶玲觉得一切付出都是值得的。2020年新学期复课后，她继续践行新的教育理念。

三、满园桃李，倾注"师爱"

无声润物三春雨，有心护花二月风。送走了一届又一届学生，杨晶玲没想到的是，学生的一道数学题答案让她热泪盈眶。

那是在2018年，她出院后重返讲台，一次数学试卷有道题是这样问的："你家里有几口人？"

"太太、姥姥、杨老师和我。"一个孩子这样回答。

看着这个答案，杨晶玲默默地打了一个对勾，偷偷擦干了眼泪，"我愿意成为这个孩子生命中重要的过客，成为能对孩子们有帮助的人"。

在她看来，这就是教育，一棵树摇动另一棵树，一朵云推动另一朵云。

这个学生的家庭有些特殊，男孩没有家人照料，杨晶玲充当了"妈妈"的角色。在学校，她时刻关注男孩的学习、心理变化；放学后，她又照顾男孩的饮食起居。上大学的女儿都"吃醋"了，说她"太偏心"。

教育者永远年轻，永远在路上——她笃信这一点。虽然她有着27年的教龄，容颜却依旧年轻温暖。

回眸工作伊始，她"客串"过语文、体育、科学老师。从2001年起，学生开始叫她"杨妈妈"，这源自很多工作和生活细节。

喜欢运动的她有着"雌雄同体"的气质，带着学生打篮球、放风筝，玩"老鹰抓小鸡"的游戏等，总能和学生们打成一片。

面对有自闭倾向的学生，她经常表扬鼓励，这些孩子至今和她的关系都很好。

面对撒谎不写作业的孩子，她立下规矩，教导他们要做诚实的人。

满园春色，满园桃李。教师就像蜡烛，燃烧了自己，照亮了别人。在家长和学生眼里，杨晶玲就是这样的教师。

三尺讲台，三寸舌，三寸笔，她始终认为教师是"太阳底下最光辉的职业"。她正直、好学、积极、乐观，影响着学生和家长，她将传授知识和塑造学生健全的人格结合起来。

她明白，作为教育工作者，必须治学严谨，教风端正，因为教师教授的不仅仅是知识，更是做人的道理。而教师，是学生翱翔的开端，是他们飞向九万里高空的风。

张 新 蔚

高级教师，徐长青工作室成员。湖南省教师培训师，省国培专家库成员，省提升工程2.0考核专家，全国教科研先进个人、省数学工作坊坊主，长沙市芙蓉区首届数学工作室首席名师。

筑梦之园——遇见更好的自己

一、教育工作：尽职尽责 以爱育人

课堂上：我营造幸福民主、灵动愉悦的和谐氛围，带着孩子们感受、体验、创造并培养孩子们的数学素养，让孩子们的每一个四十分钟能在轻松自如的环境中度过，感受数学本身的魅力。

同时，我还充分运用信息技术手段，比如"晓黑板App"、微信小程序"每日交作业"、UMU课程等，为孩子们搭建学习共同体平台，通过课前微课预习、课后习题分析、小活动展示等，帮助学生逐步养成混合式学习的习惯，提升数学学习兴趣，培养孩子们的数学思维能力。

二、教学工作：循循善诱 春风化雨

从教以来，我不断自我进修，积极参加各级各类培训，革新教育思想，长期订阅《小学数学教师》《湖南教育》等期刊，了解教育最新动态。2017—2019年，我有幸被选拔加入湖南省第二批教师培训师高端研修学习班，学习期间各项考核成绩优异，顺利成为省级教师培训师的一员。我走在新课改的前沿，有着丰富的教学经验，理念新、能力强，积极潜心钻研教学业务，以饱满的精力投入到课堂教学研究中，执教的数学课也多次获奖和展示。其中，一年级下册《整理和复习》一课获得2019年度"一师一优课、一课一名师"部级优课；2020年3—4月参与CCtalk首届中小学"星网师"优质课网络课程直播，为疫情期间"停课不停学"的学生带来优质网络课，荣获特等奖。

三、教育科研：教研之花 绚丽绽放

2012年3月，芙蓉区张新蔚小学数学名师工作室正式挂牌成立，这是芙蓉区首届以名师姓名命名的区级名师工作室。我一直认为，名师不仅仅是一种称谓，一种荣誉，更是一种责任。名师不光是业务精良的学科带头人，更应是一个师德高尚、学识广博的师者。任现职以来，我始终把成为一名学者型教师作为自己的目标，努力为自己创造条件，不断推陈出新，积极投身于教育科研中，参与出版专著十几本，先后发表论文30余篇，主持的课题"小学数学教师专业化发展培养策略研究"结题，获得长沙市2016年度中小学课题成果一等奖；荣获芙蓉区2012—2018年度课题成果评优一等奖。我个人获得第二十届"友谊"教育科研奖二级二等，在中国教育学会小学数学专业委员会成立三十周年之际，被评为学会先进工作者。

四、辅导辐射：言传身教 教学相长

作为一名省级培训师和数学名师，我有责任辅导青年教师成长。为了更好地培养年轻人，我充分利用平台与优势，不断发挥辐射作用。作为湖南省小学数学骨干教师工作坊坊主，带领省内数学骨干教师共同成长。

师徒结对，小范围辅导。我在本区、本校有多名徒弟，对他们手把手、面对面进行指导，剖析课堂教学，传授教学智慧。徒弟们多次走进我的课堂，感受我课堂的点点滴滴。通过这样的言传身教，他们成长飞快，在各级比赛中小有建树。比如，我的徒弟实验小学张婷老师，所执教的绘本课在中国教师研修网举办的省级示范工作坊线下研修活动中成功展示，获得一致好评。

示范讲座，大范围引领。作为工作室首席名师，工作室每期多次的日常教学研讨活动中，我频频为学员们上示范课，让青年教师领略成长；每年一次的名师工作室开放活动中，我在执教的数学课上展示风采，让骨干教师得以观摩，在工作室这个学习共同体的成长环境中，我们团队的骨干教师都成长为新一批省市级名师。

2014—2015年，我参加第十届内地与香港交流协作计划，一年时间在学

校策划与参与共同备课、观课、议课和经验分享等教研活动，主持研究课题2个，做主讲专题报告4场，执教全港示范课1节，另外我参加全港经验交流活动分享57次，推动了内地与香港的教育发展和交流，被教育部评选为"优秀指导教师"。

送教送研，全方位辐射。作为一名省级教师培训师，为了扩大引领范围，我经常积极参加各种教育教学活动，省教育厅、省电教馆和省教师发展中心也成了我的坚强后盾，搭建起一个又一个送教送研的宽阔平台。这些年，我频繁送教、送讲座，开始发挥全方位的辐射作用。

心系荆楚，驰援湖北。为了帮助湖北省600余所学校近20万名学生在重归课堂前开展线上学习，助力教师解决特殊环境下的教研需求，4月，徐长青工作室联合中国教师研修网、教研网发起"心系荆楚，驰援湖北：骨干教师助力湖北公益送教"活动。作为湖南省唯一一名数学骨干教师，我受邀参加"睿师有约、空中课堂"课程研发，录制一年级下册两节数学课，公众号和网站在线点击率达10万+，后续再次受邀录制两节一年级上册数学课，为湖北师生居家阻击疫情做出了很大的贡献。

2020年3—4月，我积极参与抗击新冠肺炎疫情，通过运用CCtalk平台每周定期给孩子们上网络公开课。其中一节"一年级预备课"参加首届中小学"星网师"优质课网络课程直播，为疫情期间"停课不停学"的学生带来优质网络课，荣获特等奖。

在这个"筑梦之园"，在这条与梦想同行的路上，我不仅是一名一线教育工作者，更是一名终身学习的学生。在徐长青工作室，我结识了一批全国优秀的名师，如徐长青老师、刘霞老师、史小英老师、芦春艳老师、鄂建辉老师……每一位老师都给予我成长的智慧和力量，是我努力做到更好的动力。他们的鞭策、教导、爱护和提携，引领我在人生的不同阶段接触新的领域、树立新的目标、达到新的境界。在学习的道路上，不断遇见彩虹之桥，我深深地体会到教育的信、望和爱！

王艺兴

市级教坛新秀，县级模范教师，县级竞赛优秀辅导教师，徐长青工作室成员。

不忘初心勇担当　牢记使命育幼苗

"到底怎样才能让孩子们的学习像呼吸一样自然发生呢？如何让课堂变得简单、高效、有趣，怎样才能激发孩子们的学习兴趣呢？"这是王艺兴老师常常想的问题，孩子们渴求知识的双眼促使王艺兴老师不断钻研，不断思考，不断实践。

一、锤炼思想　提高境界

她是一名共产党员，深知学习是终身的事，只有不断学习才能在思想上与时俱进、在业务上强人一筹，才能做一名合格的中华人民共和国教师。平时，她注重学习党的各项时事方针、政策，关心国家大事，并运用学到的政治理论指导自己的工作实践。在三尺讲台上，她认真执行党的教育路线、方针、政策，全心全意做好教书育人工作。

无论何时，她都以高度的责任感和事业心将全部的热情投入到工作中去，以培养有理想、有道德、有纪律、有文化的事业接班人为己任，志存高远、爱岗敬业、乐于奉献，自觉履行教书育人的神圣职责。

二、钻研业务　精益求精

王艺兴老师刻苦钻研专业知识，在徐校长的引领下，观看课例，分析课例，努力学习简约教育教学理论知识，积极应用于课堂实践。课堂上，她紧扣知识本质，博观约取，精讲精练，让学生学得轻松透彻，充满获得感。长期的探索中，王艺兴老师已经形成了自己的备课和授课风格，各项成绩斐然。

2018年7月，王老师撰写的论文《尝试创建学习共同体——从合作学习开始》获中科院论文、案例评选二等奖，并在省级刊物《试题与研究》上发表。

2019年8月，王老师撰写的案例《植树问题》在全市中小学优秀论文、教学设计、案例评选中获二等奖。

2020年3月，王老师撰写的STEAM课例《风车里的奥秘》获省级三等奖；5月，王老师被评为"校级疫情防控期间线上教学优秀教师"；6月，王老师参加全县党员赛课获得三等奖；9月，王老师在全县首届德育精品课比赛中，王老师执教"异分母分数加、减法"一课获县级一等奖；9月，王老师被评为"县级模范教师"，论文《从直观到抽象构建知识体系》在省级刊物《知识文库》上发表；在徐长青工作室各位教师的指导下，王老师录制的微课《退位减法》在甘肃省首届微课大赛中获省级一等奖。

2021年6月，王老师被评为县级"优秀共产党员"。2021年8月，王老师参加全县青年教师教学课堂技能大赛，执教《数独》一课获得小学数学组一等奖。

她并没有在成绩面前停滞不前，依然高标准、严格要求自己，认真钻研业务，虚心向同行请教，用爱与学生沟通，做到了既教书又育人。

三、勤奋刻苦 敢于担当

2020年，王艺兴老师主动请缨承担东西部教育帮扶成果汇报公开课教学任务。2020年8月，天津师范附属小学叶鸿林老师亲赴合水县帮助王艺兴老师磨课，在班级里试课就立马进行修改，修改完接着试课，在本校试完课后再去兄弟学校西华池小学试课。在汇报课前一周，王老师赶赴天津师范附属小学继续进行磨课、试课，反复磨课十余节。备课过程虽然辛苦，但是她深知自己肩负的责任，有任何困难都迎难而上，诀不退缩，最终顺利完成公开课汇报任务。整个过程中，王老师参与着、努力着、成长着！

2020年全国因新冠肺炎疫情开学延期，疫情期间，王艺兴老师积极参与中国教师研修网发起、徐长青工作室组织的"心系荆楚、驰援武汉"公益课程录制活动。在徐长青工作室备课群里向全国各地名师学习，通宵达旦，反复磨课，数次修改录制脚本，完成微课录制两节，其中，《退位减法》一课在教研网推出后有近十万的观看量，第一时间为武汉学子送去学习资源，为停课不停学、抗击疫情做出了贡献。

人教版数学各年级下册学习内容在中国教研网推出之后，徐长青工作室又筹备上册内容公益课程开发。王老师克服困难，积极参与，在工作室各位名师的指导下完成微课录制两节。两次录制活动中，王老师从不言困难、不断学习、刷新认知、突破自我，专业素质方面得到了很大的提升！

四、不忘初心 砥砺前行

教育不是夸夸其谈的浮光掠影，教育是一种良知的守望，坚持一种操守，甘于宁静才能致远。王艺兴老师努力耕耘，勤恳敬业，始终不忘立德树人的教育初心，认认真真地做好本职工作。

王艺兴老师担任乐蟠小学低年级数学教研组长，她始终不忘徐校长的教诲——"教师不搞教研，过不了好日子，不搞科研，好日子长不了。"她主张从微课题入手，搞真正的研究，践行教育人的使命，传播简约教育教学思想，致力于课堂改革，砥砺前行！

育人之路漫漫，相信王艺兴老师定会不负韶华，不负时代，不负自己，不负学生，未来可期！

尚鹏斐

大学本科学历，甘肃省合水县三里店小学政教主任，徐长青工作室合水工作站首批学员。完成两项甘肃省"十三五"教育科学规划课题研究；撰写的《圆柱与圆锥》单元教学设计荣获甘肃省第二节"创新杯"中小学数学单元教学设计文本比赛三等奖；执教的《平均数》和《三角形三边关系》课例荣获庆阳市"一师一优课、一课一名师"优课一等奖。

让娇嫩的生命之花永远绽放在希望的田野上

一、锐意进取 不断超越

尚老师从事教育教学工作以来，忠诚于党的教育事业，教书育人，诲人不倦，时时以一个优秀教师的标准要求自己。尚老师工作勤勤恳恳、兢兢业业，坚持出满勤，干满点，从不迟到早退，以校为家，热爱学生、团结同志，在平凡的岗位上做出了不平凡的业绩。在多年的教育教学中，为了不断提高自己的政治业务素养，提高自己的教学认识水平，适应新形势下的教育工作要求，在教学中，尚老师不错过任何一个可以提升自身业务素质的机会，积极参加各种政治业务学习活动，向优秀教师、先进教育工作者学习。工作期间，尚老师既教书又育人，经常对学生进行思想品德教育，教育学生做人要自立自强，诚实守信，为人正直；在学习上，要积极进取，开拓创新，待人要宽厚，做事要有责任心；在生活上，要勤劳节俭，生活俭朴，教育学生热爱祖国，热爱人民，热爱集体，做一个社会主义合格的接班人。作为一名教师，尚老师不断地刻苦钻研业务，认真研究教材教法，研究新课程标准，注重多方面培养学生的能力和学习习惯，对工作讲求实效，对学生因材施教，备课时精心设计环节，努力钻研教材，上网查阅资料，了解学生特点，课前准备工作做到备教材、备学生、备资源，结合课堂实际运用课件配合教学，向40分钟课堂要质量，课堂上给学生畅所欲言的时间和空间，让学生做课堂的主人，循循善诱地进行引导，做学生的学习合作伙伴，使学生的学习效果事半功倍。

二、认真教学 潜心研究

教研活动是载体，课改教研是先导。尚老师在教研工作中，勇于探索，勤于实践，从不放过任何一次学习机会。2017年，徐长青简约教学工作团队走进合水，他成为合水首批学习简约教学的学员，认真进行理论学习和课堂教学实践，积极申请参加工作室教研活动，先后多次赴天津、北京、海南等地参加简约教学交流活动，观摩全国各地名师课堂教学风采，积极交流，学习先进的教育教学理念，并把各种教学观摩课和交流活动的先进理念通过展示课、讲座等方式传递给本校教师。尚老师还充分利用资源，为科组教师创设学习交流的机会，在叶鸿琳、刘爽、杨建欣等简约教育专家前来合水"传经送宝"时，抓住机会邀请专家入校进行课堂教学指导、讲座等，组织科组教师积极参加各类赛课活动，频频获奖，有两名教师成为县级教育名师，他本人执教的《平均数》和《三角形三边关系》课例荣获庆阳市"一师一优课、一课一名师"优课一等奖。2020年初，在"心系荆楚、驰援湖北"的爱心援教中，尚老师参与徐长青工作室发起的"睿师有约、空中课堂"课程研发，为三年级录制教学课程，为阻击疫情贡献了自己的力量。

三、关爱学生 无私忘我

俗话说：在其位、务其职、思其政。作为政教主任，尚老师时刻要求自己做到正确定位、牢固树立两种意识，努力做好校长的助手，"上情下达""下情上晓"，起到了桥梁沟通作用。在工作中，尚老师能以求真务实的态度顾全大局，融合群体，在校长的指导下，制定好学校德育工作计划并组织实施，使工作更有计划性、针对性、实效性。为了使学生身心健康成长，就必须关心爱护他们，做他们的知心人。尚老师把"动之以情、导之以行、晓之以理、持之以恒"作为关心学生的座右铭，由于学校所处的特殊地理位置，进城务工随迁子女、留守儿童较多，他通过家访、心理疏导等多种方式给予他们关怀，倡导各班主任、少先队辅导员做学生生活中的母亲，错误中的大夫，交往中的挚友，让这些孩子沐浴在学校温暖的阳光下，帮助他们树立正确的人生观和健康的成长观。

尚老师说："一分耕耘，一分收获，每当看到孩子们脸上灿烂的笑容时，我就庆幸自己选择了教书育人这一太阳底下最光辉的事业，我将无怨无悔地耕耘着教育这片土地，让娇嫩的生命之花永远绽放在希望的田野上。"

李 娜

甘肃省庆阳市合水县"学科带头人""师德标兵"，全国新教育实验先进个人，徐长青工作室"简约教育"合水工作站成员。曾获庆阳市小学数学优质课竞赛一等奖，获甘肃省小学数学优质课竞赛二等奖；获庆阳市"思维型教学"现场教学比赛特等奖；获全国新教育实验先进个人光荣称号；获"小哥白尼"杯"创建书香校园 争当阅读之星"活动阅读之师称号；先后参与了三项省、市级课题的实践研究工作并获等次奖。

让简约之花开满教学之路

2005年8月至今，她始终以"学高为师，身正为范"的校训激励监督并鞭策自己。十六年的时间书写了她教书育人的喜怒哀乐，浸透着她不懈追求的挚爱深情。为力求自己在工作中不出现任何差错，她认真贯彻党的教育方针，切实履行教书育人的职责，严格服从学校的工作安排，团结同志，关心学生，工作勤奋，乐于奉献，严于律己，受到了学生的喜爱、家长的尊重，也得到了同事的赞许、领导的认可和肯定。

一、关爱学生 以人为本

爱是一个永恒的话题，教师对学生的爱更是一种把全部心灵和才智给学生的真诚。对她来说，学生是她的全部。每天，她都乐此不疲地徜徉于学生中间，望着那一张张童稚的笑脸，听着一句句童真的话语，她感觉到了天真烂漫，感觉到了幸福。她知道要爱学生就要把全部心灵和才智毫无保留地献给所有学生，要把她的爱蕴含在为所有学生所做的每一件事当中。班里有个调皮的男生王成，就住在学校附近，他的学习成绩真是一塌糊涂，上课总是和教师唱反调，让人很是头疼。但是李老师发现他对班级事务很关心，于是把早读课的纪律交给他负责。他开始很诧异，然后又高兴得不得了，他还真的很负责，认真地在本子上记录好早读情况。李老师还奖励了他一本课外书。从那时起，他再也不跟教师反着来了，也能认真听课了，也愿意帮助别人了，在其他方面也进步了很多。

她和学生的故事还有很多很多，真诚的付出，收获的是感动、欣慰、幸福，看着学生一拨一拨在涓涓细流的浇灌下健康成长，她由衷感受到为人师表的幸福，感受到真诚无价的甜蜜。

二、踏实工作 认真执教

参加工作至今，她一直担任班主任工作，特别注重班风学习建设。思想上关心学生，感情上亲近学生，生活上关怀学生，千方百计调动学生的学习内驱力，使师生关系特别融洽，极大地调动了学生的学习积极性，所带班级班风正、学风浓，班级在各项评比中成绩优秀，在常规管理考核中名列前茅。

为了调动学生的学习积极性，让学生在玩中学，在学习中节节课都有新的收获，也使数学这门课程充满生机和活力，她深知上好课的前提是做好课前准备，不打无准备之仗。每节课她都认真做好备课，上课时认真讲课，力求抓住重点，突破难点，精讲精练，运用多种教学方法，从学生的实际出发，注意调动学生学习的积极性和创造性思维，使学生有举一反三的能力。虽然有时上网查资料弄得腰酸背痛，眼睛还生疼，制作教具很费事，引导学生很累，但她在摸索中感受了进步的幸福。

与此同时，她还担任学校数学教研组长一职。她带领学校数学教师以学习《义务教育数学课程标准（2011年版）》为主，组织切实有效的学习讨论活动，确保每两周一次的教研、备课讨论活动的顺利开展，还努力抓好平日的教学常规工作。在大家的共同努力下，学校的数学教研工作开展得井井有条。

三、终身学习 与时俱进

孔子说过："学然后知不足，教然后知困。"作为一名教师，她深知学习是终身的事，只有不断学习才能在思想上与时俱进，在业务上强人一筹，才能做一名合格的教师，这在科学技术飞速发展的今天更是如此。平日，她积极参加各项政治学习和教研活动，积极撰写心得体会，不断自主学习，自我排查问题，在学习实践科学发展观活动中及时记录下自己的理解感受，在读书交流会中积极地发表她的教学感悟等。除此以外，她平时阅读各类书籍报刊，扩大知识面，侧重关注教育教学方面知识的汲取，经常阅读《让数学课堂活起来》《新课程理念与小学课堂教学行为策略》《追求教育的诗意》等杂志、书籍，观看优秀教师的课堂实录，坚持做读书笔记，并联系自身实际，争取学以致用。

四、勇于承担 敢于挑战

庚子鼠年，新冠疫情暴发，武汉封城，全国多地停工停产，学校也被迫停课。为驰援湖北，徐长青名师工作室响应教育部提出的"停课不停学，学习不延期"的号召，联合中国教师研修网、教研网发起"睿师有约、空中课堂"公益课程的研发活动，组织全国500余名优秀教师录制小学一至六年级数学和语文系列课程，为抗击疫情尽一份教育人的责任。作为工作室成员，在校领导的支持下，她承担了为六年级学生录制4节数学课的任务。在崇文楼的三楼办公室里，她认真研读教材和教师教学用书，用心撰写录制脚本，精心制作授课课件，细心进行视频剪辑。信息技术水平较差的她在整个录制过程中不知跌了多少个跟头，授课语气不均匀，重录；一个句子断句稍有不准，重录；哪里没记牢稍有停顿，重录；哪里的话语和课件稍有偏差，重录。有时，为了一两秒钟的技术技巧，她要在网上查阅学习两个小时才能搞定，有一天下午，由于一个小小的技术失误，她前两天的制作心血功亏一篑，那一刻，她真想放弃这项任务，但自责失落之后，她还是选择从头再来。就这样一次次修改、一句句录制、一段段剪辑，七天后，她终于按要求完成了录制工作，并通过审核，为湖北师生居家隔离狙击疫情做出贡献。

人们常说，小学生是一块未经雕琢的璞玉，遇上技艺精湛的雕刻师就变成宝。从踏上讲台的那一刻起，她就深深地明白教育的伟大意义和自己所肩负的崇高历史使命。她热爱自己的事业，愿把自己的爱与责任都倾注在教育事业上，作为一个党和国家培养多年的农家孩子，她愿一生扎根教育，享受平凡，无怨无悔。

曾先后获得洛阳市优秀教师、洛阳市"三八红旗手"、洛阳市学术技术带头人、洛阳市优秀教研员、简约教学研修先进个人等荣誉称号。作为中国教育学会小学数学教学专业委员会先进工作者，她多次获得"华杯赛"教练员奖，辅导的小学生多次拿过市级、国家级奖项。指导的小学数学优质课多次获国家、省、市级奖，执教的课获得省级二等奖、市级一等奖。多次主持省、市级课题研究并顺利结题。

擦亮星星，简约而美好

总得有人去擦亮星星，
它们看起来灰蒙蒙。
总得有人去擦亮星星，
因为那些八哥、海鸥和老鹰
都抱怨星星又旧又生锈，
想要个新的我们没有。
所以还是带上水桶和抹布，
总得有人去擦亮星星。

她很喜欢这首小诗，她坚信自己就是那个默默"擦亮星星"的人。

一、崇道敬业，追求创新

18年前，她来到瀍河回族区教研室。作为教研员，她积极地追求学科创新。她曾连续组织开展10届瀍河区"兴瀍杯"小学生数学竞赛，努力推广普及数学科学知识，激发辖区小学生探究数学的兴趣，为学生搭建展示智慧的平台，培养了一批批瀍河区数学人才。她全力提高辖区数学教师专业素养，带团队"走出去、请进来"，通过组织教材分析，课标解读，常规课研讨观摩，优质课评选多种形式的研讨活动，促使教师的专业素养明显提升。近几年，她在全区推广了"1+X"学业评价制度改革，开展快乐数学"五个一"专题教研，组织数学大阅读等数学活动，强力推动教师进行课堂教学改革，让教师的成长紧紧跟上步伐。她注重教研队伍团队建设，组建区域内学科中心组，打造先锋学习共同体，让全体数学教师凝心聚力，共同成长。近几年，她先后开展了"兴瀍杯"速算小达人、数学小故事、数学日记、数学情景剧、数学童谣大串烧、数学思维导图等评比活动，为学生搭建了展示数学才华的舞台，助力学生形成"大数学观"，引导学生用数学的眼光观察世界，用数学的思维思考世界，用数学的语言描绘世界，大大提高了小学生的数学核心素养。她带领开层的教研工作受到了上级肯定，所在 单位被洛阳师范学院认定为"河南省中小学学科教学（小学数学）研究基地合作教研室"。

二、遇见"简约"，坚守本质

2017年，幸运的遇见"简约"，她的数学生涯又翻开了崭新的一页。从此，她的教研方向更加清晰。她坚持用"简约而不简单"的思想，指引着教师和学生在数学大阅读中不断探索数学的本质，让数学文化融入课堂内外，在简简单单的数学阅读活动中，传承数学文化，激活创新思维，提升核心素养。如今，在瀍河区推广数学阅读活动已坚持了3年多。师生读、亲子读，课上读、课下读、课外读——多种方式读；读教材、读数学家的故事、读数学史、读数学绘本、读数学期刊杂志——读多种文本和内容；丰富多彩的文本让师生感受到数学的灵动温润和有趣，也让学生更加热爱数学，同时改变了学生的学习方式、思维方式，调动了学生的积极性、创新性，让学生感受到数学文化的博大精深。数学阅读活动像一颗颗"小石子"，使教师和学生思维的"海洋"翻起浪花。

数学阅读是"数学营养"的输入，展示活动是"数学能量"的输出，更是对数学阅读效果的评价和激励。在数学阅读之后，瀍河区以多种形式展示阅读的效果，这是学生的数学阅读兴趣不断提升的助推剂。数学"口才秀""我是小先生""数学童谣大串烧"、数学情景剧、自创数学绘本、数学日记等，提升了来自数学文化的自信。如瀍河区巨龙小学以"我是数学小先生"为主题，让学生从羞涩不敢说，到从容、大方、清晰地把学到的知识以自创数学故事、数学绘本等形式讲出来，与同伴分享交流，帮小组成员答疑解惑……学生们特别喜欢。她还引领巨龙小学探索创编了《数学真有趣》校本课程。这正是"重于约，成于简；始于约，行于简"的最好诠释。

三、"三牛精神"，融入魂魄

三十一载，她把满腔的爱洒在教育的热土上，对待工作像"老黄牛"一样。在学校，爱生如子，尤其是对待"后进生"，更是倾注了浓浓的爱心，使学生难以忘怀，如今有的学生已娶妻生子、建功立业，都爱跟她汇报、咨询。在教学上，精心备好每一节课，让每一位学生都能学有所得。在教研室，她用真心换来佳话。有一次，教研室组织期中质量调研检测，下午改卷持续到傍晚才结束，来自白马寺附近小学的一名新教师，因洛白路翻修，公交车停运，出租车不达，无法回去。得知情况后，她二话没说，就开上自家的新车独自去送。由于路况不好，来回颠簸了几个小时，回家已是深夜，新车的底盘都受损了。第二天，她只是笑谈自己憨胆大、车技不佳有待提升。

打铁还需自身硬。三十一年来，无论是在教室的三尺讲台，还是在教研室八平方米的陋室；无论寒冬还是酷暑，她把学习自修作为每天的必修课。读名著、看专著，博览群书，边读边思，记下高高的一摞读书笔记。她还想方设法讨教名师，虚心求教，使她的文化素养不断提升。她默默奉献，深入思考，深入教学一线，传经送宝，为学校发展指引模式，为校本教研指明范式。

在教师成长方面，她是甘当人梯的"孺子牛"。每一次教师参赛，她总是从课题选取、教案设计，到数学语言的严谨、师生眼神的交流，追求细节的完美。2019年，在海南的全国第七届"立教杯"优创课大赛暨简约教学研究成果展示中，她带领7人参加大赛，其中5人获得一等奖，2人获得二等奖。

在学科创新发展方面，她是"拓荒牛"。2020年春，一场突如其来的疫情，打乱了百姓平静的生活和学习。疫情期间"停教不停学"，为了让全体学生能够在家里得到教师有计划、有指导的数学阅读，她组建了数学阅读微课教师团队，创办了数学阅读微信公众号，于世界读书日那天（4月23日）开始，每周推送一批数学阅读微课供学生学习。她力争引领全区进行数学阅读研究，从课内到课外，从文本到生活，使课堂上的数学知识深化，课堂外的数学视野开阔。教师们的数学教育观念在悄然改变。如瀍河区恒大小学张原原老师创作

第二章 简约之美

尚丽花

的展示课《高速公路上的测速问题》，就是对"速度、路程、时间"一课的延伸，标志着数学阅读从文本走向生活，从语言文字到标牌符号的基本活动经验积累。

简约数学成就了她，更使洛阳市瀍河回族区千万学生受惠，在这里，小学数学学科文化得到了传承与发展。简约之路，鲜花铺满。凝望星空，群星闪烁，她会永远做好那个擦亮星星的人。

刘　爽

高级教师，天津市求真小学教学校长，徐长青工作室第二批进修学者。她是"五一劳动奖章"获得者，被评为全国科研先进个人、天津市首批市级学科骨干教师，连续三届被评为红桥区名教师和学科带头人，获区级优秀教师、师德先进个人、"十二五"教育科研标兵、十佳青年、优秀共产党员、教育学会优秀会员等多项称号。

大道至简　悟在天成

岁月无痕，人生有涯。请大家先随着我的时光轴，一起回顾与徐长青校长的简约教育之旅。

1996年：刚刚工作两年的我，有个主任师傅徐长青。他身先示范的培训引领，高屋建瓴的创意点拨，总能给我的课堂注入精彩。

1997年：师傅指导我获得了从教生涯的第一张证书：《长、正方形的面积》一课获天津市利用现代教育技术优化课堂教学优秀课评比一等奖。

2011年：在求真小学的推荐下，我有幸进入徐长青工作室，成为第二批进修学者，跟随徐校长参加田野式基地行研修活动。

2016年：在导师的引领下，我认真完成"6个一"的研修目标，成立求真小学简约教学研修团队，带领青年教师一起学习历练。

2019年：在"协同京津冀服务大雄安牵手东西部——刘爽简约教学团队展示汇报活动"中，我将三年来的点滴收获与大家分享，在线观看教师突破十万人，让我们团队这株小花清雅开放！

2020年：在徐校长的引领下，我投身"睿师有约、空中课堂"公益课程的研发，用实际行动诠释责任与使命，为阻击新冠疫情奉献一分力量！

一、常怀感恩之心，立德传承

导师徐长青校长曾说：是红桥的土地和教育前辈的滋养，在他的身上孕育成一种社会责任和人生追求。作为一名教师，徐校长和实验、求真小学的几任校长、主任身上的那份大雅宏达的才德一直在潜移默化地感染着我、引领着我。在他们的培养下，我逐步成长为市级骨干教师、区级名师、学科带头人。我知道，这些荣誉不是戴在头上的一枚光环，而是落在肩上的一份责任。我要常怀一颗感恩之心，立德树人，传承帮带，用自己的行动向身边的教师们解读简约教育的思想内涵，沿着"经历过程—总结经验—形成经典"的道路前行。建校15年来，"求真杯"研究课的演练从未中断，同课异构、名师示范、骨干引领、新秀演练等异彩纷呈的课堂，为全体教师搭设展示竞技的舞台。正是这份努力与坚持，让青年教师在努力践行中成长历练，让骨干教师形成特色风格。在我们的团队中，组长师傅倾情相助，青年徒弟虚心受教，大家和谐共进，不断增强我们的目标认同感、团队归属感、质量责任感和一起成长的职业幸福感！

二、常存敬畏之念，勤学修身

教育的本质是唤醒心灵，我所追求的数学课堂是自然、朴素而充满激情的；是真实、生动而关注差异的；是深刻、灵动而追求创造的；是简单、智慧而提升生命的！用心读懂每一位学生，真情关注每一位学生，让教学过程成为学生对高尚的道德生活与丰富的人生历程的体验。在三尺讲台上教书育人、传递智慧，让每位学生获得良好的数学教育，成就最好的自己！

以名师导引，骨干带动，新秀竞技为切入点，我从敬畏课堂和学生的高度引领教师做行动研究者，从提升教师专业技能的角度开展专题性校本培训，制订研、训、学、赛一体化的实施方案，开启"校级培训+组级研修+个体自学"的教研模式，积极探索高效分层课堂教学，丰盈文化底蕴，提升专业素养，努力让学生在课堂上敢想、敢说、敢做，想学、会学、乐学。几年来，我们追随徐校长的脚步，学习研修的足迹遍布济南、承德、青岛、北京、秦皇岛等地。每位教师坚持勤学修身，认真完成反思感悟并集结成册。参加北京吴正宪教育思想研讨会、海峡两岸学术交流研讨会及工作室每年的庆典活动，走进河北雄安、容城、甘肃合水送教，接待来自北京丰台、山西、齐齐哈尔的学访团，赴东丽区送信息技术融合课……这些展示舞台激发了每位教师追求卓越的内驱力和融合分享的向心力，绽放最好的自己！

三、常励进取之志，善思笃行

《礼记·中庸》中提道："博学之，审问之，慎思之，明辨之，笃行之。"在工作室的研修中，我汲取着简约教学的精粹内涵，领悟着徐校长的深邃理念。先后撰写《静水流深看简约》《真水无香话简约》《上善若水润简约》等论文。像导师徐校长那样，追求水一般的境界，让教学像水一样自然，让生活像水一样清宁，以水的精神去润泽与坚持，实现人生的价值与梦想！

简约教学是一种深邃的思想，是一种返璞的真实，是一种归真的态度，更是我们永恒的追求！简约课堂富有意境、启人思维、荡漾灵感，它好似一池淡泊的湖水，教师要做一枚"激起千层浪"的石子，通过心灵的对话、思维的碰撞，唤醒学生的求知欲望。不刻意雕琢，不粉饰奢华，不作秀浮躁，在简单地教与简单地学的过程中，沉淀着深刻的文化内涵。要努力去创设简洁的情境，提供简要的内容，探索简化的过程，渗透简朴的方法，采用简明的评价，运用简练的语言，优化简单的媒体，点燃学生的探究激情，等待学生的感悟成长！设计教师、学生、教材三者之间互动的探究活动，有效挖掘探究的深度，让学生敢于提问；合理拓展探究的广度，让学生善于合作；灵活选择探究的角度，让学生勤于思考；分层设计探究的梯度，让学生勇于创新。落实新课标的"四基"和"四能"要求，努力培养学生的数学核心素养，让学生的智慧在寂静中酝酿，在阐述中闪烁，在争辩中凝聚，在共识中升华！

"大道至简，悟在天成"，在工作室中，在求真园里，与名师相伴，与专家同行，我是幸运的，我是幸福的。在未来的研修之路上，我将一如既往，与简约教育人一起携手前行！

第二章 简约之美 刘 爽

王丽娜

北京市昌平区城关小学副校长，高级教师，北京市数学学科带头人，徐长青工作室成员，先后被评为全国益智课堂教学能手、北京市优秀教师、北京市课题研究先进个人、农村支教先进个人、全面实施素质教育先进个人、文明昌平人。先后被聘为中国教育科学研究院培训中心"中心教研组"成员、北京市中小学骨干教师公益培训专家、农村国培项目导师。主编出版了《快乐减负·小学数学》《指尖上的智慧》等书籍。

遇见美好　幸福同行

一、为人师表　无悔追求

教育的本质意味着：一棵树晃动一棵树，一朵云推动一朵云，一个灵魂唤醒一个灵魂，所以成为教师是她最美好的遇见。因为热爱教学，她始终坚守在教学第一线，努力学习、大胆实践。因为喜欢孩子，她蹲下身子，和学生成为朋友，用专业知识和人格魅力影响、引领学生，为学生健康智慧的人生奠基。她说：最好的教育就是把学生送向远方的教育。

二、敏学善思　筑能笃行

"学高为师，身正为范。"从教26年来，她一直把提高教育教学水平作为师德修养目标而不断努力。从吴正宪小学数学教师工作站、北京市中小学名师发展工程的磨砺，到北京市中小学骨干教师公益培训专家、农村国培项目导师的输出，她将学习和实践相结合，做到知行合一。与此同时，她随教育学会、希望工程到山东、山西、内蒙古、河南等地支教、送课、调研，不断探索研究，提升自身的教育教学水平。一分耕耘，一分收获，辛勤的付出换来了累累硕果。她先后参加全国、市、区级课堂教学评优课均获一等奖；研究课、示范课、"国培计划"讲座共计100多次；先后录制《"五个一"教学成果集锦》《数学教师怎样说课——巧在设计》《智慧课堂——小学数学思维能力训练》《名师同步课堂》等视频课作为全市数学教师培训资源；撰写的30多篇论文和教学设计在国家、市、区级刊物上发表，主编出版了《快乐减负·小学数学》《指尖上的智慧》和《益智游戏活动手册》3本书籍；多次主持并参与全国、市、区级的课题研究，被评为北京市课题研究先进个人。在成长的过程中，她努力践行：梅花香自苦寒来！

三、学科引领 示范辐射

"一枝独秀不算春，百花齐放春满园。"她带领数学团队探究数学减负的策略，在实践反思再实践的过程中总结经验，于2013年4月和2017年5月先后召开北京市数学教研现场会，先后与来自宁波、海南、河北、内蒙古等地的教育同人的学习交流，将经验进行分享。作为北京市农村中小学教师研修站指导教师、北京市中小学骨干教师公益培训专家，她进行骨干教师培训、跟岗培训30多次，被评为优秀导师；作为中国教科院培训中心教研组成员，她带领学校教师进行益智课程的探索研究，并取得优异成绩，学校被评为全国益智课程研究示范校，她先后到甘肃、江西、四川等地进行课堂教学与课题研究的实践指导，先后被评为全国益智课堂教学能手、全国益智课堂骨干教师；作为新任教师的辅导教师、"双师影子"实践指导教师，她在为教师上研究课、示范课的同时，进行教材培训、课堂指导，指导的青年教师先后获得市区教学大赛一等奖；她带领十几名年轻徒弟，利用空闲时间对徒弟进行指导，如今十几个徒弟已经是教改骨干，有的已经成为市级骨干。在发挥自身价值的过程中，她努力践行：提升自己，点亮他人！

四、资源开发 情助成长

庚子鼠年的一场疫情，改变了学生的学习方式，也改变了教师的教学方式。在这场没有硝烟的战斗中，空中课堂成为教师的主战场。她积极投身网络教学，协调好全校教学工作的同时，带领数学团队研发益智游戏视频课程16

节，与京津冀名师工作室同人一起研磨、录制教学课程35节，录制北京市、昌平区空中课堂5节。当一节节精彩又有温度的课堂驰援荆楚大地，展现在首都学生面前时，她会心地笑了。她说她很快乐，因为这是她的光荣，也是她的责任！

一路走来，她始终怀揣感恩之心，在教育的沃土上，不忘初心，幸福前行！

第三章

简 约 之 本

　　《道德经》记载："道非道，非常道""道生一，一生二，二生三，三生万物"，这里的"道"指自然规律，"一"指事物的本质，也就是说，事物的本质是由自然规律决定的，本质是事物的根本性。

　　水，晶莹透明、形处无定，却始终保持"水生万物"的本质。简约教育无论怎样"无形"，都始终恪守着育人的目的，简约教育重于约，成于简，始于约，行于简，朴素而又非凡，浅易而又深邃，有形而又无形，博观而又约取，厚积而又薄发。

　　　　简纲捷端洗铅华，

　　　　约简删芜留清瘦。

　　　　之隐其辞深隽永，

　　　　本要清通有洞天。

卢海燕

北京市昌平区城关小学教导处主任，高级教师，北京市特级教师，全国首届跨越名师，北京市中小学教师"十二五"公共必修课辅导教师，昌平区优秀教师、优秀共产党员、师德标兵、优秀科研干部、双师影子实践导师，徐长青工作室成员。荣获全国观摩课一等奖，多次承担市区级展示课，多篇论文在全国、市区获奖，曾应邀到河北、山东、广西、黑龙江、宁夏、贵州、内蒙古等省、自治区送课。出版个人专著《语海毓秀》，参编《小学创意写作》等书籍。

不忘初心　幸福前行

一、网络班级 跨越成长

她做班主任25年，用心关爱每一名学生，用教育智慧引领学生快乐成长。2003年9月，她成为昌平区首批网络环境下跨越式项目试验教师，学生人手一台笔记本电脑，"2-1-1"的教学模式让学生爱上阅读、喜欢写作。网络环境下，学生在学习中不断发现问题、解决问题，创造力明显增强。学生喜欢在自己的博客或QQ空间创作小说，多篇作品在不同刊物上发表，在全国、市区获奖。2009年，学校召开了跨越式现场会，学生们自编、自导、自演的节目展示了他们学习的优秀成果，得到北师大何克抗教授团队及区教研室领导的称赞。

二、深耕课堂 不断超越

她是信息技术与语文学科教学整合的排头兵。她带领学校教师研究Pad教学，身先士卒，率先垂范，执教的《比尾巴》一课在"2017年新媒体新技术全国教学应用研讨会"中荣获现场课一等奖。她指导的多名青年教师的Pad课在全国、市区获奖。

她是两课联读研究的深耕者。早在2007年，她就尝试把北京版教材《春天的雨点》《冰激凌的眼泪》这两篇单元不同主题相同的课文进行整合，得到跨越式课题组专家的肯定。后来，教人教版教材、统编版教材，在学校结合点课题的引领下，她执教的《一个中国孩子的呼声》《和我们一样享受春天》等多节结合点课在全国、市区获奖。2016年，她被第四批北京市名师发展工程录取，在导师的指导下，她的课题"关联视角下两课联读整合教学研究"走向深水区，有了新的突破。

她是统编教材研究的先行者。2016年9月，她担任一（3）班班主任及语文教学工作，在教学实践中钻研统编教材。作为学校语文教学主管，她带领学校语文教师团队深耕教材，扎实研究。疫情期间，她带领学校11位语文教师完成区级录课26节，自己录课4节。在"睿师有约、空中课堂"驰援武汉的录课活动中，她担任作文组秘书工作，录课4节。

三、课题研究 锐意进取

作为学校教科研干部，她带领学校教师做课题，感受科研的魅力。她承担的北京市"十二五"规划课题"小学高年级整本书阅读指导策略研究"，中国教育学会"十三五"规划课题"加强中国传统节日教育，提升小学生国家认同素养实践研究"已顺利结题。2019年，她代表学校申报北京市教委"双百"项目课题"利用Pad互动手段提升小学生语文学科素养的研究"获批立项。科研路上，她不断探索，经常向教师们分享科研经验，提升教师的科研意识。

品味语文课堂、品味教育人生。以平常之心做平凡之事，用热情与智慧，坚守初心，幸福前行！

张志荣

中小学高级教师，宁晋县第六中学教师，徐长青工作室成员，从教三十一载，曾获得河北省模范教师、河北省骨干教师、邢台市学科名师、宁晋县十大名师、宁晋县最美教师等荣誉称号。

花开校园香自起

从教30多年来，我一直坚持在一线，任九年级5班班主任、数学教师。在新冠肺炎疫情防控阻击战中，我立足本职、冲锋在前，主动请战一线，带领六中教师公寓的教师们自发组织，值班、筛查、宣传防疫知识，得到公寓住户的一致好评。

2019年春，在疫情防控特殊时期，我积极响应上级号召，组织九年级优秀教师备课、录课，为全县九年级学生的第一轮复习做好了充分准备，共录课320节，做到了"停课不停学"，还结合实际推出了心理健康课，适合在家运动的体育课，使学生劳逸结合，关注学生的身心发展。

2021年元旦，疫情来袭，除了在学校上课，我还承担了教师公寓的疫情防控，作为网格管理员，组织两次全员核酸检测，排查、值守，整理数据常常到深夜两点，出色地完成了小区的疫情防控任务，一个个不眠的夜晚，一份份翔实的排查数据，一次次送食品、药品到困难老人家中，消毒、宣传防控知识，为小区人们带来了安宁，受到上级领导的一致好评。

一切为了孩子，为了一切孩子。教书育人是教师的天职，谁都喜欢聪明的学生，但那些差生更需要教师的宽容、信任、尊重与帮助。我班学生崔含飞，他自认为自己是"坏学生"，因为他好动，自制力差，教师们都不喜欢他、有一次，我让他去拿书，他一愣，然后兴高采烈地去了。后来，崔含飞写了一篇文章《好老师，是一盏指路的明灯》，他在文章中说："从学业刚刚开始至一年的时间，我一直没有感受到学习的真正快乐，然而这一年新的伊始，给了我一个新的印象。原来从来没有从课上找到一点乐趣的我，现在变了，也难为我遇到了一门对我而言颇有趣味的学科——数学，我还遇到了一个与众不同的老师——数学老师，我觉得数学充满了无限乐趣，这位数学老师的确让我尊敬。她信任我，她与其他老师不同，我想她是个很好的老师，我一定要学好数学。从此，我变了，我在数学上变了。一个老师，任务是先教学生做人，再教文化，当您班里有个顽固不化的坏学生时，请给予他宽容，给予他信任，让他自己成为一个好学生。"

看到崔含飞的这篇文章，我感动了，感动的是同学们那么懂事、善良，即便是教师指派他去干活，他都认为那是一种荣耀！对于这些学生，只要教师肯多一分欣赏，多一分尊重，多一分宽容，多一分关爱，为他们插上理想的翅膀，就会使他们有所感悟，扬长避短，成人成才。

在教学方法上，勇于创新，大胆尝试。2015年3月，我在六中率先实行课改。我主张把课堂还给学生，让学生多讲，发展学生的各种能力，让学生讲题，锻炼他的语言组织能力、表达能力；讲题前让学生理清自己的思路，锻炼他们的思维能力；面对大家，侃侃而谈，锻炼他们的语言能力，以及在众人面前讲话的胆量等等。同样一道题，他们听和他们讲，对于学生而言，前者是印象，后者是烙印！现在，课改初见成效，我们班的学生现在不仅能自己备课、上课，而且落落大方、侃侃而谈。我的课堂实现了书声与笑声齐飞，静思共展示一色，也落实了我们的教育理念——为学生的终身发展奠基。

今年，我发现有些学生上课听不懂，学习吃力，家长又辅导不了，因此推出了公益课程——水晶课堂，利用节假日和晚上的时间备课录课，从七年级下册开始，把初中数学每章节的内容录成微课，在"2019初中数学创新工作室"公众号陆续推出，虽然常常忙到深夜，但方便了学生学习，也为新入职的教师提供了帮助。

一个个不眠的夜晚，伴随着一堂堂生动有趣的数学课，一张张出色的考卷，伴随着一个个骄人的成绩，我欢送着一批批优秀的学生。正如赵朴初所说："历尽艰难不悔，只是许身孺子"，因从事教育，我拥有了很多快乐，因为享受学习，我和我的学生拥有更多的快乐，我们一起走过了铺满鲜花的春天，每一个脚印都留下一首精彩的歌。

岳桂婵

高级教师，区级学科带头人，市级继续教育培训语文讲师，徐长青工作室成员。河北省隆化县小学语文兼职教研员，优秀支教教师。曾获得习作教学和阅读教学赛课国家、市、区级奖项。多篇论文被认定为基础教育教学成果。主持和参与"十五"规划以来的多项国家级、市区级课题研究。

支教路遇"简约"花，教育有梦再出发

从教29年来，岳桂婵老师无论在天津的小学任教，还是在支教地隆化县小学为师，三尺讲台，是她默默耕耘的田地。工作的重担没有消磨她坚强的意志，事业的追求踏响了她前进的脚步。精湛的教学技艺，激荡着无数求知的心灵；慈爱的心灵，诠释着对孩子们无私的真情。一张张优秀的证书展示着她拼搏奋进的动人经历，她以自己朴实无华的言行诠释了精彩的教育人生。为了让学生在浩瀚的知识海洋从容游弋，满足学生不断增长的求知欲，岳老师不断对自己提出更高的要求，主动自我加压，她不仅虚心地请教他人，而且执着地求知深造，持之以恒，便形成了勤学好问、善思谨行的治学风格。在主动学习专业基础知识的同时，她苦练教学基本功，啃读教育著作，将学到的教学方法和心理学等知识运用于自己的教学中，形成了独特的教学风格。

2019年2月，她更是积极响应习近平总书记的号召，不忘自己的教育初心，和丈夫一同踏上了扶贫攻坚的征程。在支教地——河北省隆化县，她以高度负责的态度，在支教路上，每一个平凡日子里，挥汗泼墨，辛勤付出。她在政治觉悟和思想境界上严格要求自己，始终不忘共产党员的身份，引导着受援地教师以更加阳光、积极和美好的心态面对学生、工作和生活。

她一边在学校任教，一边受聘于隆化县教体局教师发展中心教研室，承担小学语文教研员的工作，同时被隆化县教师发展中心聘为"特岗教师培训讲师"和"2019年国培讲师"。她组建隆化县小学语文教研团队，推动精准帮扶，充分起到了示范、引领和带动的作用。她抓住习作教学的痛点、难点引领课题研究，结合隆化地区教学实际，主持了县级和市级两项习作教学方面的重点规划课题，吸收了隆化县一批语文教师参与研究。她创刊隆化县《满天星辰习作报》，激发了学生习作的兴趣，同时也激发了教师们进行课题研究的热情。她以课题研究带领受援地教师进步的做法得到了津隆两地领导的肯定："这是意义重大、责任重大、使命光荣的课题。这课题抓住了语文教学的关键点和痛点，解决教学中存在的实际问题。也是以课题研究的新形式来提供隆化县与天津津南协同发展的教育科研案例。对课题组青年教师来讲，也是一个深入进行教学实践研究的机会，是教育教学工作中难得的一笔财富。"

2020年，国家脱贫攻坚的收官之年，她在滦河之畔，浇灌简约教育之花。她带领隆化县小学语文团队开展常态课的教学改革。教学"抓规范，求实效"，减轻作业负担，提高教学成绩。从常态课教学改革启动仪式到2020年12月28日的示范展示活动，再到2021年3月面向全县以共同体的形式展开，几个月的时间里，从理念的植入，到方法的传授，再到解惑答疑，岳老师倾注全力，毫无保留，把教育教学"核心技术"面对面、手把手地传授给一线教师，充分利用"外挂导师"助力隆化县小学语文"弯道超车"，以期达到"点上开花"，催生"面上结果"的喜人局面。

教育家陶行知说过：教师要树立不要名，不要利，只要教育好的坚定志向。"愚蒙者我得而智慧之"，"幼小者我得而长大之"。岳老师说：作为一名支教教师，我一边"得幼小者"助其"长大之"，一边带领一群教师在他们不熟悉的教育教学领域"智慧之"，能有这样一个特殊的身份，肩负这样一份特殊的责任，我无疑也是幸福的。2020年教师节，天津电视新闻频道报道了她的支教事迹。作为教师的她，甘做人梯，用微笑的坚忍，让学生踩着肩膀奔向新的征程；作为教师的她，乐当园丁，用执着的诚恳，让科学的百花园五彩缤纷。岳桂婵老师正一如既往，为实现"桃李满天下"的美好誓言努力奋斗在前进的道路上。

梁晓武

中小学高级教师，徐长青工作室访问学者，上海市普陀区洵阳路小学数学教导主任，校科研室主任，上海市普陀区高级指导教师，上海市教研室专家库成员。

简约且异

一、简约且应之源泉

2019年，徐老师带我走进"聚焦教学流程简构、关注教学方法喻博、教学内容约取"的简约世界，进一步提出成为具有"丰裕的文化底蕴，让学生感受知识的魅力；充盈的心理智慧，让学生体验成长的快乐；饱满的修养内涵，让学生明白为人的道理；不苟的科研精神，让学生领悟探索的魔力；精髓的教育技能，让学生体会学习的愉悦"的老师，最终形成了自己的简约教育理想"好教师不是把不同的孩子变相同，而是让不同的孩子更不同。让学生洞悉社会公共法则，并在充分尊重中成为独特的自我，这才是对人的最大的启迪和尊重。有教无类，因材施教，和而不同，美美且异，且异是教育发展的归宿之一，另一个就是简约，无出其二者"。

遥望星空，正指引着愈加清晰的简约教育理想；脚踏实地，正行走在且异的成长道路上。

二、简约且应之成长

成长的道路总是崎岖不平的，正是因为崎岖，行走才有着且异的味儿。成长的道路一定是多层、多向、多维的学习之路，这一路将一边品味教育实践的酸甜苦辣，一边反刍教育生活的三餐四季，也注定留下且异的味道。

在2020年疫情期间，我应徐长青融媒工作室邀请，结合自己学生的教育故事发表了一篇《感恩成长携手共进》的教学作品。该作品中"在学习的征途中，向后看，我们要善于发现他人困难，提升自己去有效助人和给予的能力；向前看，我们要勤于寻找身边榜样，提升自己去博采众长和吸收的能力；向内看，我们要勇于正视自己的问题，去雕琢自己强化内功和进步的能力"。与其说这是写给学生的话，不如说更多的是且异路上的自我勉励。

回溯成长历程，满路皆是感恩。回眸行走瞬间，满眼皆为励目。

（一）成长之第一次

1. 学科自信让"内容整合"的意识走进成长

第一次学科自信源于参与新基础教育研究吴亚萍教授对实践课《直线、射线、线段》的全程反刍式指导与重构，忽然明白数学学科到底是什么，满满的数学自豪感。后来，在全国新基础教育团体层面执教《体积认识》《四则运算》等，蕴含学科内容整合教学研究的文章在不同时期获奖或发表。

2. 实践自信让"学为中心"的意识融入成长

第一次实践自信源于对上海市（全国）中小学数学教育专业委员会理事、副秘书长、特级教师叶季明老师的几年教学跟踪。记得在执教《乘法运算律》一课时，第一次加入很多自己的独立思考元素，受到叶老师高度的赞许，他认为：不是算术老师是数学老师。后来在叶老师的指导下多层面执教了基于学的探索实践。实践心得如《教转向学》等研究文章在不同时期获奖与发表。

3. 研究自信让"教学评价"的意识点亮成长

第一次研究自信源于参加上海市小学数学主编、特级教师黄建弘老师主持骨干教师培训班的学习。记得在一次对上海市二期课改教材研讨中，我对《方程》单元结合自己的教学实践，提出自己的理解和建设性意见后，受到黄老师的肯定与鼓励。有了第一次的改变，我多次主动参加市区培训并收获满满，逆向设计、多维多向多层评价等意识走进教学。近年来，评价研究的文章在不同时期、获奖或发表。

这样的第一次故事有很多，遇到简约教育后，我的成长之路更加且异。

（二）成长之不一样

1. 打开求助局限，寻找不一样的指导

随着线上线下的高度融合，在植根内心的洵阳文化与简约理念下，我每天能与来自全国各地的简约教育人交流研讨，可以向简约教育领衔人徐长青老师寻求"三约七简"的深度理解，能向教师教育的"桥梁专家"成都大学教授陈大伟老师寻求"观课议课"指导。在学科教学困难时，徐老师总能通过多种途径提供持续的引导；在研修路上遇到困难时，大伟老师总是耐心地给予帮助并提供相关参考案例。这样的专家很多，我每时每刻的成长，离不开他们的帮扶，深表感恩。

2. 突破思维定式，看到不一样的世界

"与孩子交流，用他们的认知，撕破原有思维的定式，发现孩子思维的起点，搭建适合孩子认知的最近发展区"能使教学更有深度，使学生思考更投入。关于《条形统计图》一课，教材呈现的逻辑为"基于统计图表，学习条形统计图"。在反刍学习过程中，学生认为，书上这样安排不合理，应该先学习条形统计图，然后再学习统计表。接着，关于先有统计表还是先有统计图的不同理解充斥着整个教室。课后，同学们也自觉分成多派进行交流辩论。最后，学生统一了自己的逻辑，那就是"幼儿园孩子可以看图表高低判断谁大谁小，图表上数字幼儿园孩子还不认识"。古人形成统计图或统计表的历程也应该如此。根据学生的认知理解，重新设计的"从统计图到统计图表"教学获得成功。这样的突破每天都有，学生助我突破思维定式，学会用孩子的眼光重新看世界。

3. 浸润教育现场，实践不一样的自我

在简约教育理想下，我把看到的、学到的、想到的一些教育理解，付诸教育实践，开发并实践着聚焦寻幽入微的数学"神"算、关注闻一知十的数学"妙"方、眷注触手生春的数学"魔"术、凸显与众不同的数学"绝"造。

课程开发源于学校"数学模块"课程的开发与实施，我每月都会以最新实践课为载体与华东师范大学专家团队、复旦大学专家团队进行商讨，这样不仅能在教学层面，也能在课程建设上也获得最顶尖的课程指导；我将"学科+儿童哲学"深度融合并与上海交通大学专家团队探讨，逐渐构建以"儿童中心、哲学思维、对话探索、民主团体"为特征的"数学+儿哲"课程体系。课程开发让"创"意识流进教育成长。

宋新军

高级教师、省级骨干教师、徐长青工作室骨干成员、全国数学奥赛优秀辅导员、德州市教育局专家库成员、德州市教学能手和电化教学能手。

我为什么加入徐长青工作室？

一、信守——胜日寻芳泗水滨，无边光景一时新

从教三十载，内心相信一条教育规律：教育不仅需要情怀，更需要用坚定不移的信仰来支撑。就像德国教育家雅斯贝尔斯所说：教育须有信仰，没有信仰就不成为教育，而只是教学的技术而已。忆得刚毕业施教前几年，我感觉教学繁杂无头绪，疲于教学琐事，不胜其累，累到怀疑自己是否入错了行？是否适合当老师？"此情可待成追忆，只是当时已惘然"，后来，我才了然那是没有"相信"教育，缺少相信的"心锚"，便失却了内心的灵动和外在的精气神，找不到教育寄托和方向。

记得2016年，徐长青校长首次到九达天衢、神京门户的德州，为德城区南部联盟学校做简约教学研讨培训，他在台上说："删繁就简三秋树，标新立异二月花，简约教育的本质和规律都是至简的，复杂的只是现象……"我在台下不由得一震，是呀！世界很单纯，人生也一样，不是教育复杂，而是我把教育变复杂了。

两千多年前的《道德经》中曾记载："大道至简，大美天成"；中国第一部教育论著《学记》也记载："约而达，微而臧，能博喻然后能为师"；中国古代哲人老子曾曰："图难于其易，为大于其细。天下难事，必作于易；天下大事，必作于细……"

137

于是，我加入了徐长青工作室。弗洛伊德曾说"人的举动都不是无端的做出"，进入"徐长青工作室"可能是一个不经意的举动，但实质是内心想找一条正确无误的教育之路，想找一片可以相信和寄托的"思想田野"，可以在田野中默默地看、静静地听，以自己的视角思考教育，掌握自己的话语权，追求自下而上的专业成长，做一名简约快乐的教育人，给自己的教育生活一个交代。

二、类聚——等闲识得东风面，万紫千红总是春

中国有句古话："物以类聚，人以群分"，老话有老理，既然能众口相传，自然有真实。自从加入徐长青工作室，我发现很多教育同人实际和自己志同道合，虽然不常见面，但见字如人。我经常编辑工作室每位同人的文字和视频，工作室的每一个成员的名字都耳熟能详。我相信每个人的内心都是一个小宇宙，有什么样的内心就有什么样的世界；我相信每个人的简约教学都有其优势和独到之处，因为这和每个人的"教育经历"和"教育生活情景模式"有关，更与一个人的"思想轨迹"相关联，简约教学的水平反映简约教育思想的高度和思维的深度，思虑越久，越聚焦，教育越能代表自己。

徐长青校长常说：我们要做行走的教育，一个组织存在的唯一形式就是活动，在组织活动中立德立言，立功立行。以2020年为例，面对疫情突袭，简约教育人勇担重任：工作室实地授课20场、内训24场、开展直播活动62场，"睿师有约、空中课堂"集合全国31个省市的500余名优秀教师研发课程1 760节、教学视频513条；第八届"立教杯"优创课大赛在网上设播，规模超出预想；徐长青工作室年度基地成果汇报活动更以"简约教育研究成果云端博览会"的形式开展，由一个主会场、六个分会场组成，通过网络连续展播7天；和雄安新区容城站，邢台市宁晋站、内丘站和甘肃省庆阳市等地签署了人才共享协议……试问全国哪一个名师工作室能做到如此？全国哪一位名师能有如此的感召力？

我自己受到大家的鼓舞、鞭策、激励，也深受裨益。高级教师评选中，我再全市的名次位列前十；2016—2019年连续四届担任"全国立教杯优创课大赛"评委；我每年都会被工作室推荐到各省市地开展讲座、执教等，目前已成为徐长青工作室的骨干成员和德州代言人，已被德州教育乃至全国简约教育人所熟知。

徐长青校长说：我是山上一棵草，不是我高，而是山高。"自小刺头深草里，而今渐觉出蓬蒿，时人不识凌云木，直待凌云始道高。"一个人走得快，一群人走得远，鲜花在前面，我们在路上。

三、勤达——苦把流光换画禅，功夫深处见天然

徐长青工作室的室训：人生在勤，志达天下。通过编辑工作室众多名师名家的事迹材料，我发现一个共同之处：人到半痴品自高。他们有自我陶醉和较为清晰的目标，就像一个勤恳的农人，保持力耕的态度，晨起而作，继力而为，内外兼修，经年窖藏，教略学丰。

又想起2020年经久难忘、刻骨铭心的庚子惊雷，当疫情如暴风雨般突然袭来，徐长青校长铁肩担道义，大事有静气，亲率工作室成员，十天奋战，研制课程，推送给学生。我有幸成为研制课程的成员之一，主要负责网上授课、编辑视频、公众号推送的工作。

2月1日起，我推送的原创作品《简约之美：思维导图1—100》，至今已有近10万人关注、收藏，累计阅看人数近21万人次，全文共分41个数形结合图、38个思维导图、21个知识树图，几乎包括小学阶段课标、各单元、各知识点"数形结构"。

2月2日起，我推送的原创作品《简约之美：画图巧解典型例题1—202》，已有近18万人关注、收藏，累计阅看人数超过50万人次，全文共分76个专题、202道典型例题，每道例题均有提示、图解、分析和教学感悟。

2月25、26日，11月19日我分别录制了3节同步课程，每堂课已有10万余人观看，课中，我充分运用Flash动画技术，将加法、乘法运算定律的内涵清晰地进行演示，让学生看到其实质，加深思考，颇受师生好评。

3月起，我和徒弟郭璟合作录制200节"数形结合玩数学系列"微课，已有近150余万人次观看，微课内容包括数学故事、数学游戏、数学阅读系列等，视频活泼有趣，配套文本内容详解。

那段时间，我每天在后台至少更新语文、数学12节课，还要对每一节课扩大音量、编辑美化，特别是每天至少回复全国师生留言和意见上百条，几乎十多个小时坐在电脑前。为保证每晚12点准时发送课程，我都是在晚12点之后才睡，颈椎难受，就站起来活动，半夜困乏，就用凉水洗脸。我坚信，一勤天下无难事。当我内心高度认同一种思想，深信不疑其观念时，我已经不把累当作"累"了，而是倍加努力、珍视！

我相信北京大学教育战略研究所王继华教授说的一段话：简约教学是峥嵘岁月的谋略擘画，是恢宏大义的方略展示，也是春秋肝胆的大略襟怀。

杨金良

天津市滨海新区塘沽工农村小学教学副校长，徐长青工作室成员。从教三十一载，曾获区级骨干教师、区级课程研发先进工作者、区级德育先进工作者、区级教育学会优秀会员等荣誉称号10多项。执教的双优课、年会课获区级一等奖。多篇论文获市区级奖项，参与市级"十一五""十二五"课题研究，多次获得区级优秀教师指导奖。

让课堂回归"简约"

一、政治思想方面

身为一名中共党员，我认真学习党的义务教育法规、教师职业道德等各种材料，撰写学习笔记和心得体会，使自己的思想认识时刻和党中央高度保持一致。我认真贯彻学校各项教育教学措施，模范遵守学校各项规章制度，顾全大局，不计较个人得失，做师生的良好表率。

二、履行职责情况

1. 关注学生的发展，对学生负责

教学工作中，我坚持贯彻新课程理念，做到科学施教。课前，我反复钻研教材，结合学生实际上好每一节课，保证教学质量，让自己在业务上精益求精。

2. 为教师的发展着想，对教师负责

学校要发展必须有一批高素质的教师队伍，同样，未来的教师要生存、要发展必须具有过硬的本领。身为教学副校长，我积极筹备未来教育家讲座，根据本校教师成长情况，设计培训内容，搜寻培训材料，组织集体学习和个人自

学，使教师将教育教学新理念熟练掌握并运用于教学，服务于教学，让教师受益、学生受益。

3. 加强服务意识，对学校负责

（1）我认真制定好教科研及课题研究等工作计划，并组织实施，使学校教科研工作更有针对性、实效性，并注意总结教育教学方面的经验。

（2）我做到"上情下达"，"下情上晓"，起到沟通桥梁作用。我及时将上级部门及学校的各种安排传达给师生，迅速将师生的情况反馈给领导，切实保证各项活动正常开展，各项决策措施顺利实施。

（3）我落实学校制订的有关规章制度和检查考核制度，负责好教师的教学工作的常规检查，从教案到作业批改，定期检查，发现问题及时督促教师整改，为学校考评教师提供依据。

4. 认真组织、参与校本教研

（1）我深入学科组，参加集体教研活动。为了提高课堂教学效率，我加大了备课组集体备课的力度，切实将教研活动落到实处，和教师们一起探讨教学中的问题，使自己也得到启发和收获，把自己对新课改的信息和讨论的课题的想法渗透到每次的备课中，促进教师钻研教材，对其掌握新理念起到了积极的作用。

（2）我深入课堂听课，每次都认真做记录和评语，并组织学科组认真讲评，及时指出改正想法，使他们尽快成熟，适应教学，促进业务水平和教学能力的提升，提高修养和素质。

5. 抓好学校课题管理工作

我积极参与市、区级课题研究，与课题组成员共同制定研究计划，汇总材料，完成课题研究及结题工作。

6. 做好教师的勤务员

凡是教师们教学上需要我提供帮助的，无论多忙，我都会毫无怨言地为教师们服务，教师因病、因事请假，我主动承担代课任务，保证了教学工作有序开展。

7. 做好师徒结对工作

我主动与青年教师师徒结对，指导他们的教学工作，从备课、上课、作业、评价、辅导及论文指导方面给予帮助，从而使他们的教育教学及教育理论水平有所提高。

三、取得成绩

　　2012年，我被评为塘沽小学教学管理先进个人；2012年，我被评为滨海新区塘沽区校本课程研发先进工作者；2008年，我被评为塘沽区中小学德育先进工作者、塘沽教育学会优秀会员、塘沽区中小学德育先进工作者；2009年，我被评为塘沽区十佳少先队辅导员；2007年，我被评为塘沽区优秀大队辅导员；2012年，在滨海新区塘沽青少年科技创新大赛中，我被评为优秀组织者；2016年，我被评为滨海新区教育系统第三十届科技周优秀组织者；2011年，我在"教育创新"论文评选活动中获市级三等奖；2008年，我的德育学术论文获市级三等奖，在塘沽区小学数学十二届年会上获区级二等奖；2013年，我再"教育创新"论文评选活动中获区级三等奖，2007年，我在塘沽区德育干部论坛活动中获区级三等奖。我被评为塘沽第五届区级学科骨干教师、塘沽区第二届学科骨干教师、塘沽第四届校级学科骨干教师。教学设计《圆柱与圆锥》在塘沽小学数学教学研究会第十四届年会上获一等奖，我再塘沽区小学数学课堂教学改革展示活动中进行《不等式的性质》说课展示，在塘沽第七届中小学教师双优课评选活动中获指导教师奖，在塘沽区第二届少先队辅导员技能比武大赛中获一等奖，在塘沽区中小学首届主题班会设计方案评选活动中获小学组三等奖。我的徒弟唐超的论文获天津市基础教育2019年"教育创新"论文评选区级三等奖。

梁立稹

高级教师、全国百名优秀小学校长、德州学院师范生从业技能指导专家、山东省心理健康教育先进个人、德州市关工委先进个人、德州市骨干教师、德城区教学能手、德城区优秀教育工作者，徐长青工作室成员。

大道至简　相约而行

梁立稹自1993年7月参加工作起，一直全面贯彻党的教育方针，热爱教育事业，具备强烈的事业心和责任感，在幸福简约教学的路上快乐前行。他28年如一日，在学科教学、教学管理、学校管理等方面用心想、全力做，取得了一系列优异成绩。

一、教书育人，让学习真实发生，实施师生共长的简约教学

梁立稹在教学中坚持以学生为中心，全面关心和爱护每一个学生。在认真做好学校教学管理工作的同时，他一直担任着一个班的语文教学工作。平时的备课、批改作业等常规工作，在学校里根本没有时间完成，于是每天晚上，周六、周日的休息时间也就变成了他的办公时间。随着新课改的不断深入，根据实际，他确立了"以生为本，以课堂教学为重心，让每一位学生走向成功"的教学思路。努力实施班级管理五大工程：①遵循规律，尊重实际，重视每一名学生的进步与提高；②提优扶困促中间，整体提高学生语文素养；③精心全面备课，认真建构高效课堂；④用心批改作业，分层分类指导，既注过程，又重结果；⑤小组合作学习相互提升。多年来，他的语文学科成绩、班级管理工作在同年级组考核中一直居前列，也受到了学校领导、同事和家长们的一致称赞。

在担任教导主任时，他坚持"常规+科研+活动"的管理思路，从教学常

规、课题研究、学科活动三方面出发，从精、细、实入手，在学校的领导下，在全体教师的配合下，学校教育质量连年上升。学校六年级组的毕业成绩多次在全区学校中居前六名。

多年来，梁立稹先后参加国家社会科学基金重点项目"我国儿童青少年人格发展及其培养研究"（11AZD089）、全国教育科学"十三五"规划教育部课题（FHB160592）"有益智课堂与思考力培养的实践研究"、山东省"十五"规划课题"小学生课外阅读评价模式的实验研究"、德州市"十二五"课题"小学优秀班主任专业成长路径的研究"的研究，并都已成功结题。他的教研成果《致我亲爱的孩子们》《以人为本，增强学校持续发展力》分别在《教书育人》《教师博览·科研版》中刊发。多篇科研成果荣获全国、省市大赛一、二等奖；同时，他又担任了青岛教育出版社《中华优秀传统文化教育必读》编委。

二、责任担当，在践行教育均衡发展中收获成长

2007年8月，梁立稹来到新华街道办事处中心小学担任校长职务，全面负责学校工作。9月，在教师们的配合下，成功完成了原张八棍和于官屯两所小学的合校工作。同时，他结合实际，制定了"儒雅、大气、感恩、奋进"的学校精神，坚持"以人为本，质量立校，科研兴校，特色强校"的办学思路，坚持"让每一个学生都得到充分发展"，按照"一年出框子，两年搭架子，三年上台子"的发展规划，以"阅读引领成长，习惯成就人生"为办学特色，规范管理，逐步提高，勇创佳绩，努力办好人民满意的学校。学校先后获得"德城区教育宣传先进单位""德城区优秀家长学校""全国最具影响力作文名校"、德州市中小学教师校本培训"135示范校建设计划"学校、聊城大学大学生社会实践基地等荣誉称号；2008年6月，学校代表区镇街学校成功通过山东省教育示范区专家组验收。至2011年3月，学生人数由448人上升到765人，学校也先后建立了高标准的微机室、图书室、科学实验室。学校办学条件，教育质量，教师队伍，特色发展，文化建设等方面都有了全面的发展和提高。

三、立德树人，一心两翼，构建全程育人的简约德育

2011年3月，梁立稹回到德州市新湖南路小学，作为分管学校德育工作的副校长，他从自己对德育规律的认识和理解出发，多方调研，结合师生实际，创

造性地实施了"立德树人，面向未来，一心两翼三化"的德育工作理念。（一心：以学生习惯养成为核心；两翼：以活动体验为路径，以队伍建设为保障；三化：习惯常规规范化，活动开展时代化，队伍建设智慧化。）围绕学校"崇礼尚文致美"的学生培养目标，他和德育处的伙伴们坚持以"聚焦习惯养成，开发四育德育活动、实施双发展模式"为主要路径，促进班主任队伍自主专业发展，培养优秀班主任；让每一位学生健康成长，自主发展，培养优秀学生。今天，他仍然坚持不断地创新德育形式，丰富德育内容，强化德育实践，努力构建全员、全方位、全过程育人的和谐德育模式，不断熔铸文化实力，全力打造学校德育新品牌。

四、天道酬勤，厚德载物，脚踏实地，收获成功

自2011年梁立稹分管德育工作以来，学校先后获得全国优秀少先队集体（红旗中队）、全国青少年学生法治知识网络大赛优秀组织奖、山东省依法治法示范学校、山东省文明校园、东省首批普通中小学心理健康教育特色示范学校、山东省心理健康教育先进单位、德州市三项活动先进单位、德州市学雷锋先进单位、德州市关心下一代工作先进集体、德州市少先队工作展一等奖、德州市优秀少先队集体等荣誉。

在做好学校管理工作的同时，梁立稹也先后荣获全国第六届"立教杯"优创课大赛一等奖、全国百名优秀校长、团中央优秀辅导员；山东省心理健康教育先进个人、德州市关工委宣传工作先进个人、德州市文明志愿者先进个人、德州市骨干教师、德州市优质课多媒体资源一等奖；德城区优秀教育工作者、德城区优秀德育工作者、德城区百佳教师、德城区少先队优秀辅导员等荣誉。

昨天，已成为历史；今天，已在你脚下，但分分秒秒在过去；明天，是未来，是机遇，是希望，是挑战。风正潮平，正当扬帆远航；任重道远，更须策马扬鞭。大道至简，相约而行；且行且思，风景如画。在简约教育的路上坚守初心，牢记职责；在简约教育的路上智慧前行，未来可期，将是梁立稹永不更改的梦想和追求。

孙雨亭

中共党员，小学高级教师，山东省兼职语文教研员，徐长青工作室成员，泰山区首批专家型教师。曾获得山东省世纪教育评估专家、泰安市人民满意的教师、泰安市优秀共产党员、泰安市学科带头人、泰安市名师工作室领衔人、泰山区拔尖人才等荣誉称号。多次执教全国、省市级优质课、公开课。一直致力于语文课堂教学改革，凝成"主线串珠"教学思想，相关成果获全国论文评选一等奖，在《小学语文教学》《小学教学设计》《小学教学参考》等多个省级期刊发表10余篇专业文章。

秉承融入　砥砺前行

一、致力课堂教学改革

孙雨亭老师多年来一直致力于语文课堂教学改革，形成了基于简约教学理论的"主线串珠"教学法。"主线串珠"教学法的推广，提高了学生听、说、读、写等基本能力，也促进了教师专业发展，特别是"主线串珠"教学法的基本模式、基本课型以及结合简约教学"重于约，而成于简，始于约而形于简，深入浅出，大道至简，道法自然的教学理念"提出了：开课——破题导课、直入情境；过程——主线串珠、言意兼得；策略——变直为曲、柳暗花明，方法示例、化解难点，淡化提问、组织活动，学用语言、读写结合；收课——生动收束、余味犹存等多种技法，促进了语文课堂教学改革。

孙老师多次执教省市级公开课，并受邀到河北、天津、甘肃等多地执教示范课，进行教师培训。特别是2019年4月，在山东临沂举行的山东省统编小学语文教材课堂教学观摩研讨会上执教示范课，受到与会专家、教师的一致好评。

2019年1月，国家级课题"基于简约教学思想的小学语文中高段教学技法研究"在天津顺利通过验收，获得评委专家一致好评。相关成果被泰安市教育局评为教育科研成果一等奖。教学成果在《齐鲁晚报》《泰安日报》、大众网、泰山区电视台等多个媒体做过报道。

二、着力教师发展培训

近年来，孙老师依托"泰安市孙雨亭名师工作室""泰山区达己达人教师成长共同体"积极开展教师培训。先后到济宁泗水、新泰、宁阳、岱岳区等多地执教公开课，做"主线串珠"教学设计培训。并利用主持的全国课题"基于简约教学思想的小学中高段阅读教学技法研究"，省重点课题"小学语文国家课程校本化实施理论与实践研究"以及多项市级课题引领教师走专业化发展之路。指导多名教师多次在全国、省、市、区赛课中获奖，一批青年教师在各级赛课中脱颖而出并逐步成长起来。特别是指导青年教师刘斐获得2018年全国"立教杯"教学大赛一等奖，马稳获得2020年全国统编教材优质课奖，为山东省争得了荣誉。

听过孙老师课的教师这样评价：这样的课不再是让学生一头扎进分析课文内容的浑水中，四周浑浊，浑浑噩噩，教师牵引，茫然被动，纵有得出，止于此文；而是给予了一叶渡水的小舟，授之以桨，学习方法，顺势而下，主动出击，久之驰骋于文中江海，使学生的语文素养得以不断提高。

三、倾力自身专业成长

孙老师作为泰山区首批专家型教师培养对象，作为徐长青简约教学工作室的研修学者，多次赴天津进行培训，学习科学规范搞科研，提高自身科研水平，带领团队由教学型向科研型教师转变。多年来，边行边思，一篇篇专业论文助力自身专业发展。2012年11月，《例谈教学内容的选择》被中国教育学会小学语文教学专业委员会授予全国论文一等奖。《内容和形式起飞工具与人文一色》发表于《创新教育》2014年第2期。《例谈中高学段句子教学策略》发表于《小学语文教学》2016年第9期。《精彩课堂源于精心设计》发表于《小学教学设计》2018年第11期。《基于语境的小学低年级说话能力训练策略》发表于《小学教学语文版》2019年第3期。《以"标"导之以"趣"贯之》发表于中文核心期刊《小学教学参考》2019年第10期。《走进画里读出诗来》课例点评

第三章 简约之本

孙雨亭

发表于《山东教育》2019年第11期。《基于题画诗的学生想象力训练》发表于《山东教育》2020年第6期。《聚焦重点内容提升学科能力》拟收录于《现代教育教学理论与实践》。参编《课标学习百问》、青岛出版社出版的书等。

2016年，山东省不同文体教学观摩活动，做《以草船借箭为例，谈小说教学的一般流程》的经验介绍。2019年6月，在山东省统编教材培训会做《想与"象"齐飞，言与意共舞》的课例点评。2020年7月，为山东省"互联网+教师专业发展工程"提供《立体阅读解文本·综合考量定内容》统编五上《慈母情深》教材解读研修资源。

"一个人一辈子只要做好一件事，就算功德圆满。我要努力做好的这件事就是我从事的语文教学工作和教学法的研究，现在还谈不上做好了，但是我一直用一颗执着的心努力想做好。"这是孙老师对语文教学的不懈追求。

李 琳 辉

邢台市宁晋县第二实验小学教师，担任小学数学教学、班主任兼教研组长工作，徐长青工作室成员。曾获邢台市骨干教师、宁晋县学科名师、师德标兵提名奖等荣誉。执教优秀课荣获"一师一优课"部级优课、邢台市小学数学优质课、"一师一优课"市级优课、宁晋县优质课，多次在县公开课活动中执教，多次参加县优质课送教下乡活动。

在平和中找寻做教师的幸福

初心不改 未来可期

我主持的邢台市"十一五"立项课题——"小学数学课堂教学中师生互动方式及有效性探究"于2012年已结题；制作的课件获得河北省三等奖、邢台市一等奖；撰写的论文《让学生成为数学学习的主人》发表在《新课堂》中，本着以学生为学习的主人，让课堂互动多样化的原则，将工作成果应用于课堂教学。

2020年新冠疫情的发生，使学生停课在家。宁晋县教育局为保障在家的学生也能看到优秀教师的优秀课，安排教师录制网课。在接到录课的任务后，我认真研读教材，仔细分析学生现有的学情，准备工作做得细致到位。选取贴近学生生活的实例为素材，这样的设计才能使学生乐于参与，学有所获。为如期完成录制活动，常常日夜不停、加班加点地工作；为使录制的网课画面清晰，特意购买配置更高的笔记本电脑；为使网课的声音清澈无杂音，通常会在夜深人静时录制。打开课件，一遍遍地录，一遍遍地改，课件上一字之差，又要重新再录。学校领导细致入微的审阅，发现问题及时和录课教师沟通、指导。录课让我们忙到废寝忘食，但动力不减、干劲十足。若问为何这样不辞辛苦？是

149

源自心中的热爱——爱这份事业，爱天使般的孩子们！方有源源不断、勇于向前的动力！

2020年9月份，有幸参加全国小学数学教师简约教育主题研修营，有幸聆听徐长青老师精彩有趣的讲解，尤其是徐老师讲到长方形、正方形、平行四边形的特征时，边做动作边说图形特征"伸开手臂拉一拉，拉成一个长方形……同步摇摆平行四边形，一步摇摆成梯形"，这样的教学新颖有趣、直观形象，让学生的手、眼、口、胳膊等都参与到知识的建构中，让学生在活动中既有兴趣参与，又能深化对知识的认知。我在教学《位置》时，借鉴徐老师的方法，让学生边唱儿歌边做动作"前拍拍、后拍拍，左拍拍、右拍拍，上拍拍、下拍拍"，使学生对前后、左右、上下的认识更形象，教学效果显著提高；又如，学生对"认识钟表"中的"快几时了"和"几时刚过"理解有一定的难度，师生伸出右手食指当分针，分针从12走到1、2、3……又走到12，分针差一点走到12时快几时了！分针走过12时几时刚过！巧用动作化解了学生的认知难点，让学生们又一次感受到学习数学的乐趣。

工作二十余载，简约教育的学习，让我感觉恍如初登讲台——激情不减，信心与日俱增，初心不改，未来可期！

郭 璟

河南省洛阳市瀍河回族区外语实验小学数学教研组长，瀍河回族区教研室特聘数学教研员，徐长青工作室成员，曾荣获洛阳市师德标兵、文明教师，全国第六、七届"立教杯"优创课大赛一等奖，第十二届全国中小学创新课堂教学河南省一等奖，河南省信息技术与课程融合优质课一等奖，洛阳市优质课一等奖等，"心系荆楚、驰援湖北"公益课程研发录制贡献奖等，参与的省、市数学教研课题已结题。

简约教育中天立，福萌教育万丝青

一、爬蛹破蚕蝶过江，养根静芳花满坡

郭璟老师常说：课堂教学需要博观而约取，厚积而薄发，博观方能厚积，约取才能薄发，课堂教学需要量变，量变产生质变。她每当回想自己的教育成长，就如同小青虫，小青虫也有梦想，那就是飞上蓝天，为了这个梦想，它一次次翻身蜕变，最终化茧成蝶，拥抱蓝天……对于她来说，每一段动人心魄的教育教学经历，每一次铭记难忘的教育得失，都是一次次的量变和蜕变，每一次都让她离教育梦想更进一步。

2018年5月16日，河南省商丘市实验小学，全国第六届"立教杯"优创课大赛"硝烟四起"，全国各路简约教学精英"逐鹿中原"，郭璟老师带来了一堂反映简约教学基本理念的"手指记忆法"课，这堂课善于"抄近道""想巧法"，"约"和"简"的教学，简约而不简单。

2018年10月19日，瀍河回族区全国特级名师徐长青第三次研训活动，郭璟老师执教示范课"租船方案"，这堂课将教学过程"简约"成阅读文本，一景

多放，一材多用，把阅读权、评判权、发言权都给了上课的孩子。

2019年4月8日，海南岛琼海市第一实验小学，全国第七届"立教杯"优创课大赛拉开序幕，郭璟老师代表滦河区第一个登上赛场，她执教的《分数的再认识》，通过摸球游戏，借助分数墙，化抽象为直观，让思维开花，激发了学生的求知"欲"，让学生在"愉"快学习中留恋课堂。

2018年11月20日，郭璟老师随滦河回族区小学教育同人参加了"徐长青工作室10周年研究成果交流"活动，此次活动，她理解了"从简约教学走向简约教育"的丰富内涵，也对简约教育的未来发展有了深刻的畅想与憧憬，明白了事业、责任、勤奋是成就名师的基石。

二、柔肩挑重担 芊指育未来

去年疫情来袭，徐长青工作室铁肩担道义，迅速组织工作室成员为停课不停学的学子录课。作为连续两届"全国立教杯优创课大赛"一等奖获得者，郭璟老师也参与了徐长青工作室"睿师有约、空中课堂"同步课程录制，并和师父宋新军共同合作录制"数形结合玩数学""生活中的数学"一系列微课，虽然一个小视频几分钟，可她需要整理题目，做课件，写讲稿，录制，一遍遍改，一遍遍录，只为让学生有更好的体验。录制过程中，为准确表达，有时一句话要录制十几遍，一遍遍视听、修改，真的是口干舌燥，身心疲惫，但一想到徐长青工作室有46多万名注册用户关注，有至少25万名学子翘首学习，她一面口含润嗓、舒喉药品，一面不断调整状态，功夫不负有心人，郭老师的微课一经推送，孩子们反映：郭璟老师声音亲切，讲解生动，深入浅出……

"人到半痴品自高"，郭老师深知教师对待自己的事业必须沉浸在里面，苦干、巧干、拼命干，这样才能使自己的教育艺术不断完善、提高。于是，她克服"颈椎疼"的老毛病，眼睛看久电脑，干涩模糊，就滴几滴眼药水，晚上做课件熬夜，就用凉水洗脸、提神。疫情防控期间，她共录制区级课程16节，徐长青工作室同步课程5节，"数形结合玩数学"系列185节，"生活中的数学"系列38节。此外，她还为学生举办线上数学实践活动，手把手操作，举行线上颁奖典礼……

此次疫情防控期间线上授课，她深深体会到"业精为师，身正是范"的真正含义，教育不是灌输，而是点燃火焰，教师的任务不但是传道、授业、解惑，更重要的是要用自己美好的思想去锤炼学生的思想，用高尚的心灵去陶冶学生的心灵，为学生甘愿付出自己的一切，做不到这一点，就做不成教师。

赵慧敏

省级骨干教师、徐长青工作室成员、中国数学会会员、教师资格面试考官库成员、"国培计划"指导教师、市技术能手。

甘为孺子育英才 克勤尽力细心裁

一、精益求精细斟酌 拈精撮要费品味

赵慧敏老师扎根在关注生命、张扬个性、富有活力、极具滋养的数学教学园地里，潜心播种，默默耕耘。用数学的博大魅力去启迪智慧、涤荡情感、陶冶心灵。无数次课堂内外的洗礼，无数道数学趣题的磨砺，使学生们鼓起数学这张古老而生机勃勃的风帆，驶向理想的彼岸。

教育不仅是享受，更是责任；教育不仅是奉献、更是收获；教育不仅是用心，更是用情。赵慧敏老师践行大养成教育，润泽可爱的学生，培养"德馨学实、智慧阳光"的活泼学生。赵慧敏老师准确严谨的语言，深入浅出的讲授，细致入微的剖析，画龙点睛的总结，别出心裁的设计，精妙完美的结构，独具匠心的创新，充满活力的歌唱……无不显示出她扎实的基本功；精美的课件设计，流畅的动画制作，显示出她高超的课件制作水平；具有新意的讲授方式，具有创新的环节设计，显示出她与众不同的创新能力；自创诗词，自编儿歌，显示出她深厚的国学底蕴……她的课习题有情境，总结有巧思，知识有对比，习惯有培养，课上有歌曲，课后有游戏……极大地激发了学生的学习兴趣。二十载教学的情感熏陶，形成了严谨务实、灵动有序、个性飞扬、开拓进取的教学个性。她是一个多角度、多维度、多层次、全方位发展的教师。

二、语文元素多融合 学科整合被激活

赵慧敏老师善于取语文教学情意性之长，补数学教学思维过盛、情意过衰之短，在两个极端间探求一条中间路线。她使数学教育冲破数学的"围城"，打破了学科"壁垒"，使数学教学更加立体、更加丰富多彩。她的数学课如同一篇优美的散文，引人入胜；她的数学课恰似一支动人的乐曲，扣人心弦；她的数学课更像一部合理而巧置悬念的侦探小说，诱动学生心理上、感情上、思想上的参与，犹如一次惊心动魄的历险，启发学生的逻辑思维和判断能力，经受智慧、毅力、勇气的磨砺。她自创诗词导入新课，她自编儿歌总结知识……她充分整合各学科资源，为数学教学所用，她的数学课是开放的、充满生机与活力的。数学教学与语文元素有机融合，开阔了学生的视野，开阔了学生的眼界，训练了学生的思维，从而让学生更热爱数学这门学科，执迷于对数学的探索，促进学生数学综合素养的提高。

赵慧敏老师的课让人能感受到她扎实的语文素养。她将语文元素融合到数学课堂，激活了学生的极大求知欲。例如，讲"除法的各部分名称"时，赵老师用《论语》中"有朋自远方来，不亦乐乎"创设熊猫给好朋友分竹笋的情节；讲"含有两级运算的运算顺序"时，她利用《三字经》中"融四岁，能让梨"的经典道德教育故事让学生识记含有两级运算的混合运算顺序。从课堂总结部分也可以看出赵老师深厚的语文功底，如在总结"进一法"和"去尾法"时，赵老师说道："余数有取舍，取舍皆有道，进一或去尾，斟酌细思量。"通过本节课的学习让学生达到了懂"取""舍"，知"进""退"。她在平时十分注重语文素养的积累，能跳出学科的局限，摆脱思维定式中功能固定的影响，积极吸收多方面的信息，在学科文化的碰撞中，让教学达到和谐。

三、潜心课改披书卷 放胆科研伴月轮

赵慧敏老师醉心"充电"，潜心钻研，努力涵养师德、丰富学识、学习经验、提升能力，转变教育观念、大胆探索教研教改。与同行悉心切磋，共谋长进。"春风化雨，春华秋实。"一个个不眠之夜的孤灯相伴，一次次字斟句酌的反复推敲，让她品尝到了在方格上苦苦跋涉的甘甜。她的多篇论文获奖，发表在国家级CN刊物上；课题也获教科研成果一等奖；获教师素养大赛一等奖；她多次参加省、市、区观摩课、示范课和优质课评选并获奖；她在"国培

计划"一对一精准帮扶项目中做了《小学数学核心素养之运算能力的培养》讲座，受到了封丘教师们的广泛好评；她辅导的青年教师赵晶在市级观摩课中所授课程广受好评。疫情防控期间，她不但参加了徐长青工作室的录课，还组织本班学生开展了丰富多彩的活动。如"师之初体验""动手剪对称""数学百花园"等。策划了一场孩子们期盼已久的"小讲师盛宴"，被北京学校文化专家进行了编辑并在"问道教育"公众号中报道。她曾获"战疫优秀教师"，多次获得市"网络教研先进个人"、市"技术能手"、区"首批名校长、名师工作室优秀成员"、区"技术能手"、区"先进工作者""优秀教师""优秀班主任""最美教师"等称号。

四、沥血雕璞在杏坛 百年大计重挑肩

2020年，疫情防控期间徐长青工作室以大爱之心和敢于担当的责任意识，以专业的精神扛起了空中课堂的重任。工作室成员在徐长青导师的组织下，针对特殊时期的特殊状况，为小学生量体裁衣，开设"相约名师"空中课堂，启动线上公益课程"名师陪你读教材"。

赵慧敏老师参加了此次微课的录制工作，她所录的微课单节课的点击率全部超过十万，得到了湖北及其他各省市师生的支持和关注，尤其是中国教师研修网，中国教研网特别把徐长青工作室的教学资源送到了湖北，在中国教师研修网的"心系荆楚、名师驰援"栏目播出。她付出的不仅仅是体力，更多的是独有的教育智慧。她在整个过程中不断地克服困难，做到了备课精雕细琢，教参精心研读，设计别出心裁，语句反复推敲，课件用心制作……她讲的课播出后受到了学生、家长和广大教育同人的一致好评。由于表现出色，她被推选为年级组长，负责年级录课工作的指导，排课、分课、审课、收交等一系列事务。对每项工作，她都认认真真，高效率、高质量地出色完成，被评为"战疫优秀教师"。在非常时期，她用"爱与责任"肩负起新时代人民教师的神圣使命，用专业精神塑造出教师新形象，用自己的实际行动诠释着一名教师的本色和奉献精神。她面对雏鹰般跃跃欲飞的学生，依然风里雨里、脚步坚定、豪情满怀！

张 小 芳

高级教师、河北省省级骨干教师、邢台市优秀教师、邢台市学科名师、徐长青工作室成员、全国第三届现代课堂博览会一等奖获得者、邢台市清河县名师工作室主持人、国培项目专家库核心成员、邢台市小学数学教师资格证面试考官库成员。

塑梦追梦　简约前行

一、紧跟时代，潜心教育梦

不忘初心、牢记使命，在落实"立德树人""三全五育"的同时，怎么能让孩子们的学习充满阳光、快乐与自信就成了她的教育初心。多年来，她潜心学习，研究儿童心理学，当以优异的成绩考取心理咨询师证书后，便顺应新课程标准的要求以及不同阶段儿童的心理特点，带领湘江小学的教师团队摸索出"四步一卡"的教学模式。此后，不仅她所做的课例获第三届全国现代课堂博览会一等奖，而且她所指导的青年教师有10余人获县、市级优课奖。其中，韩彩俊老师做的课例在"一课一名师、一师一优课"网上晒课活动中获国家级优课奖。

二、领雁高飞，励志简约行

2018年，她成为徐长青工作室成员。在一次次的活动、一次次与全国名师的交流学习中，她深刻地理解了教育的真谛，那就是去繁求简、返璞归真。教学有法，但教无定法。课堂虽无模，但朴实中有生成，灵动中有意境，育人于无声。于是，她便带领湘江小学的教科研团队进行简约教育大学科教研的尝试，使素材多角度利用的同时，也使学生的综合素养得以提升。她写的论文《浅析地方文化与综合性学习的融合》在首届"运河之子"学校教育文化云论坛征文活动中获一等奖。讲座《以习惯养成促素养提升》多次在县域内推广，并获得专家、领导与参会者的一致好评。

三、疫情无义，简约人有情

2020年，一场突如其来的疫情向教育者们发起了前所未有的挑战。徐长青名师工作室第一时间响应教育部提出的"停课不停学，学习不延期"的号召，发起"睿师有约、空中课堂"公益课程的研发活动。作为徐长青工作室成员，她积极参与二年级上册教材的研发工作中，不仅保质保量提前录制好自己的两节课，而且鼓励湘江小学的李保康老师也参与"睿师有约、空中课堂"语文教材的研发工作中去。与此同时，湘江小学作为徐长青工作室基地校，其教科研团队也在清河县域内担当了空中课堂疫情战的先锋，利用两天时间完成全校60个班级网络直播调试实验，并融合钉钉、授课助手、白板、PPT等软件，攻克了集操作、演示、作业批改、师生互动等现实教学环境网络化的难题。由于疫情防控期间，只能进行线上经验推广，张小芳老师又连夜编辑了"钉钉直播视频教程"在全县教育系统内进行分享。2021年，当疫情再次席卷河北南宫时，张小芳又志愿驻守隔离点，为返乡隔离学生做心理疏导，送温暖。作为一名"简约"人，她就是这样用朴实的行动和初心让"疫情无义，简约人有情"的教育之花绚丽绽放！

白金华

徐长青工作室成员。全国科研工作突出贡献奖获得者，市级优秀教师、骨干教师、教学能手、学科带头人。

回归本源，一切从"简"

一、正本清源，倍道简行

她是怀揣"智慧就是在平凡中创造奇迹"的教育行者。她认为，平凡的意义，和成功无关，和智慧"有染"。她一直在行走，走过乡村，走过城市，走过每一处自己向往的土地，终于在行至半途找到了自己。于是，开始走一条属于自己的正确的路。

她一次次倒空自己，清零重新开始，回到教育原点，从最朴素的地方出发。而这一切走得并不简单，但是，她相信自己走向的是太阳升起的方向，而太阳升起带来的光明和温暖，会有后人来，她只不过先行罢了。

一路走来，她与文字为伴，与学生相长。她是终身学习观的实践者，信奉学习就是对自己最好的养护，坚持正确的事正确做。

二、教学务本，本立道生

夫物芸芸，各复归其根。天下万物芸芸难以计数，最终都回归原点。当教育回归本源，一切将充满活力。

立足课堂：作为一名教师，课堂是主阵地，白老师和学生一起从"说理课堂"开始，到构建"理论思维下的小学数学课堂教学"实践，逐步明晰了自己"本立道生"的教学理念。她的课堂最大的特点就是让学生不断经历"问题挑战"——"你是怎么想的？为什么？还可以怎样解决？"，通过不断追问，让学生探寻知识的本源。她说，抓住了知识的根本，教学的路径就清晰可见，她享受和学生一起运用数学的思维方式思考问题，享受陪着学生在学知识的过程中，感悟数学思想方法，积累数学活动经验，培植数学的理性精神。

加入徐长青工作室参与学习研究，更让她看到简约之美与自己的教育教学实践的"美美与共"——简单、简约、简洁，这是她追求的教学之美，更是数学之根。2020年，白金华老师参加"简约教育研究成果云端博览会"所讲的"分数除法"就是她多年教学成果的一次展示。读懂学生，实现教学简单美；法理相融，实现教学简约美；渗透思想，实现教学简洁美。该课获得广大教师赞誉，起到了引领示范的作用。

而这一切的"简"单呈现，源于她多年对教材的深耕解读，可谓厚积薄发。2017年，她将人教版12册书所有的知识点进行整理，做成"白老师说数学"，并在全国免费发布；2020年疫情防控期间，完成了浙教版主编张天孝先生的《新思维儿童数学》一、二、三年级6册书的"白老师说新思维"。她没有止步于此，为了更好地基于学习路径探寻学生是如何学数学的，她走进幼儿园，蹲下身来和孩子们一起学习，2021年，受邀作为副主编参与编写《梁博士每周一练（小班）》，现已完成。

三、大道至简，道法自然

道生一，一生二，二生三，三生万物。为了让爱有光，白老师将自己的教育教学经验分享给大家，和大家一起行走在教育科研的路上。

教而不研则浅，研而不教则空。她从自身科研素养的提升做起，带着教师们从常态教育教学的小课题出发，做到了国家级课题的研究，这些课题的选择来自教育教学的一线，也真正将科研兴校落到了实处。

每个学期，每个年级的备课组根据学情、师情确定研究小课题，让自己的教育教学有目标、有措施、有成效，理论与实践的有效融合让教师们体验到了"以研促教"的快乐。她带领的数学学科组开发了"三段五步式"练习课教学模式，有理论、有案例，在全县推广。

为了让研究不仅仅局限于自己的数学学科，她努力寻找融合各学科的研究资源，通过网络研修结识了成都大学陈大伟教授，通过阅读专著、自费跟随学习，根据本校实际引进了"观课议课——构建幸福课堂"科研实践，有效促进教师专业素养提升，促进学生学习的真实发生。研修成果《"观课议课"协奏曲——校本研修引领数学教师专业化发展的实践研究》发表在《教育实践与研究》上。

历时三年，她主持完成了省规划办课题"校本研修引领数学教师专业化发展的实践研究"，通过不断地进行理论学习与实践研究，总结出"1+6"数学教师专业化发展的校本研修模式，逐步建立"1+6+N"的校本研修模式，让教师做到眼中有需求、脑中有理论、心中有规则、手上有技术、脚下有道路、前进有方向。此项研究获得科研成果一等奖。

教育的过程，实质是教育者不断提纯自己的过程。从一个人到一群人，从课堂到家庭，白金华老师始终在行走。她用自己个性化的语言书写着属于自己的教育之路：带着爱，从学生出发，行走在一条"回家"的路上，让教育回家，让爱回家。

代 小 静

徐长青工作室成员，河南省普通话水平测试员，安阳市骨干教师，安阳市优秀班主任，安阳市文明教师，河南省信息技术融合优质课一等奖获得者，安阳市师德演讲一等奖，参与课题获河南省课题成果一等奖。

玉壶存冰心　　朱笔写师魂

代小静于1998年参加工作，20多年来，在教师这个平凡的工作岗位上，她时刻牢记立德树人初心，牢记为党育人、为国育才的使命，一贯规范履行教师职责，恪守职业道德，受到了学生的爱戴、家长的好评、领导的肯定和同事们的赞许。

一、不忘初心立德树人

作为一名语文教师，她特别注重经典文化的传承，重视学生阅读兴趣的培养。她和学校教师利用假期编写经典诵读校本教材，和孩子们一起诵读经典，滋润着孩子们的心田。她设计、制作校园读书币，在学校、班级开展好书推荐、读书交流、亲子共读等各种多样的读书活动，引领孩子们爱上读书。

作为一名班主任，她热爱学生，关爱每一个孩子。她亲切和蔼，亦师亦友，善于发现孩子的闪光点，激励每个学生在集体中展现自我、获得自信，注重开展丰富多彩的班队活动，深受孩子们的喜爱。她所带的班级"学生积极向上、热情互助；师生关系、家校关系和谐融洽"，有较强的凝聚力和向心力。2020年，她所带的班级被评为安阳市先进班集体，她也被评为市优秀班主任。

二、潜心教学追求卓越

2018年，银杏小学有幸成为徐长青工作室的基地校，她也开始走近简约教育。2019年4月，她代表学校参加全国第七届"立教杯"优创课大赛，亲历了徐长青老师的课堂，更加感受到简约教学凝练而又清晰，轻松而又深邃的课堂魅力。2019年7月，她执教的《七律·长征》一课被评为河南省信息技术与课程融合优质课一等奖。

作为一名一线教师，她努力创新自己的课堂教学，潜心研究教材教法，提高课堂效率和教学质量。她积极投入到各类优质课大赛和课题实践研究中，为做学生永远的源头活水而努力奔波、废寝忘食。

同时，她作为学校主抓语文教学工作的主任，做好年轻新教师的帮扶工作，肩头的责任也是重大的。工作中，她认真组织开展好每一次集体备课、公开课及课后评课，促进青年教师教学能力不断提高。她把各种教学观摩课和报告会的先进理念在教研组中交流、分享，认真组织教师们参加各项比赛活动，特别是经她指导的王丹、张凤娇、王少敬、冯秀娟老师等在参加市、区优质课比赛中均获一等奖，现在都已成长为学校教育队伍中的骨干。

三、用心战"疫"守护课堂

疫情防控期间，作为学校教务处副主任，她在疫情防控工作中积极应对，全力以赴，统筹安排全校语文线上教学，努力做好各项联络与对接工作。从备课到录制讲解视频；从上网课到精心设计并批改作业，从线上教研到语文实践活动，她用自己的行动践行初心使命，彰显责任担当。

为使学生疫情防控期间宅家生活更加丰富，她还录制了《中国诗词名篇赏析》《伊索寓言》等140余篇，和孩子们一起诵读诗词，阅读经典。此外，她还带领学校7位语文教师在全国徐长青名师工作室"睿师有约、空中课堂"驰援武汉的录课活动中录课22节，个人录课4节，为疫情防控献出自己的微薄之力，用实际行动诠释了一个党员教师的深刻内涵。

四、投身课题助力成长

2016年2月，她担任银杏小学教务处副主任，主要分管学校语文教学工作。她勇于探索、敢于创新，带领学校语文教师团队开展了"多文本阅读教学"

的课题研究，以研促教，立足课堂，扎实有效地开展语文教学研究。2018年，她所著论文《课内外结合让多文本绽放异常》在《河南教研》2018年第24期发表；2019年，与李艳红合著论文《浅谈小学语文名篇名著的多文本阅读教学》在《河南教研》2019年第1期发表；在她带领的语文团队的不断努力探索下，银杏小学作为河南省多文本实验校在《河南教研》2019第12期发表多文本阅读教学活动成果论文《多文本阅读打造高效语文课堂》。2020年12月，她在河南省中小学多文本阅读教学实践研究骨干教师培训中讲的示范课"一切景语皆情语——体味环境描写在小说中的作用"得到大家一致好评。2021年1月，她参与的课题"小学语文多文本阅读课堂教学中课内外阅读有效结合的策略研究"被评为河南省基础教育教学研究室专项课题优秀成果一等奖。

玉壶存冰心，朱笔写师魂。代小静老师自参加工作以来，二十多年如一日，扎根一线，立足讲台，在平凡的工作岗位上，尽心尽责、默默奉献，为党的教育事业执着奋斗。

第三章 简约之本 代小静

蒋玉梅

··

西南大学研究生，高级教师，IBPYP教师（国际文凭组织全科教师），重庆市中美文化交流青年教师代表，重庆市沙坪坝区"优秀班主任"，徐长青工作室成员，全国（微课）比赛获一等奖，执教的数学课《统计》，曾在中央电视台播出，荣获多项全国理工科国际竞赛"优秀指导教师"奖，辅导学生参加国际奥数比赛千人次获一、二等奖，指导教师比赛获全国一、二等奖20多项。

做新时代的"大先生"

日月流转，岁月如歌。我已在三尺讲台上走过了25个春秋，我始终保持着积极向上的心态，用全部的激情和智慧，脚踏实地地履行着教书育人的职责。一路走来，默默耕耘，潜心研究，"千淘万漉虽辛苦，吹尽狂沙始到金"。我始终铭记"学高为师，德高为范"的深刻内涵，做新时代的"大先生"是我的理想。

一、欲穷千里目，更上一层楼

朱永新教授在《我的教育理想》一书中说："勤于学习，充实自我，这是成为一名优秀教师的基础。"想要成为一个有理想的教师，一个要立志成为"大先生"的教师，我必须从最基础的学习做起，扎扎实实多读一些书。苏霍姆林斯基在任帕夫雷什中学校长时就规定教师必须读一些教育名著，说"读书、读书、再读书！"丰富渊博的知识是一个教师可持续发展的基础。学海无涯，教无止境。我通过学习，开阔了视野，拓展了时空，提升了理念。成为新时代的"大先生"是我的理想，我爱好广泛，喜欢舞蹈、绘画、旅游、跑步、看电影，特别喜欢阅读。师范毕业后，我坚持学习法律、数学、中文、英语……我深知："欲穷千里目，更上一层楼"的道理。

二、随风潜入夜，润物细无声

作家张洁在散文《我的四季》中这样写道："在这个世界上，每个人都有一块必得由他自己耕种的土地。"这话告诉我们：一个人既要有梦想，更要有对梦想坚守到底、永不退缩的信念和勇气！对我来说，这块"必得由自己耕种的土地"便是深深扎根在我心里的"教育初心"——做新时代的"大先生"！

给大家分享一则有趣的寓言：大风和太阳比赛，谁能先把路上行人的衣服脱下来，谁就获胜。于是，大风呼呼狂吼，把房顶上的瓦片都揭下来了，小树被连根拔起了，可是路上的行人却把自己的衣服越裹越紧。大风累了，停了下来。太阳上场了，阳光普照，笑嘻嘻的，暖洋洋的，不一会儿，行人便把自己的衣服脱了下来。太阳获胜了。太阳用特有的人情味赢了！要做新时代的"大先生"，教育无痕，"随风潜入夜，润物细无声"。

我出生于教育世家，我的妈妈做了几十年的小学校长，从小受妈妈的影响，喜欢上了教师这个崇高的职业。习总书记在考察清华大学时指出："教师要成为大先生，做学生为学、为事、为人的示范，促进学生成为全面发展的人。"今日之学生，是未来实现伟大中华复兴中国梦的主力军。我们老师，必须有爱心、有智慧、有责任、有担当，"学高为师、身正为范"，培养好每一位学生。我关爱每一个学生，尊重学生的个体差异，因材施教，以学生的发展为出发点和归宿。美国教育家杜威说："儿童不是尚未长成的大人，儿童期有其自身的成长规律。"这就是强调教师要遵循儿童的成长规律。关爱每一位学生，尊重学生独特的生命个体，代表着一种教育的美好，更代表着一种对生命的敬畏！最好的教育是顺势而为，用爱心、责任和智慧守护孩子成长，激励孩子学习，启发孩子思考，鼓励孩子创新。

学生最终会走向社会，回归生活。所以，教育的本质是关注孩子的生命样态！我立志做一位有智慧的班主任。我善于从孩子的细节、心理变化、情感体验、情绪反应中，对孩子进行生命教育，启迪孩子健康成长，让每一个孩子有获得感、存在感、价值感。我力争用爱心、责任和智慧构建学生的人生观，提高学生的生命质量。学生除了在学习上取得不错的成绩，还和家长们自发组织义卖，为贫困山区捐款、捐物。我曾被评为重庆市沙坪坝区、长寿区等优秀班

第三章 简约之本 蒋玉梅

主任。

三、千淘万漉虽辛苦，吹尽狂沙始到金

我博览群书，始终坚持"博观而约取，厚积而薄发"，被学生评为"最博学教师"，被同事评为"最具教学才华"。我连续多年组织、辅导学生参加国际理工科竞赛，近3年，已经有千余名名学生获得国际理工科竞赛一、二、三等奖。竞赛包含澳大利亚科学竞赛、澳大利亚数学信息赛、美国伯克利数学竞赛、澳大利亚袋鼠数学竞赛、美国思维挑战赛、澳大利亚科学竞赛等。同时，我还指导青年教师参加上课、说课、教学设计等比赛。仅2020年，我就组织指导教师参加全国第八届"立教杯"比赛，共7人次参赛并获奖。其中，一名获微课比赛全国一等奖，两名获二等奖，两名获教学设计全国一等奖，两名获二等奖。

我与徐长青老师相识于2008年，被徐校长幽默风趣的谈吐所吸引，深深爱上了徐校长相声演员般的上课风格，被徐校长积极乐观的人生态度所折服。2014年，我有幸与我敬仰的徐校长同台做课，近距离领略了一代大师徐长青的风采，与之合影留念。后来，我非常荣幸加入徐长青工作室，成为工作室的成员。在2020年疫情防控期间，在徐长青工作室录制了两节公益课。今年的全国教师思维导图走进全科教学研讨会上，我还做了主持人，与来自全国的知名专家、名师一起，共话未来的教育梦想，共谋教育事业的美好明天。教学路漫漫，始于课堂。自加入徐长青工作室，教学改革更有方向了，离我做"大先生"的目标更进了一步。

李 伟

硕士研究生，中共党员，副高级教师，唐山市骨干教师、区级名师，国家三级心理咨询师，唐山市汉沽管理区第一小学党支部书记、校长。徐长青工作室成员。2000年从教至今，曾获得省市区级优秀教师，唐山市教育发展规划工作先进个人等多个荣誉称号，执教的优质课获得唐山市一等奖1节，二等奖3节，教师基本功比赛获得唐山市一等奖、河北省三等奖，教学设计获得唐山市一等奖，课题获得河北省科研成果二等奖，论文在"学周刊"杂志上发表。

以简驭繁，博观约取

一、拥抱简约，以简驭繁

2018年11月，乘着京津冀教育一体化的东风，我有幸参加了"徐长青工作室10年研究成果交流暨京津冀简约教学校际联盟高峰论坛"，在教育局领导的大力支持下，我校非常荣幸地加入了"徐长青工作室"。会上，徐长青教授向我校颁发"徐长青工作室研修基地校"铜牌。

同年12月，徐教授一行人来到我校参加揭牌仪式，会后，徐长青教授为我校师生带来了一节精彩纷呈的数学课作为简约教学课例，开阔了我校师生的眼界。随后，徐教授的讲座更加坚定了我们学习、研究、运用简约教学的信念。

二、儒雅浸润，博观约取

我校以"立德树人"为根本目标，坚持办人民满意的教育，结合汉沽管理区的地缘特色与学校实际，在"儒雅校园文化"的基础上发展出"儒雅课堂""儒雅学生""儒雅教师""儒雅礼仪"等一系列有特色的学校文化。

在成为"徐长青工作室研修基地校"后，我带领教务处主任制订了以数学教学教研为引领，在全校范围内推广简约教学的方案。经过两年时间，简约教学在一小落地生根，为一小完善课堂文化做出了突出的贡献。

我校先后派出武森、王思思、田霞等多名教师参加简约教学活动，积极吸取其他学校的先进教学经验，探索简约教学与我校的儒雅课堂的交点，使简约教学为我校校园文化注入新的血液，实现创新和突破，不断进步。

2020年，我校教师在疫情期间依然不放松学习与提升，简约教学和儒雅课堂结合的探索初见成效。10月，徐长青工作室成立十二周年之际，我校田霞、武森、武秀玲老师参加了简约教育研究成果云端博览会，三节优秀课例展示受到参会学校领导、教师的高度赞誉。

三、前路漫漫，简约为友

在以后的日子里，我们会继续加强对简约教学的研究，将简约融入我们的课堂文化中，不断提升自身的水平，为简约教学的发展贡献自己的力量。路漫漫其修远兮，吾将上下而求索。

刘玉云

天津市滨海新区汉沽河西第一小学校长、党支部副书记，高级职称，教育硕士学位。天津市级教育学会先进工作者、汉沽第一届中青年教师学科带头人、区级女职工建功立业先进个人、区级"三八红旗手"、滨海新区教学管理先进个人、区级教科研积极分子、区级教改积极分子，徐长青工作室成员。

做一个清心静气的教育人

时光荏苒，岁月如梭，扎实从教三十载，坚持努力未停歇。感怀时光的积淀，感慨教坛的丰实，感恩师者的引领。2006年与徐长青老师团队的结缘是推动刘玉云专业成长的强大动力。2010年，她在全国"创新杯"教学大赛中获得一等奖，2011年，她晋升高级职称，2013年，她走上教学校长的管理岗位，2020年，她加入徐长青工作室并从特教学校回到汉沽河西一小担任校长工作，一路走来，无不与榜样比肩。刚刚走上校长管理岗位的刘玉云，秉承"让爱激扬每一个生命"办学理念，坚持梳理反思与学习借鉴相结合，坚持深挖内涵与开拓创新相结合，着眼未来，努力实现学校新的跨越。

业精于勤荒于嬉，行成于思毁于随。在工作中，刘校长不断思考探寻更为有效的方式方法，不走墨守成规的老路。将虚心作为融入集体的敲门砖，将实心作为学校发展的生命线，将热心作为带动集体的凝聚力，将耐心作为提高修养的保鲜剂，将信心作为创新局面的开门斧。

立足本岗研校情，开阔眼界学良方。作为天津市优秀教学校长培训工程以及滨海新区名校长培训工程的学员，刘校长虚心学习，大胆实践，坚持"双主互动式"管理模式，追求以校为本的管理效益。刘校长把"六环联动式"的校本研修模式作为促进教师成长的支点；把关注学生个性需求的学法指导和丰富的学科特色活动作为促进学生全面发展的生长点；把市区级课题研究作为带动教师队伍建设的发力点，扎实推动师生自主发展和学校内涵发展。

路漫漫其修远兮，吾将上下而求索。未来的日子，刘校长将树立信心，砥砺前行，敢于面对学校发展中存在的问题，敢于挑战教育中的功利意识，努力做一个清心静气的教育人。

近年来，刘校长坚持以校本研修工作坊为载体进行改进教学管理的实践研究。她强调，教师和学生是学校的两大生命主体。两者的成长和进步是学校内涵发展的载体，是学校质量提升的关键，是实现学校特色形成的促进剂。以教师为主体的研修活动是促进学生的学习活动有效开展的基础。

一、校本研修工作坊的提出

为了充分发挥学校优秀教师的带头作用，激活每位教师的内在活力，唤醒每位教师内心的教育追求，给予教师充分的尊重和话语权，学校提出以校本研修工作坊为基础构建一个有梯度的专家智库。校本研修工作坊以一把校长和教学校长为组织者和管理者，主要组成部分包括学科教师、学科牵头人、校内骨干团队、区域内专家团队、区域外专家智库等。工作坊的主体是教师，他们的身份也是多元的，既是研修活动的参与者，也是决策者，可以自主确定坊内的研修主题与分工。按规模分有以教研组为单位的小坊、以学科组为单位的中坊和学校层面的大坊。之所以用坊的形式存在，是因为其自然、动态、协同作战等特点，有抱团取暖、同生共进的意味。

二、校本研修工作坊的实践

每学期，学科牵头人结合学校教学工作的具体安排和研究方向，结合学科教学和学科教师的需要，确定工作坊的研修计划，明确学科研修主题，找准专业提升需求，做好团队分工及任务落实。研修过程中充分体现教师的自我反思成长、同伴互助成长与专业引领成长。

我校充分发挥雄厚的"本土资源"带动作用，建立以学科骨干为主要成员的校内骨干团队，满足学科工作坊在常态下开展校本研修工作。在此基础上，学科工作坊又聘请了区域内外的近三十名专家及学科优秀教师加盟，通过专家到坊、名师到坊、坊间互助等形式开展专题教研、课例评析、教研指导活动，开阔了研修思路，拓展了研修范围，提高了研修效果。

在有梯度的专家智库引领下，工作坊主要以课例为载体开展"六环联动式"校本研修活动，包括个人主备、小组磨课、课例展示、反思答辩、大组评议和专业提升六个环节，实现研与修的一体化，进而促进教师专业化发展。

三、校本研修工作坊的管理成效

1. 提高了教研问题的针对性

没有问题就没有研究，没有针对问题的研修活动是没有实效的活动，因此提高问题的针对性是校本研修与有效性链接的关键。每学期，学校的研修问题都是在总结前段经验和观察开学初期现象后衍生出来的一个新问题。一个新问题的出现，最先需要给予关注的是一线教师，在认识上达成一致很重要。只有每位教师都真切地感受到属于共性的一个亟待解决的问题的存在，大家才有共同研究学习的愿望。

2. 提高了理论学习的有效性

理论学习是研修活动的必修内容，其形式包括教师自修、同伴分享和专家指导。有效的理论学习可以开阔教师的视野，提高教师发现问题的灵敏度，是研修活动走向内涵的基础。通过专业引领实现理论对实践的指导，理论与实践的对话及其关系的重建，进而提高教师的教学理论素养，增强理论思维能力。

3. 提高了教育教学研究的科学性

校本研修建立在经验的基础上，但又打破经验，应探究更为科学有效的、能够解决新问题的、方法更为适切的研修途径。其基本流程为：发现常态问题—确立核心主题—学习相关理论—开展课例研究—进行专题研讨—生成深层问题。正是在这样的循环状态下形成了螺旋式的研修路径，同时也提高了校本研修的科学性，有效地促进了学校内涵发展。

4. 调动了教师参与教研的积极性

由于每次研修的主题都是源于教师的需求；每次教研活动，大家的想法在不同程度上得以表达并有所采纳；每次教研活动中的角色定位都有自主选择的机会；每次主题教研活动后的反思、跟课都能促进教师个体的提升；每次聘请的专家指导都很"接地气"，教师们表示更加喜欢这样的教研活动，更愿意把学习的内容付诸实践。

校本研修工作坊成为教师专业成长的摇篮，教学风格形成的舞台，学校内涵发展的动力。每一个参与者都是智慧的创造者、研究的体验者和成就的获得者，正是在这种共同提升的活动中学校的内涵发展才得以实现。

元宏庆

中共党员，中小学高级教师，徐长青工作室成员，简约教学研修先进个人。河南省安阳市林州市振林学校校长，安阳市小学语文学科带头人，安阳市骨干教师，安阳市优秀班主任，林州市教师基本功大赛一等奖获得者，主持完成省级课题两项。

让简约之花盛开在红旗渠畔

"太行山麓，红旗渠畔，英雄故里好学堂；家园，学园，乐园，花园，七彩振林美名扬。"林州市振林学校位于以英雄栗振林命名的振林街道，是一所集小学、幼儿教育于一体的全日制公办学校。学校先后荣获全国国防教育特色校、全国青少年校园足球特色校、全国足球特色幼儿园、河南省多文本阅读实验校、河南省一校一品陶艺特色校、安阳市首批创客教育示范校，也是安阳地区唯一的一所简约教学研修基地学校。

元宏庆校长就是这所学校的领航人。

一、盛会结缘

2008年，元宏庆校长作为林州市市直第三小学的副校长，带领本校教师一行12人远赴南京参加了"现代与经典全国教学观摩研讨会"。在这个全国课堂教学名家云集的盛会上，元宏庆校长第一次见到了徐长青老师，被徐老师前沿的教学理念、精湛的教学技艺、高超的课堂驾驭能力、深厚的教学功底深深折服。一个语文老师，硬是把这节数学课一字不落地听下来，感叹数学课原来也可以上得这么精彩！从此，徐长青这个名字深深地烙在了他的心里！

二、郑重结盟

2013年8月，元宏庆校长被林州市教体局委派到刚刚成立的振林学校担任校长。在确立学校的办学思路时，他又一次想起了徐长青老师和他的简约教学。"简约教学"从"冗繁走向凝练，从紧张走向舒缓，从杂乱走向清晰，从肤浅走向深邃"的教育理念，正好和他的办学思想不谋而合。他当机立断，赶紧与远在天津的徐长青工作室取得联系，并申请加入研究团队。

好事多磨。在元宏庆校长的不懈努力下，2018年，振林学校终于被徐长青工作室评选为基地校，并于4月19日，在该校隆重举行了"徐长青工作室基地校"揭牌仪式。徐长青及其团队一行三人专程从天津赶来为该校揭牌，林州市教体局副局长牛少宇、教研室主任王文书、基教科科长王进利和市直学校60余名教育同人参加了活动。至此，"简约教学"在太行山麓、红旗渠畔正式安家落户，元宏庆校长成为将"简约教学"引入安阳地区的第一人。

三、开花结果

成为徐长青工作室基地校是振林学校课堂教学改革的里程碑。自此，该校以此为契机，积极推动全校课堂教学改革，让"简约"教学在振林学校乃至全市生根发芽！

2018年8月，徐长青名师工作室暑期研修活动在天津市举行。该校由元校长率队，选派学校3名数学骨干教师参加研修活动。活动中，徐长青教授做《寻找课堂幸福的感觉》主题报告，报告围绕三感（代入感、获得感、成就感），三觉（直觉、知觉、智觉），双有（有意义、有意思）三个方面阐述了简约教学的理念及教育思想。徐教授的报告生动形象，与生活紧密结合，以"小品式"活动与研修教师进行互动，让研修教师亲身体验了"简约教学"模式。徐长青教授还亲自带领研修学员深入丁字沽小学、天津师大南开附属小学、美国法拉古特学校天津校区三所学校进行参观学习。2018年，林州市振林学校荣获该年度简约教学研修先进单位，元宏庆校长、王晓丽老师被评为简约教学研修活动优秀成员。

2019年4月，徐长青名师工作室在海南省琼海市举行全国第七届"立教杯"优创课大赛，元校长又带领王晓丽、呼江利两名教师赴琼参赛。呼江利老师将简约教学理念与学校的"五读教学法"相结合，执教的《陶罐和铁罐》得到与会专家的一致好评，并荣获二等奖，李静老师执教的小学数学"简单的排列"荣获优秀录像课二等奖。大会现场，徐长青教授牵线搭桥，振林学校与天津师范大学南开附属小学结为手拉手联谊校，振林学校在"简约教学"研修路上又多了一位领跑者。

同年暑期，在简约教学团队在安阳市集中研修期间，徐教授和团队成员马向东、郜建辉再次莅临振林学校，和元宏庆校长一起研讨简约教学发展规划。

"简约教学"不仅是教学中的一种思考方法，还是一种教与学的方式。它不仅适用于数学课堂教学，还适用于任何一门学科的课堂教学。为此，元宏庆校长在全校范围内的各个学科进行深入研修，广泛推广，成果丰硕。语文学科有"简约五读教学法"，英语学科有"简约自然拼读法"……其中，元宏庆校长结合简约教学理念，首创小学语文"简约阅读教学五读教学法"（初读知大意—通读识字词—研读理脉络—品读悟情法—美读重迁移），执教的三年级语文《古诗两首》荣获安阳市优质课大赛一等奖。元校长又将该"五读教学法"巧妙地植入河南省多文本阅读实验，主持结题两项省级课题，将简约教学的精髓完美地引入河南省多文本阅读实验的探索实践中。2020年春季，新冠肺炎疫情期间，元校长积极响应工作室的号召，召集教师录制微课，为孩子"停课不停学"提供优质课堂教学资源。王晓丽老师录制的《同分母或同分子分数比大小》和李静老师录制的《整百整千数相加减》获得优秀课例奖。

简约而不简单，平淡而不平凡。在徐长青工作室的引领下，元宏庆校长和全体师生在探索简约之美、享受课堂之乐的路上，永不停歇，让简约教学之花永远盛开在红旗渠畔！

高丽军

天津市宁河区芦台街第二小学教师，21年的努力和探索，使她成长为一名区级优秀教师，百名学科带头人，教育科研先进工作者，区级教育系统学科带头人，教育技术工作先进个人，义务教育现代化标准建设先进个人，区级教师教学骨干，教育学会先进会员和先进个人、"国培计划"优秀学员，宁河区名教师学员，徐长青工作室简约教学研修先进个人。

敬业爱生的简约教育人

平时的工作中，以自己的人格魅力、学术魅力和工作魅力感召和吸引学生，平等对待每一位学生。始终钻研业务，汲取教育教学理论的营养，来充实自己，并指导实践。在疫情期间仍不间断，在"心系荆楚、驰援湖北"的爱心援教中，参与徐长青工作室发起的"睿师有约、空中课堂"公益课程的研发，先后录制了教学课程6节。同时撰写了有关疫情期间的教学案例、制作精品微课，均获区级一等奖。近几年来，多次讲国家、市、区等各级公开课、展示课。在47届"创新杯"优秀青年教师教学艺术大赛中，课例"用字母表示数"荣获一等奖。2019年10月在全国中小学新课堂教学成果博览会"百科观摩"活动中，获优质课评比一等奖。

教案《圆的认识》在2008年天津市新课程小学数学优秀教学设计评选中获得市级二等奖。2010年，执教的《长方形和正方形的面积》在天津市小学数学深化课程改革优秀课评选活动中，获市级二等奖。《找规律》一课在2015年天津市小学信息技术与课程整合优秀课评比获得二等奖。2014年在天津市第八届中小学"双优课"评比活动中获市级三等奖。在天津市第十九届教育教学信息化大赛信息技术与学科教学整合课例项目中获优秀奖。2001年在更新观念，决战课堂教学大比武活动中获二等奖。2003年，获宁河区信息技术与课程整合教学评优一等奖。2007年执教的《平方差公式的推导及简单应用》一课在宁河区信息技术与课程整合教学评优中获三等奖。2008年，执教的《圆柱的认识》一课在宁河区小学信息技术与课程整合优秀课评比活动中获二等奖。2010年在小学双优课数学学科评比活动中获县级一等奖。2011年在天津市教育学会小学专业委员会举行的第二届高效课堂教学评比中获县级二等奖。2013年6月参加小学专业委员会赛课活动获得县级一等奖。2014年6月在"我的模式我的课"高效教学模式评比中获县级一等奖。2015年执教的《分数的基本性质》在天津市第十九届教育教学信息化大奖赛中获优秀奖。2019年在宁河区第一届课堂教学创新大赛中获一等奖。2012年，被宁河区教研室聘为数学学科中心组成员，并参加了多节县级展示课和赛课。2014—2016年、2016—2018年、2018—2020年连续九年被聘为区级小学数学学科兼职教研员。2017年6月在宁河区进修学校阶梯教室，对2017年5月22日、23日参加"徐长青工作室简约教学艺术与研究成果交流展示教育行"活动进行学习成果汇报。2017年8月结合暑假初在青岛学习和三名工程培训这一阶段的学习所得，对小学数学导学案设计在芦台二中阶梯教室进行汇报。2017年在徐长青工作室简约教学研修项目"携手京津冀，协同促发展"活动中，异地借班执教《用字母表示数》一课，受到广泛好评。

在工作中善于总结和反思，教学叙事《学会倾听》发表在《天津教育报》上；2014年参加第五届"中国移动校讯通杯"的论文《教育技术在数学课堂中凸显优势》获得市级三等奖；2015年《相信"感觉"》获得市级三等奖；2018年9月《数学课应该怎样上》获得市级三等奖。在第六届青年教师学术论坛演讲比赛中获县二等奖；在"我与特色校建设同行"征文活动中获二等奖；2011年撰写的《创新数学教学方式培养学生创新意识》在宁河区第三届教师学术论坛活动中荣获一等奖；《小学数学教学中的有效提问》获优秀案例县一等奖；《新课程理念下的数学教学》《数学学习中的"第六感"——直觉思维》《教孩子一种学习方法——倾听》在宁河区教育教学优秀论文评比中均获得一等奖；《浅谈小学数学教学》《数学课堂有效提问的探究》《重视并培养学生在数学学习中的直觉思维》《浅谈小学数学教学中的有效导入》《数学课堂可以多姿多彩》在宁河区教育教学优秀论文评选中获二等奖；《教学实施策略之数学课堂练习设计》等多篇论文获三等奖。

承担过市级课题"小学数学教学中学生学习方法的指导与研究"，于2015

年7月结题，其间写的研究论文《教孩子一种学习方法——倾听》获得县级一等奖。"十三五"课题"农村校小学数学有效教学策略的研究"于2018年2月结题，其间写的研究论文《教学实施策略之数学课堂练习设计》获得区级三等奖。两次参加县级课题研究"培养学生良好学习习惯的研究"和"小学数学有效学习的研究"，其间撰写了多篇论文，如《新课程理念下的数学练习》《数学课堂有效提问的探究》《教学中持之以恒的话题——浅谈学生良好习惯的培养》。市级课题"翻转课堂在课堂中的应用"正在研究中。

工作中注意积累，在"宁河区名校长名教师名班主任培养工程"学员论坛大赛活动中，荣获"名教师"组论坛二等奖。

一直以来，高丽君工作踏实认真，业绩突出，2004年，被评为县级优秀教师。2008年、2011年被评为教育学会先进会员和2009年先进个人。2013年被评为芦台镇教师学科带头人。2014年被评为校级优秀教师，2014年被评为宁河区百名教育科研带头人，2014年被评为宁河区教育技术工作先进个人，2014年被评为义务教育现代化标准建设先进个人。2015年被评为宁河区教育科研先进工作者，2015年被评为宁河区教师教学骨干。2019年被评为教育系统学科带头人。2017年5月，有幸成为徐长青老师的徒弟，加入其工作室，追随老师学习，并努力将所学知识运用于实践。

未来的从教之路还很长，高老师会一直保持自己对职业的热爱，以教书育人为己任并为之不懈努力！

赖文慧

小学高级教师，徐长青工作室成员，福建省龙岩市教学技能大赛获奖选手，新罗区教坛新秀，新罗区德育先进工作者，新罗区优秀班主任。

福建省龙岩市实验小学教师，从教二十余载，一直耕耘于教坛从不间断，她认真贯彻党的教育方针，严谨治学，爱岗敬业，忠于职守，勇于实践，敢于创新，以饱满的热情在平凡的岗位上书写出灿烂的诗篇。她追求"扎实、灵动、有效"的课堂，多次参加省、市、区的教学观摩研讨活动，在市、区等教学技能大赛活动中获一等奖，撰写多篇论文在CN、省、市刊物发表。

我的教育情怀

一、甘为人梯，无私奉献

18岁那年，她怀揣着对教育的热爱，来到了农村，走上了三尺讲台，在新罗区适中镇中心小学一待就是7个年头。山区的孩子早当家，一年级的孩子个头还没有桌子高，就离开父母带着大米、咸菜到学校住宿了。赖老师心疼这些小娃娃们，经常把自己的饭菜分给他们吃，下课后，与他们促膝谈心，亦师亦友。赖老师关心孩子们的生活学习，叮嘱他们天冷要穿衣，夜晚要盖好被子……由于教师缺编，赖老师身兼数职，担任语、数、音、体、美等学科教师。她常说这样一句话："不能让一个孩子掉队，只要对孩子多些关爱、耐心、恒心，就能……"她是这样说的，也是这样做的。在她的眼里没有贫困生，没有学困生，在教学中乐于思考，采用多种教学方法，努力使自己的课堂生动活泼、新颖有趣，逐渐形成自己独特的教学风格，她的课成为孩子们最喜欢的课堂。看着孩子们渴望求知的目光，赖老师觉得自己肩上的担子重了。"要给学生一杯水，自己先要有一桶水。"赖老师业余时间毫不松懈，总是不断学习，为自己充电，"咬定青山不放松，立根原在破岩中"。她通过自学取得了教育学专业、美术学专业等多个大学文凭。

二、锐意进取潜心钻研

时间逐渐划过青春，25岁那年，她经过严格的入城选拔考试调入龙岩市实验小学。龙岩市实验小学注重为青年教师搭建平台，赖老师虚心向名师学习、请教，她的教育教学技能水平登上了一个新的台阶，担任班主任工作尽职尽责，用自己的人格魅力去感染学生，尤其对"问题学生"给予不同的爱，鼓励他们走出自卑心理，树立自信。她先后获得"区优秀班主任""区德育先进工作者""街道优秀教师""教坛新秀"等荣誉称号，面对荣誉，赖老师总是淡淡地一笑，因为她知道这是赋予教育神圣的内涵，赋予教育人坚守的情怀。

"一人走得快，众人走得远。"赖老师加入了"龙岩市陈美青名师工作坊""新罗区进修学校兼职教研员"等团队，与一群志同道合的人走在一起，共同探讨教学、相互切磋、共同成长。在赖老师等人的共同努力下，龙岩市实验小学多个省级课题、市级课题活动开展得如火如荼。赖老师在课题研究中汲取营养，发现不足，提高了教育教研水平。她和教育伙伴们一路成长、一路歌！

"没有比人更高的山，没有比脚更长的路。"这是赖老师鼓励学生的话语，也是赖老师的座右铭。她深谙一堂好课应当是师生之间的和谐互动，是知识与思想的交融，是解惑与明理的升华。在教学改革的浪潮下，她潜心钻研，勇于探索，逐渐形成了"扎实、灵动、简约"的课堂教学风格。为了提升自身业务能力，积极参加各类培训和比赛，先后获得福建省首届微课大赛三等奖，福建省优质课例二等奖，龙岩市课件制作大赛一等奖，龙岩市课堂评优一等奖，区教学技能大赛一等奖，新罗区课堂评优一等奖……

"一花独放不是春，百花齐放春满园。"赖文慧老师喜欢分享，多次放弃自己赛课的机会，到幕后指导学校多名年轻教师参加新罗区教学评优并获一等奖。她先后到武平县，新罗区白沙镇、万安镇等乡镇送教，到各地市学校开展专题讲座，充分发挥了引领、示范和辐射的作用。

三、抗击疫情青春无悔

庚子开年，先苦后甜，果不其然！2020年春，疫情席卷全球，湖北武汉疫情牵动着全国人民的心。一群逆行者们，披起白大褂，穿上警服奔赴战场，教育工作者们也在为抗击疫情贡献自己的一份微薄之力。为响应国家发出的"停课不停学"的号召，徐长青工作室发起了"心系荆楚、驰援湖北"的爱心公益课程研发活动，赖文慧老师作为福建省的唯一代表参加了公益课堂的录播活动。网课对大家来说是陌生的，如何把十几分钟的网课上得生动有趣、简约有效，对团队的教师们是一种新的挑战。好在赖老师的身后有着龙岩市实验小学这支强有力的后备军，每一节课，他们都认真分析教材，从学生角度出发，力图把最好的课堂呈现在学生面前，他们精益求精，对课件中的每一个画面，录课文稿中的每一句话，每一个字都进行仔细推敲，反复斟酌。疫情期间，赖文慧老师共录制了6节课程在中国教研网展播，点击率达十万余次。

由于时间紧、任务重，赖老师工作起来总是忘记了白天，忘记了黑夜。为了提高录课的音质效果，她选择了在夜深人静的深夜录课。

第一遍录音，不满意，重来！

第二遍录音，不够好，重来！

第三遍录音，可以更好，重来！

每一节课都是这样一次次地推翻自己，一次次地请专家审稿，一次次地修改……直到满意为止，每次录完一节课，都是天已破晓，赖老师的嗓子哑了，眼睛里布满了血丝。而她却顾不上休息，连忙拖着疲倦的身躯往医院跑。原来是一向疼爱她的婆婆生病住院了，她却没空照顾老人，因此深深地感到愧疚。网课顺利播出，得到了社会各界人士的一致好评，所有参与课程研发的教师都露出了欣慰的笑容。他们用自己的爱心谱写了一曲生动的教育之歌，他们用自己的温暖诠释了最美教师的内涵。

"教育是什么？"教育就是一群有情怀的人做着一件有温度的事情。她说，教育是终身奉献的事业，她会以更加踏实的工作作风和孜孜以求的探索精神不断完善自我，不断超越自我。路漫漫其修远兮，赖老师不会停下前行的脚步，在教育这片热土上，她的精彩还在继续。

第四章

简 约 之 术

《广雅》记载："术，道也。"《道德经》记载："图难于其易，为大于其细。天下难事，必作于易；天下大事，必作于细。"这是说要从容易之处开始，从细微之处起步。"终不为大"就是为了"能成其大"，以"无为"求得"无不为"。

水，因其无有，能入于无之间，万物皆有形，唯有水随物赋形。简约教育处无为之事，行不言之教，立教为师，自觉觉他，有意化无意，大象化无形。

简明扼要深幽远，

约取繁文简于形。

之从概要显纯粹，

术略明晰不蔓枝。

刘 艳

徐长青工作室成员，高级教师，民进会员。在中国教师研修网组织的"心系荆楚、驰援湖北"活动中，参与"睿师有约、空中课堂"录课。在十一届全国中小学创新课堂教学实践观摩活动中获一等奖，获现场说课一等奖；在全国教师信息素养提升现场交流活动中获教学课例一等奖、在第十三届中小学创新课堂教学实践观摩活动中获"示范课例"奖；教学案例在"中国教育系统优秀教案全国评选活动"中获二等奖。

用微笑迎接每一天

一、立足本心用爱育人

法国作家雨果曾说过："花的事业是尊贵的，果实的事业是甜美的，让我们做叶的事业吧，因为叶的事业是平凡而谦逊的。"我是一名普普通通的教师，我愿做默默奉献的绿叶，时时刻刻衬托鲜花的娇艳。从教28年来，我一直站在教育工作的最前沿，让每一位学生在我的课堂上都有所收获，是我事业追求的目标。在工作和生活中微笑着善待身边的每一个人，是我最大的愿望。我微笑着度过每一天。

每天，我都微笑着呵护、教育学生们。清晨，伴着朝阳，我迎来了我可爱的学生，他们有的活泼可爱，有的淘气顽皮，有的聪颖……无论是谁，无论他来自什么样的家庭，无论他表现如何，我都微笑着善待他们中的每一个。看到孩子们的点滴进步，我会情不自禁地绽开更灿烂的笑容。2018年秋的开学季，又是我教学生涯中不平凡的一个开始。作为互派交流教师，我来到了劝业场小学，成为三年级二班的"大家长"。二班调皮的孩子比较多，而且大部分是随迁子女。他们有时会故意扰乱课堂纪律；常不写作业，多次违反纪律……经过观察分析，我了解到这些孩子大多是因为家庭教育严重缺失，因此在学习、纪律等方面都没有养成好的习惯。对这些孩子，我倾注了更多的爱，给了他们更多的笑：一个鼓励的眼神、一句欣赏的话、一次轻轻地抚摸、一份心与心的交流，都起到事半功倍的效果。

开学初，学校要求同学们观看《开学第一课》这个电视节目，并上传观看视频或者照片。那天晚上，当我从班级群内看到班里孩子上传的视频和照片时，心里有一种说不出来的痛。那狭小的房间、那简陋的桌子、那破旧的电视……那一刻，作为一个老师，更是作为一个母亲，我对自己说，一定要尽自己所能给予这些孩子更多的关爱。当我看到孩子穿着顶脚的球鞋，我转天就从家里拿来了侄子穿的鞋送给他；当看到孩子穿着没有洗干净的衣服，我教给孩子如何自己把衣服洗干净，让他们养成良好的卫生习惯；又把自己女儿、朋友孩子的一些衣服拿给孩子们；看到孩子们笔用粗了还在写作业，我马上在淘宝买了削笔器放在讲桌上面……在爱的微笑中，孩子们终于理解了我的良苦用心，他们上课会听讲了，作业认真完成了，下课不再乱跑了……两年的时间过去了，二班的孩子发生了天翻地覆的变化，二班的教室常常响起的是琅琅的读书声，是爱和微笑成就了崭新的二班。

就是这样，我用我的笑容引领学生遨游知识的海洋，快乐地度过童年。几年来，我所任教的班级多次被评为校、区级三好班集体。我也曾被评为优秀班主任。因此，面对我的学生们，我愿微笑每一天。

二、扎根课堂创新教学

每天，我微笑着面对工作。在近三十年的教育教学实践中，我不断地探索并获得了一些行之有效的教学方法，践行导趣教学的探究，并实施于教学实践中。近些年，在各类教学活动中，获国家级奖项9项、市级奖项5项、区级奖项12项；独立承担区"十一五"和"十二五"课题，均已经顺利结题；多篇论文获国家级、市级、区级各类奖项。而随着教育信息化2.0时代的到来，更是把新媒体新技术与导趣教学法相融合，在习作教学中尝试使用作文评改系统，使习作教学更加简约，也开创了自己独特的教学模式，取得良好的教学效果。《记金华的双龙洞》一课在第十一届中小学创新课堂教学实践观摩活动中获一等奖，并获得现场说课一等奖、《习作指导——生活的启示》在2019年全国教师信息素养提升现场交流活动中获一等奖、在第十三届中小学创新课堂教学实践观摩活动中获"示范课例"奖。论文《基于新媒体新技术的"导趣"教学法的实施》获天津市中小学第十七届教研教改成果二等奖。《新技术赋能作文教学应用尝试——习作指导"生活的启示"为例》发表在2019年11月《作文周刊》上，《基于新媒体新技术下的导趣教学法的实施》发表在2019年第四期《和平教育》上。

三、薪火相传助力成长

每天，我微笑着和同事们共处。人与人相遇，本身就是一种缘。无论在中心还是在交流校劝业场小学，哪位教师有什么事要我帮忙，我都尽心尽力。我分别和多位年轻教师签订师徒协议。在日常的工作中，我会把自己多年的班主任工作经验传授给他，使组内的班级共同进步。青年教师刘畅，是刚刚参加工作的教师。在工作中，我毫不保留地把自己的经验传授给她，使她顺利地度过了新教师的第一个工作年头，圆满地完成了一节区级公开课，今年还获得青年教师论坛市级一等奖。在2020年疫情期间，我参加徐长青工作室爱心援教活动，开发公益课程5节，并承担了市、区级微课录制任务，为学生呈现了多节高质量的线上课程。

用真诚的微笑对待学生、对待工作、对待自己、对待身边的每一个人。做一片绿叶，擎起希望的火炬，让娇嫩的花朵一展生命中灿烂的光泽，走向辉煌的明天。

梁　艳

获天津市教育系统"示范岗"称号，徐长青工作室骨干成员，红桥区名教师，红桥区首届骨干教师，区级五一劳动奖章获得者。

心中有梦，粲然若花

一、践行：简约之路

从2011年加入工作室至今，已有10年的时间，对我而言，每一次工作室的研修不仅仅收获了知识与技能，更是对自己的激励与鞭策。每当我用简约的视角来审视自己的数学课堂时，我懂得了化繁为简是一种能力，一种格局，更是一种智慧。十年的工作室经历让我从青涩变得成熟，让我的从教经历逐渐变得厚重与丰富。多年来，接待外省市学访团、承担区级教研示范课、做教材分析30余节；所撰写的论文获国家、市、区级奖项十余篇；曾获全国立教杯说课大赛一等奖；全国创新杯论文一等奖；全国信息技术与课程融合大赛二等奖；"一师一优课、一课一名师"获得省部级优课；获得天津市青年岗位能手称号、区级名教师称号、区级五一劳动奖章等荣誉；在"十一五"期间参与课题"学生学习方法的研究与指导"；在"十二五"期间参与课题"尊重学生个体差异，促进学生有效学习策略的研究"；在"十三五"期间参与了国家级课题"校际网络同步教学的课堂模式研究"，独立承担了区级课题"新课改理念下小学中高年级数学有效教学策略的研究"，均已成功结题；在"十四五"开局之年立项申请的"青年教师教学能力提升的策略研究"课题，由天津市教育科学学会批准开题。我曾以为，没有最好，只有更好，那才是一种向上，一种追求，才是一种谦逊，一种风景。不承想，最好不是一种妄言的结果，最好更是一个催人奋进的历程。

二、领悟：简约精神

"上善若水，大爱无疆"是工作室弘扬的主题。热心参与社会公益活动是我们每一位教师应尽的责任与义务。从徐校长身上，我们不仅学到了教学的技能，更学到了做人的真谛。跟随工作室"简约教学万里行"，我曾走进秦皇岛市抚宁区石岭镇小学，为大山里的孩子们献爱心；也曾走进雄安新区，在"携手京津冀，协同促发展活动中"进行论坛交流；在2019年东西部教育扶贫工作中，我走进甘肃省合水县西华池小学，为老师们进行教研指导、专题讲座。走进学校，走近心灵，与当地师生零距离的接触让我对教育有了更深刻的理解，我用实际行动激发教师们的"原动力"，我用最接地气的语言让教师们"入道"，让教育信仰"入心"，发挥自己最大的能力助燃他们内心的火种，相信自己，相信明天。

三、彰显：简约本色

"战疫无情人有情，师者仁爱天地惊，八方聚力心向党，万众一心势必赢！"2020年2月1日，徐长青校长发出了"睿师有约、空中课堂"的号召。作为新时代的人民教师，我们不能因疫情的暴发而耽误学生的学业；作为工作室的成员，我们用自己的专业在后方与疫情做斗争。我！责无旁贷！短短的两个月里，我一共参与了四轮微课的录制。特别是担任五年级上册教材研发组组长的工作以来，和来自全国各地的38位伙伴们一起奋战。72节课，72段视频，72篇教学设计，每一份作品我都亲自审阅，帮教师们提供素材、修改设计……完成任务的那一刻，有高兴，因为教师们终于可以歇歇了；有不舍，因为多少个不眠之夜是我们共同度过的。我们不说辛苦，因为躬身入局，直面挑战；我们不说贡献，因为心中有梦，脚下有路，只争朝夕，不负韶华。

四、写在最后

做个这样的教师，追求教育的原本，用最真实的心抒写最真实的教育。

做个这样的教师，始终坚持教育的方向，朝着目标不言放弃。

做个这样的教师，占据于分数之上，用人之本性来渗透教育的良知。

心中有梦，我们将会是那朵和学生一起待放的花，既不耽误孩子的青春，亦不辜负自己的芳华。

张漪莉

高级教师，徐长青工作室先进个人，全国"十一五"先进实验教师，区级名班主任、优秀教师、十佳青年教师、教育科研标兵、首届骨干教师。

初心如磐　笃行致远

一、叩问初心，砥砺深耕

初为人师，我就下定决心，要成为一名学生喜欢、家长信赖的好教师，坚信不当班主任的教师生涯是不完整的。当我如愿以偿，踏上班主任岗位时，我才更深刻地理解了班主任的工作：融进的是辛劳，是奉献；融进的是爱心，是真诚。在辛劳中，我寻到了乐趣；在清贫中，我体会了富足；在付出中，我得到了心灵上的升华。

一晃就当了20多年班主任，我接过的班级，都是学校里大名鼎鼎的"另类班级"。接手暂困班级的"艰难"，尽人皆知。我却乐观地看到了"艰难中孕育的希望"。因为我深知，爱每一名学生是教育者不变的初心。我就从研究学生的心理特点开始，走近孩子，走进他们的世界，了解学生的真实想法。跑步时，我拉住企图放弃的学生，把"坚持"传递；晨读时，我也捧着书，认真阅读，让"习惯"传递；运动会上，我自费买了巧克力，塞进运动员口中，将"关爱"传递。学生犯错时，一个提示的眼神或一声轻咳，是"尊重"在传递，每一次传递都引领着他们健康成长。

教育家爱默森曾经说过：教育成功的秘密在于尊重学生。谁掌握了这把钥匙，谁将获得教育上巨大的成功。我的批评似一份"三明治"，表扬与期许中夹着建议，孩子们心悦诚服，乐于接受。

187

二、守望初心，笃行不怠

我教过的学生很多都说，我是对他们影响最大的人。这不仅得益于我承担的班主任工作，更得益于，我在教学上，不断钻研与反思。20多年的教学，不管教学内容多么烂熟于心，每节课前，我都会再想想，看看是不是还有更好的方法，有学生更乐于参与的学习方式。

我一直希望自己是"情智兼容，笃实乐思"的师者。寓情感于教学中，从改善知识的呈现方式入手，运用多种教学手段，吸引学生积极有效参与，提高教学收益。常年负责两个班教学，让我养成了及时反思、不断完善的习惯。交流轮岗工作期间，我要去本区最优质的红桥实验小学任教，我暗下决心，要展现出我们红桥小学教师的高水平。我创造一切机会，听同组教师的课，尽快了解学情，静心研究班情，大胆运用简约教育的理念"博观而约取，厚积而薄发"，引导、激励三年级学生主动建立知识系统，帮助学生构建自学—听课—反思—延伸的学习模式。我所任教的两个班，学生负担轻，成绩却名列前茅。

苏霍姆林斯基说过，每一位勤于思考的教师都有自己在教育工作中积累下来的工作体系，都有自己的教育学修养。三尺讲台就为我提供了这样一个成长的舞台。工作中，我记录下一个个教育案例，从中找寻教育规律，我撰写的多篇论文被认定为天津市教育教学成果。

2020年新冠疫情突袭，徐长青工作室开展了"心系荆楚名师驰援"的录课活动，作为第一批录课教师，为了兑现"停课不停学"的承诺，从大年初三开始，记不清熬了多少个通宵学习录课、剪辑的方法，搜集整理信息，和伙伴们一起研课，分享录课经验。只记得人工泪液和润喉糖不离左右，付出就有收获，这些课程通过中国教师研修网、研直播、徐长青工作室公众号、简约教学公众号等多个平台服务更多学子，我有能力为驰援荆楚做点事儿是一种幸福。

三、不忘初心，传承简约

2008年10月22日，以徐长青校长名字命名的"徐长青工作室"成立了，工作室倡导的"简约教学"，追求"从冗繁走向凝练，从紧张走向舒缓，从杂乱走向清晰，从肤浅走向深邃"，恰似一股清泉缓缓流入心房，浸润心灵。徐校长提出的"简约"，其实并不简单，风趣幽默中将基础知识、基本技能，植根于心，在师生交往互动中，基本思想，基本活动经验得以提升，更难能可贵的是将对文化的理解与对生命的尊重广为传承。

　　作为深耕于一线的教师，这些都深深地吸引着我，我多么盼望自己可以有机会到更广阔的天地中去学习更先进的教育理念，得到专家的引领呀。终于有一天，我有幸成为徐长青工作室的研究学者。我十分珍惜这来之不易的学习机会，从研读工作室公众号的推文开始，去追赶伙伴们前进的脚步。

　　爱因斯坦说过："教育应当使所提供的东西让学生作为一种礼物来领受，而不是作为一种艰苦的任务要他去负担。"孩子们把简约的方法变成自己乐于接受的"礼物"。礼物，多么美好的一个词语。江河是大地的礼物；孩子是父母的礼物；回忆是时间的礼物。简约教育，是给予每个教育参与者的、有温度的、珍贵的礼物。

　　徐长青校长经常带着工作室成员一起参加公益活动，将爱与温暖传递。我也经常购买小礼物分享给有需要的人。2020年学生复课第一天，学生在接受我测温，进入教室的同时，也收到了我送给他们的口罩收纳夹和消毒湿巾，孩子们分外开心，家长们都说："你比我们想得还周到呢，孩子交给你，我们太放心了。"

　　徐长青校长常说，鲜花在前面，我们在路上……简约教育出发的集结号已经吹响，让我们一起携手，初心如磐，笃行致远！

第四章 简约之术　张漪莉

王庆婕

高级教师，河北工业大学附属红桥小学教师，徐长青工作室首批进修学者，全国科研先进个人，市小数中心组成员，连续两届红桥区名教师和学科带头人，骨干教师，区级优秀教师，师德先进个人，美丽教师，"十二五"教育科研先进个人，十佳青年教师，优秀共产党员。

鲜花在盛开　我们在路上

泰戈尔在诗中写道："花的事业是甜蜜的，果的事业是珍贵的，让我干叶的事业吧，因为它总是谦逊地低垂着它的绿荫。"带着对绿叶精神的追求，带着对教师的崇拜，带着对教育事业的憧憬与热爱，我义无反顾地选择了教师这一职业，义无反顾地追随徐长青校长的脚步，踏上简约教学的讲台，努力工作，不断进取，尽我所能，让每一位学生都能成人，让每一位家长都放心。

徐校长经常说简约教学是一种教学境界，是一种风格，是一种内涵，是一种气质，它将成为一种深刻！教育是什么，简约教学告诉我们教育就是被发现、被认同的过程，真正的教育就是要做到复杂的思考，并做简单性示范的过程。正是在校长的带领下，我在工作室这个研究平台中收获了更多的知识、技能与感悟，我坚持教学、研究相结合的原则，"以教学研究为主线，以课堂教学为载体"，强化实践环节指导，努力做到"扎实勤奋学习，踏实求真工作，实事求是研究"。成为工作室成员，是迈向新的征程的一个起点，它鞭策着我不断跃马扬鞭，成为我孜孜以求的不竭动力。为此，我制定了详细的学习、工作和活动计划，扎扎实实地开展各项工作。

一、课堂研究，百花齐放

教育成败的关键，是能否将先进的教育理念转化为有效的教学具体行为。因此，在徐校长的组织带领下，我学习研修的足迹遍布北京、玉林、秦皇岛、潍坊、烟台、合水、黑河及天津市的每一个区县，每一次的听课、研讨、评课活动都提升了自己的专业水平，每一次展示交流都使我更加体会到简约教育的真谛。尤其令我难忘的是自己在工作室成立一周年之际代表工作室做的一节"分数的初步认识"的教学观摩课。该课后到了与会领导和各区县教师的一致好评。尤其在徐校长的指引下，我不断反思自己，把自己这节课做得不足、不完美的地方进行了完善改进，供自己在以后的教学中参考，提高自己教学工作的效能。本节课由于是开放性设计，学生在教学中生成的很多东西都是自己不能预料的，以致总有在学习过程中产生的教学契机没有利用好，如平均分祖国母亲60岁的生日蛋糕中，学生误以为是平均把"60"分成两份，而我忽略了孩子的想法，直接引到平均分蛋糕上。课后，工作室成员分别从视域、站位、提问等方面进行集体评课，使我领悟到还需要在学生生成预设部分做更深入、细致的思考，尽量避免出现教学漏洞。正是由于工作室为我铺设的这个平台，我在课堂教学设计和驾驭课堂的能力上都有了较大幅度的提高。这些展示舞台更是一直激励着我，鞭策着我做更好的自己！

二、潜心科研，共谋长计

在工作室研修的同时，我也把所学、所看、所研究的课题与我的同事们共享，我带领大家以"小学教师课堂教学提问与教学有效性"课题为研究对象，进行试验。我们互相听课、互相评课、同上一节课，常常为了"如何设计问题，这个问题设计得有没有用"而争论不休。在教师们的不懈努力下，该课题已顺利结题，同时受到领导与同人的一致认可。我的教育经历是生动的、丰富的、全面的，更是深刻的。在徐长青校长的带领下，我正朝着经历过程—总结过程—形成经典的道路前行。

往日，长青校长在我心田播下简约的种子，今天，才有我在教学上的激情与感动。

庚子鼠年的一场疫情，改变了学生的学习方式，也改变了我的教学方式。在这场没有硝烟的战斗中，空中课堂成为我们的主战场。大年初三，我首先接

第四章 简约之术

王庆婕

到了承担徐长青工作室组织的"睿师有约、空中课堂"的名师录课任务。我放弃了假期的休息，第一时间积极响应，利用自己扎实的专业基础，为录课做着精心的准备。每一节课我都制定教学计划、网上备课、制作课件，反复认真的雕琢，为了保质保量地完成任务，我经常工作到凌晨三四点，每一次与名师对话，我都收获多多，它使我对教材的脉络更清晰，对教材的目标更明确了，使我对教材中的素材处理更灵动。微课在中国研修网播出后，许多外省市的校长以此为案例进行教学分享。每当看到全国各地的孩子们，尤其湖北省的孩子们观看我的课程，我倍感欣慰，一切的付出都是值得的，每当看到平台全国各地的学生及教师们的留言，一切的努力都是甘愿的，这就是简约人的力量，教育人的使命。

长风破浪会有时，直挂云帆济沧海。在鲜花芬芳的教育之路上，我不忘初心，砥砺前行！

刘　超

　　徐长青工作室成员，中小学高级教师，保定市骨干教师，保定市最美教师，保定市优秀科技工作者，保定市精神文明建设先进工作者，保定市小学数学中心组成员，保定市校本课程中心组成员，保定学院外聘教师。

取他山石提升自我　溯本源水润泽四方

　　积极学习，勇于实践。2001年毕业至今，从教20载，大胆创新，不提升业务素养和管理水平，先后获得"保定市最美教师"等10余个市级以上荣誉称号。执教的优秀课中获国家级一等奖3节；参与人教社"人教数字校园"《义务教育教科书数学》五年级教学课例内容开发制作；先后两次为冀教版《小学数学》全省教材料培训做观摩示范课，并出版发行；抗疫期间录制的课例被河北省教育厅评为省名师工作室精品课。

　　不忘初心，成人达己。在不断自我提高的过程中无私分享，先后受保定学院、进修学校、市教科所、徐长青工作室、省名师工作室等单位邀请，为教师、学生做公开课、讲座，惠及更广大师生。

　　教育扶贫，我在路上。2017年，受教育集团委派，先后到阜平白河学校、阜东小学担任教学及管理工作，为阜平基础教育教学质量提升做出了自己的贡献。

一、成人达己，争做教学改革与实践的排头兵

1. 在实践中成长，成就自我

　　自参加工作以来，不断提升自我，主动学习业务理论，积极参与教育改革和研究，并先后加入徐长青工作室、河北省名师芦春艳工作室，形成了幽默、

简约的教学风格。在教育教学研究领域，我勇于担当，在实践中不断成长、收获，在各级各类教学评比中屡创佳绩。先后在"一师一优课、一课一名师"、人教社首届录像课评比等课赛中获得全国一等奖，并多次获得省市奖励。保定市电视台、燕赵都市报、保定晚报等曾予以报道。

2. 在反思中成长，提炼升华

多年的教学实践、工作室的研训交流给予了我更多的思考，对于教育教学的理解也不断深入。每次做课、交流、讲座都能给予我前行的力量，也让我看到了自己的不足，学无止境，我在坚持。在不断地学习、总结过程中，我也有了对教育教学的一些见解、认识，尤其是近几年，我对自己的一些经验做法进行了总结、提升，先后在《小学数学教育》《教育科学》等杂志发表。

3. 在交流中释放，惠及师生

随着自身业务水平的不断提升，经验累积，提炼升华，自己的经验做法也得到了更多人的关注。我曾受保定市进修学校、保定学院、保定市教育科学研究所等多家单位邀请，送课送教下乡，先后到涞水、阜平、定兴等县送课下乡。作为徐长青工作室、河北省名师芦春艳工作室成员，我代表工作室到天津、山东、广东、邯郸、邢台等多省市做课或经验交流，观摩过我做课、交流的师生达5000余人。

二、不负重托，敢为教育精准扶贫的先行者

为贯彻落实习总书记在阜平考察慰问时的讲话精神，强力提升阜平县中小学办学水平，阜平县委、县政府与河北保定师范附属学校开展合作办学，我作为保师附校教育集团校长助理、业务骨干，志愿前往阜平集团分校负责分校管理及业务引领工作。2017年7月，我来到了阜平县白河学校，担任数学教师，负责小学部管理工作。回忆两年的支教历程，机遇和挑战并存，收获与幸福同在。

1. 舍小家，义无反顾地投入到教育精准扶贫工作中

放弃保定优越的工作环境到140公里外的贫困山区阜平支教，既是机遇，也是历练，更是重大抉择和挑战。我的妻子也是保师附校教育集团的一名教师，工作同样非常紧张，女儿还在读小学，选择到阜平支教，就意味着家庭的重担要全部落在妻子的肩上，但在国家最需要的时刻，在阜平人民对优质教育资源

的迫切期待下，我毅然选择了阜平的支教工作，与附校教育集团的支教团队一道，携手并肩，为老区教育的发展不懈奋斗、奉献青春。

2. 课题带动，科学引领，携手共创白河学校教育教学新局面

2018年3月，白河分校正式开学，为了深入挖掘学校文化，我与同行领导共同培训教师，深研课程，建设树能、树人、树品，未来之树课程体系，建设超学科STEAM花园，优化iPad课堂模式，并且带领小学部全体师生积极参与了国家级课题"以未来之树文化促进新未来学校重构的案例研究"。不懈地努力，终于让白河学校崭露头角，在2018年4月15日的"京津冀鲁豫"未来学校育人模式主题研讨会上，河北保定师范附属学校白河分校的惊艳亮相获得各级专家、领导的肯定。

三、抗疫先行，育人情怀永不掉线

1. 线上教学，脚踏实地

疫情期间，为了让学生听高质量的数学课程，我们精心备课、升级设备、线上互动、阅批作业、反馈交流，真正做到了课程的全开放。

2. 录制视频，驰援武汉

作为徐长青工作室、河北省名师工作室成员，在疫情期间先后录制四、五、六年级课程，在全国范围内线上播放，课例《3的倍数特征》被河北省教育厅评为省名师工作室精品课。

对教育事业的热爱与追求，国家立德树人、教育扶贫的需要和召唤让我用坚定的信念、满腔的热忱、顽强的毅力书写了一段不平凡的教育旅程。

第四章 简约之术 刘 超

刘　悦

北辰区骨干教师、徐长青工作室成员、区级优秀共产党员、百佳班主任、教育系统"示范岗"、先进个人。

天道酬勤，努力做最好的自己

一、初识简约教学，一见钟情

大学毕业后我就实现了自己的教师梦，成为一名光荣的人民教师。因为年轻，所以我对教育教学充满了热情与执着，天天都在认真备课、上课、辅导学生，但是缺少教学经验，导致有些学生感觉学数学难、学数学枯燥，孩子学得苦，教师教得累，感觉进入了恶性循环，那段时间真是度日如年。

偶然的机会，听了徐长青校长的课，他的课是那么吸引我，听他的课真是一种享受，学生学得轻松、快乐，重要的是他的课启人深思，一堂课上，我看到了简约教学所带来的课堂生命力、生长力，以及这种课堂带给孩子学习力的动力。我总在想，如果我的数学老师是他，我该多么幸福呀！那时我就暗下决心，要成为他这样的老师。后来得知徐长青工作室每周都有教研活动，就向校长申请去参加工作室的活动，聆听师者的声音，感受师者的智慧。

很高兴，我能与徐老师相识，与简约教学相识。我通过聆听徐老师的课以及讲座，找到了从"烦琐教学"中走出来的方法，那就是"简约教学"。

二、领悟简约教学，茅塞顿开

"简约教学"为小学数学教学的"轻负"和"优质"找到了一条创新之路，而且是从思想到方法的创新之路。我开始不断学习、研究、反思、实践。

如果我们的数学教育走向简单，就不会因形式的复杂与烦琐而让学生远离学习；如果我们的数学好玩起来，就会有更多的孩子愿意走进数学世界，让学生用自己的方式进行独特体验、个性认知。

我慢慢地领悟了徐校长常说的一句话，"不要用我们的方式让他们去接近数学，而是让他们用自己的方式接近数学"，因为只有这样，教师才能教得轻松，学生才能学得快乐。徐老师提出的"一区二序三关键、四步五疑七个简、六一八三九个二、教学评价十个yu"也为我的教学指明了方向，提供了扶手，今后，我要努力呈现出简单的课堂，简单到不难为自己，不难为学生，简单到不拒绝每一位学生。

随着学习的不断深入，我慢慢体会到数学教学的简约其实就是在数学教学中尽量排除一些形式化的、不必要的东西，把时间挤出来，最大限度地实现课堂教学的最优化。简单地说，数学课堂的简约，就是目标少一点（约取），做到学习内容取之要"约"；方法活一点（博喻），做到呈现方式喻之要"博"；过程实一点（建构），做到课堂流程构之要"简"，以自然、朴实的教学去追求高效、灵动、和谐的课堂。

三、实践简约教学，轻负优质

让学生学得轻松愉快、扎实高效，让数学课散发出数学特有的魅力，才是数学教学应追求并达到的一种至高境界。

在简约教学的实践中，我一直都在改变，努力成为一名学生，努力和孩子们一起去学习，站在他们的角度去思考，去体悟他们的情感，而不是直接灌输给他们知识。我们在探究中发现，在体验中感悟，在经历中成长，努力去唤醒学生那个强大的自己，自信的自己，帮助他们成就自己，只有这样才能让学生们会思考、会学习。因为教学生一天要为学生一生服务，我想这种努力方向是对的，只有这样，他们才具有自己的学习力量。

2020年对每个人来说，注定是不平凡的一年，也是终生难忘的一年。一场突如其来的疫情，将我们阻隔在家中，作为一名人民教师，我义不容辞地参加了徐长青工作室"睿师有约、空中课堂"的录制任务，时间紧、任务重、要求高，对我无疑是一种挑战，幸运的是，背后有着一支优秀的名师团队。备课过程中无数次与组内教师和监制磨课；无数次修改教学设计、修改课件、修改微课，细致到每句话都斟酌考虑，常常备课至深夜，希望呈现最优秀的作品。短

刘悦

短十几分钟的微课，却凝聚着我和团队的心血，录制的6节数学微课一经播出，每节课都有10万余次的点击量，收获的不仅仅是一堂成功的微课，更重要的是一名教师可以在特殊时期为疫情防控出一份力。

除此以外，我还担任组长协助监制教师把关84节微课，与执教教师多次磨课、研讨，以保证微课的质量，同时也协助徐长青工作室完成三年级上下册教学设计出版的一审任务。

我认为简约的最终目的就是"求倍"——求得学生习得知识的倍增、求得教师专业成长的倍增、求得教育教学质量的倍增，从而真正走向素质教育。

返璞归真是新课程对数学课堂回归本质的热切期盼，让我的教学实践多些理性，立足简约、追求高效。路漫漫其修远兮，吾将上下而求索，简约教育将是我毕生的从教追求，因为有句话一直激励着我——鲜花在前面，我们在路上！

赵 磊

中共党员，任教于泰安市财源办事处三里学校，担任学校数学教师、大队辅导员，泰山区教学能手，泰山区专家型教师培养对象，徐长青工作室成员。在教育教学中，始终注重对学生创造力的培养与开发，并不断提升自身的教育教学水平，曾荣获区创新课一等奖、市教育教学信息化大赛一等奖、泰安市教学新星、简约教学研修活动优秀学员等荣誉称号。

青山有约引方向，与简同行促成长

2017年，我有幸跟随泰山区专家型教师团队一道，走进徐长青老师的课堂，领略简约教育的风采，正是徐长青老师"统筹与优化"这一堂示范课，使我真正感受到简约教育的魅力，正是这一声响，点醒了我对课堂教学的追求与方向，正是这一阵香，带给了我对简约教育的方法与思考，不断激励着我在平凡的岗位上甘之如饴，在事业、专业、职业的道路中不断前行。

一、立足本职、创新教学

在一线教育教学岗位上，始终牢记爱与责任，总是先学生一步踏入教室迎接每位孩子的到来，又总是目送最后一位学生离开，用陪伴守护这群可爱的花朵。努力讲好每一个知识点，不断打磨如何呈现更为恰当，认真思考如何表达更为准确，常常与黑夜为伴，修改教案到凌晨，希望将最好的留给他们，用真心浇灌这群可爱的花朵。把每一件简单的事做好，把每一件平凡的事做到，努力使课堂成为生命对话的地方，努力使课堂成为奇迹创造的殿堂。也正因如此，2017年，我被泰安市教育局评为优秀班主任，同年所执教的"小数的初步认识"荣获泰山区创新课一等奖，并有幸成为泰山区专家教师团队成员，2018

年获泰安市教学新星荣誉称号，被授予简约教学研修活动优秀学员，2019年被评为泰山区小学数学学科教学能手，2020年获泰安市教育教学信息化大赛一等奖。

不仅在教育教学中，还将简约教育的思想拓展运用到对学生创造力培养与开发中，带领学生多次参加青少年航空航天竞赛、青少年机器人竞赛以及中小学生创客大赛，从区赛到市赛，再到省赛，一步步带领着这群孩子们登上更大的舞台，我也因此被评为省、市、区优秀指导教师，2018年获省创客大赛专家资格，2019年被授予"创客导师"等荣誉称号，同年指导学生制作设计的3D作品，荣获国家外观设计专利。

二、立足教研、辐射引领

常言道："要给学生一杯水，教师要有一桶水。"而当今科研兴教，不断呼唤反思型教师、研究型教师的新形势下，教师必须怀有不竭之泉，必须时时奔涌出清新的、闪烁着斑斓色彩的溪流。我作为专家型教师团队的一员，有幸往返于天津学习，在团队活动中聆听徐长青老师的教诲，领略简约教学的风采，不断注入源头活水，积极把所学所感带给身边的人，引领身边的教师努力钻研业务，学习大道至简，道法自然的简约理念，积极改进自身教育教学的方法，不断在工作中付诸实践，使我们的课堂充满"生机"，使我们的学生有更多自我纠错的机会，有更多自我表达的机会，有更多"真"思考的机会，让他们更加有效地掌握知识、解决问题。在与教师们不断探讨学习的过程中，我先后在泰山教育、教育周报发表《成长的机会是给学生最好的人生礼物》《多一分关注、获十分惊喜》《科技点亮校园、创新推动发展》等多篇文章。主持"3D技术应用于小学数学三视图学习中课例的研究"课题，参与"文明礼仪教育应用于班级管理中的实践研究""培养学生自主学习能力的方法研究""促进中小学生科学思维与想象能力发展的创客教育"等多个课题。

三、立足本心、冲锋在前

2020年，受突如其来的疫情影响，学生不得不停课在家，教育部随即提出了"停课不停学，学习不延期"的号召，我有幸参与徐长青名师工作室"睿师有约、空中课堂"大型公益课程的研发录制活动，以及泰山区"互联网+空中大课堂"录制工作，虽然两地教材版本略有差异，但身为一名党员教师，我依然冲锋在前，做教育行业的"逆行者"，积极参与到课程录制中来，一遍遍地录，一遍遍地改，只为给孩子一个最好的课堂呈现。同时为了传播更多一线教育工作者的奋斗与努力，协助徐长青融媒工作室制作致敬抗"疫"者、有感《铃铛阁》等多个作品，激励大家携手前行共克时艰，用爱与责任诠释教师的使命与担当，努力在后方战场上尽到本行业的责任和义务，不辜负身上的使命与担当，让自己的"初心"在战"疫"中绽放。

一世纪风雨兼程，九万里风鹏正举。在简约教育的引领下，在泰山团队的共同努力下，我将继续立本职、重研究、注本心，勇做新时代的坚定者、奋进者、搏击者，虽有荆棘，但不惧挑战之艰辛，不负青春之华年。把握青春中最辉煌的时刻，学那搏击风雨的海燕去展翅翱翔，学那高大挺拔的青松去傲雪凌霜，让我的青春在教育事业中闪光。

徐 海 云

徐长青工作室成员，高级教师，云南省西双版纳州允景洪小学党总支委员、班主任、数学教师，云南省小学数学课堂教学竞赛一等奖、云南省新时代好少年"我为祖国点赞"征文评选优秀辅导奖获得者，云南省卫生监督校园行动计划2017年主题活动——全省中小学卫生与健康知识竞赛优秀指导教师、云南省绿色学校创建优秀教师、全国中小学生暑期英语词汇大赛优秀指导教师。

春华秋实勤耕耘，三尺讲台写华章

徐海云，二十年如一日，奋战于数学教坛，呕心沥血，无悔付出，无论前路如何崎岖难行，无论面临如何严峻的考验，他都迎难而上，不畏艰难，让自己的青春在平凡的工作岗位上闪闪发光！春华秋实勤耕耘，三尺讲台写华章。

一、紧握简约教育的脉搏

数学教育的脉搏就是通过持续的探究从更深层次上把握数学教育内涵、数学认知的规律和知识系统，建构数学知识系统和把握数学认知规律，徐海云深深明白这一点，他积极运用多元智能教学理论、情境教学法、有效教学、简约教学、合作教学法和精细化教学理论，并将其融入自己的教学过程中，积极探索数学教育新模式，先后撰写了小学数学《9+几》《体积和体积单位》《单价、数量和总价的关系》等一系列寓意深刻、形象生动的教学设计和教学案例，并应用于课堂教学环节，培养学生的数学思维，让学生能够积极运用数学知识发现和解决生活中的一些问题，引领学生迈入数学殿堂！

他能洞悉边疆少数民族地区学生和家长的特点，结合当地教育氛围不浓厚和家长教育认知局限等问题，敢于运用创新思维来改进现有的教学模式，结合边疆少数民族地区教育现状和特点，尝试在数学教学过程中应用问题式教学法，摸索出一套具备边疆特色的"四突出四问题"（突出导入，巧设问题；突出设计，精选问题；突出创新，解决问题；突出反思，总结问题）问题式教学新模式，以有价值的问题开启课堂之门，引领学生快速进入思考学习和探究状态，从不同角度、不同方向提出问题，借此培养学生思维的发散性和多样性，激发他们的创造力。他采取讲故事、朗诵、猜谜语、表演、游戏、比赛等多元化的手段来营造生动有趣的教学情境，把抽象的数学知识与生动的实物内容联系起来，让学生有问题可问，破除思想禁区和不自信感，主动问问题。问题式教学作为一种崭新的、具备特色的教学模式，契合了新课标理念和边疆少数民族地区教育特色，在数学课堂上焕发出无限的活力，充分体现了"以学生为主体"的教学理念，重视学生思维建构的过程，让教师得以转变教学理念和方式，让学生得以转变学习方式，让学生能够全身心地投入学习过程，为小学数学教育提供了一个新的视角和可资借鉴的新模式，开辟了数学教学新境界！

二、民族文化浸润因特色而美丽无限

徐海云深入把握西双版纳各民族文化特色，将其融入亲子活动和特色活动建设过程中，以丰富多彩的民族特色文化活动引导学生爱祖国、爱家乡，让学生在快乐的活动中陶冶情操，感受人生。他组织班上的学生参加了云南省少儿舞蹈协会主办的主题为"心随乐动，舞飞梦想"的"金孔雀杯舞蹈音乐"电视大赛，整齐划一的动作展示，美丽绝伦的舞台造型，如诗如画的舞蹈意境，将在场观众引入一个无比美丽的世界，让其陶醉其中……学生以出色的表演为观众奉上了一场别开生面的舞蹈艺术盛宴，无声地传达着傣乡民族风情和学生内心的美好情愫！在纪念改革开放40周年《凝聚傣乡正能量·共筑傣乡新发展》文艺会演中，他带领允景洪小学265班的学生献上了充满民族风情的花腰傣舞《夏日欢歌》，用精彩的表演表达了自己对傣乡发展的自豪，对祖国美好明天的祝福。

三、逆行勇士不一样的担当和情怀

疫情是一次大考，在那场没有硝烟的战斗中，徐海云和允小党员教师高举党旗，冲上一线，努力发挥自身先锋模范作用，带头做宣传教育，带头进行情况摸排，带头做好值班值守，带头做好校园清扫消毒工作，用实际行动践行人民教师的使命和担当，践行着"停课不停学"的誓言。他们根据防疫防控背景下适当开展教学工作的需要，借助新媒体和各种数字资源，因地制宜，尽心尽职地开展丰富多彩的教学活动；每天在班级群里及时发送公告通知、积极宣传疫情防控知识，借助电话、钉钉、微信、家长群等渠道向学生和家长宣传疫情防控知识，推送相关信息，谨慎细致地排查在外师生信息并及时上报；积极传播正能量，开展以疫情为主题的手抄报、征文活动，通过在线方式开展抗疫英雄事迹宣传活动，教育学生不去追逐外表光鲜亮丽的明星，让学生知明理懂感恩，从钟南山、李兰娟院士等的感人事迹中汲取力量，从医护人员和解放军战士、志愿者身上体验高尚和丝丝感动……以自己的无悔付出展现了一个共产党员和教师的担当与情怀！

徐 文 祥

第二届河南最具影响力教师，第四届河南最具成长力教师，河南省名师培育对象，河南省骨干教师，河南省教育厅学术技术带头人，河南省优质课一等奖获得者，国家二级心理咨询师。

让生命在燃烧中绽放色彩

20年来，他一直站在讲台上，教语文，做班主任，乐此不疲。他从未忘记自己的初心，坚守着自己的教育理想与信念。他把自己曾经走过的路讲述出来，启迪了全国十多个省、市几万名教师。

——他叫徐文祥，来自安阳市南关小学。

十年前，徐文祥的名字叫"炉中煤"，是他在博客上的名字，他在博客上写了10年文章，共1400篇。一直到转向微信公众号"徐徐道来按辔行"，他仍然坚持写着自己的教育故事和专业研究。

徐文祥坚定地认为，坚守课堂阵地，是一个教师的立身之本。只有扎根教室，立足课堂，做一个心中有学生的教师，才算得上一个真正的教师。徐文祥从上班开始就一直教语文，并担任班主任工作。由中学到小学，连续任教五个毕业班，接着主动从一年级开始探索儿童成长规律，面向全体学生，重视学生的个性发展、创造能力的培养。以活动激发学生的学习兴趣，努力打造属于自己的班级管理和教育教学特色。

2011年，他刚荣获河南省优质课一等奖。当时媒体报道了他的事迹，标题是"徐文祥：我从未如此沉静"。2012年，当选第四届河南最具成长力教师后，他归纳了自己专业成长的五件事：读、思、行、写、研。此后八年，他完成了"十个一大语文课堂"课程体系的开发。

独立整合课程资源，灵活使用学科教材，是对一个教师的挑战。2020年春疫情期间，开展了"四大名著"专项阅读和综合性学习活动，以及"走进汉字王国"综合性学习活动，提升了学生的综合素养，成为统编教材实施后，他很得意的代表课例。2020年疫情期间，参与天津特级教师徐长青老师发起的支援武汉的全国名师公益网课活动。2021年5月，带领省内外30余人主编统编语文小学三到六年级《全效作文课》并出版发行。

2019年10月，徐文祥小学语文名师工作室挂牌成立，秉承"以人为本，为人服务"的宗旨，在实践中自我成就；坚持教育与道德为先，知识与智慧共进。他深知，任重而道远。此时，徐文祥已带领三个工作室团队共同成长。2016年，河南杏坛网研社聘请他以"相约烟雨楼"导师的身份，引领几位学员成长，由此成立了一个网络工作室——"三人行语文工作室"，该工作室共有成员11人。为了带动青年教师成长，他分别和四位教师通信，以专业成长、经典阅读、课堂教学和班级管理为内容，每月一封信，总结自己在实践中的做法，共计25万多字。他用了三年时间，探索出专业成长的九大途径。

他提出了"天然语文课堂"的教学主张，坚守"天然灵动，德道承传"的理念，深度钻研，评点了几十篇精讲课例，每年坚持进行实践课例研究，为每一个课例都要写一万字左右的研究总结，仅仅2017年就完成了对10个课例的点评。

要引领新教师成长，就必须在原来团队建设基础上有新的改善，就必须寻找突破口，集中一点，促进成长。于是，他决定专注于研究一位名师——于永正，要求人手一套《于永正教育文集》，把此前三人行语文工作室搜集的所有文字和视频资源拿来共享。每月一个专题、每周一个课例进行研讨，从课堂教学入手，指导教师坚持做课例研究。2020年，工作室成员李丹荣获"河南省最具智慧力班主任"称号，付军丽入围下一届"河南最具智慧力班主任"候选人名单。2021年，在区优质课比赛中，工作室成员有2人获得一等奖，2人获二等奖。

五年前，他深度审视了自己的成长，在报纸上开设了《成长力教师行与思》专栏，提炼出30个关键词，根据每个关键词写一篇文章，用五万多字解读了自己的"成长密码"。

徐文祥是一个爱读书的人。安阳电视台曾在世界读书日这天的《直播安阳》栏目对其读书教学的事迹进行报道。很难想象，他原来不足60平方米的家里，居然藏有3万多本书。搬到新家后，最大的一个房间成了他的书房。他深知，要让自己知识底蕴深厚，必然要涉猎古今中外的文化经典。他开发上线了"小古文微课程100篇"的上部50篇，共12万字。他和伙伴一起探索"语文综合素养诊断及提升策略"的专题研究，并在实践中进行尝试，取得了一定的成果。作为河南教师读书会的管理员之一，他与同行者坚持做读书公益推广。每周五晚上，一位教师领读分享一本书，他和几个伙伴坚持了5年，从未间断。2020年，河南教师读书会开启了Cctalk网络直播分享。疫情期间，他分享加缪的《鼠疫》时曾数次哽咽。

课题研究已成为教师自我突破的重要途径。他2019年9月主持的市级课题"课外阅读资源的阶梯性专题阅读"已经结题，完成了20万字的研究成果。他还和伙伴一起探索"语文综合素养诊断及提升策略"的专题研究，并在实践中进行尝试。目前，徐文祥老师主持、参加的国家、省、市级11项课题均已结题，有3项获得省成果二等奖。

2019年，他获得了安阳市学科带头人、河南省骨干教师、河南省名师培养对象等荣誉，被评为第二届河南最具影响力教师，他的班级也被评为"安阳市文明班集体"。2020年荣获河南省教育厅"学术技术带头人"称号。多年来，他个人受邀到全国十多个省市讲课和举办讲座达300多场次。

长期以来，他不断地思考，心里很清楚教学或者教材的改革中"变"与"不变"的东西，以及作为教育一线的实施者，思想和行动又该坚守什么。他坚守讲台，不忘初心，做一名扎根教室的小学语文教师。他潜耕弘毅，静待花开。

王亚峰

中小学高级教师，市级名师、市级骨干教市、市级优秀教科研型校长、市级小学数学教学标兵、市级优秀班主任，县级小学数学兼职教研员、县级小学数学学科带头人、县级师德标兵。

结缘简约，品味幸福

一、结缘简约

2018年10月24日，徐长青名师工作室容城工作站正式成立，我们几个小伙伴也有幸成了工作室的入室学员，有幸踏上了简约教学的研究和成长的幸福之路。我们走进徐大师和简约团队的课堂去聆听、去感悟、去实践、去提升，通过形式多样的研修来全身心地领悟简约教育的别样风景。我暗下决心，一定要跟着徐校长，努力做一个像徐老师这样让学生喜欢、让同行敬仰、对社会有用的人，努力把自己的教育教学之路走得更宽、更远，让简约教育在雄安大地真正地落地生根、苗壮成长、开花结果。

二、感悟简约

徐校长教导我们要向深处思，向简处行；徐校长引领我们要重于约而形于简，始于约而成于简。简约教育精于心而简于形，形简意丰；简约教育重于约而成于简，博观约取。在一次次的思维碰撞中，我们逐渐领悟了简约教育的真谛，充分感受到了简约教育的魅力所在。

教育是约定，而不是约束；是干预，而不是干涉；是对生命的激励与唤醒，是对课堂的正本清源与返璞归真；它追求的是朴素与灵动，让每一位学生在课堂上自由地呼吸。用心用情去唤醒每一个心灵，去启迪每一位学生的智慧，去塑造每一个灵魂。这就是"简约教育"，这就是徐老师的教育情怀，这也是我们每个简约人的追求所向。

数学原来可以这样学：回归简单，简单到极致，就是美丽；剔除华丽，华丽的形式褪去，水落石出；约取内容，内容是万物的入口。原来简约教学是这样有内涵、有韵味，真的是不简单，工作室的小伙伴们不由自主地被它所吸引，全身心地投入其中。

三、践行简约

能和徐老师一次又一次地走到一起是一种缘分，他像严师更像慈父，他如导师更像我们的知心朋友。听徐老师的课如沐春风，清新而自然，听徐老师的讲座如醍醐灌顶，心潮澎湃而意犹未尽，从他的一言一行中，我们感受到的是一种大国工匠精神，留给我们的是无穷的回味和无尽的正能量。一次次地学习，一次次地提高；一次次地活动，一次次地成长。在简约教学这个大家庭里，我们感受到的是满满的成长的幸福和快乐。徐长青工作室容城工作站成立以来，在徐校长的关怀下，在教育局及各级领导的鼎力相助之下。工作站全体成员严守"人生在勤，志达天下"的室训，坚持立德树人根本任务，努力提升教书育人专业能力，树立要做学生生命中的"大先生"的人生目标。我们在思考中实践，在实践中思考，在研究中迅速地成长，创造了一大批优秀的、可行性的研究成果，取得了非常骄人的成绩。

如今的简约教育已经在我们雄安容城深深地扎下根来。在教育局领导的真情关怀与帮助和工作室成员的精心而周密的组织与安排之下，广大教育工作者学简约、研简约、用简约，于深处思，向简处行，简约教学模式在我们华菱学校、在雄安容城已经悄然成了最流行的教育教学思想，广大教师和相关学生受益匪浅，我也和我那帮最可爱的孩子们一起在简约教育的引领下逐渐成就了最好的自己。

四、坚守简约

俗话说：智者借力而行，慧者运力而动。参加徐校长的相关活动是一种享受和熏陶，和徐老师的团队在一起总能感受到一种向上的动力和当教师的幸福。有缘和徐老师这样的高人为伴是我们今生最大的荣幸，简约教育是我们教育路上最美的遇见，我们定会始终如一地追随徐校长以及徐校长的简约团队一直走下去。

或许，我们和徐校长这样大师级的人物还相差甚远，或许我们始终追不上徐校长疾行的脚步。但只要我们抱着一种咬定青山不放松的信念，与徐校长为伍，与简约教育为伴，加强学习，积极实践，尝试每天改变一点点，我们定会一点点地改变。原来简约教育可以这样美，让我们不忘初心，牢记使命，让我们结缘简约、携手奋进，让我们一路同行，去追寻那本该属于我们的精彩和幸福。

回首往日的点点滴滴，我觉得最大的不足就是"只知埋头赶路，不知抬头看路"。我常常忙于日常的教育教学工作，忙于应付各种各样的任务，却缺少了对教学理论专著的系统性学习，缺少了对自己教育教学工作的深刻反思，自己偶尔有的一些教学和管理方面的想法，常常不能细致而深入地研究下去，使自己成为一个日常事务型的教师，不能成为一个真正研究型的教师。特别值得庆幸的是，我结识了徐校长，结缘了简约团队，这一点真的是有了很大程度的改变，自己在专业成长的大路上行走得更加坚实有力，终于找到了久违的诗和远方。在以后的工作中，我仍要不断地加强理论学习，不断地改进工作方式方法。我坚信：只要坚定信心、发奋学习、锐意进取、自觉提升，一定能在未来的教育教学工作中取得更好的成绩，拥有更为辉煌灿烂的明天……

简约教育的路上，我们虽显稚嫩，但我们对简约思想的崇尚和追求的信念始终未曾改变。让我们一起插上简约教育的翅膀，在简约教学的天空中展翅翱翔！鲜花在前面，我们在路上，让我们背起行囊再出发！

辛 岩

副高级教师，全国百佳语文教师，徐长青工作室成员，省学术技术带头人，现任河南省濮阳市华龙区幸福小学校长。从教23年。曾有8年农村小学任教经历，8年区小学语文教研员经历。濮阳职业技术学院中文系兼职讲师。热爱传统文化，面向濮阳油田、华龙区家长开展公益解读《论语》活动近百场。半年前到新建的幸福小学任校长。曾获得全国百佳语文教师、河南省学术技术带头人等市级以上荣誉称号10多个。

幸福的故事

一、新年都未有芳华，二月初惊见草芽

梦想雄鹰的翅膀，梦想超越的辉煌，却发现我的翅膀早已给了我的学生。在每一次雏鹰展翅的试飞里，我听见梦想叩击天堂的回响。20多年前那个刚毕业只有十八岁的姑娘，每天早上在崎岖不平的路上骑一个多小时的自行车，带着中午饭去约二十公里外的那所农村小学上课。冬天，母亲准备的干粮冻成了冰块。心里的委屈，嘴角涩涩的泪水使我忽略了路边的风景。五年的蛰伏锻造了我"乌蒙磅礴走泥丸"的勇气。

二、甘为人梯终不悔，桃李无言自成蹊

8年的一线教师生涯，继而8年的小学语文教研员历练之后，出任濮阳市华龙区教育局教研室主任。深感责任重大，恐负重托，唯有"不待扬鞭自奋蹄"。不敢以"先行者"自居，但深刻明白要想照亮别人，必须自身发光。激发出内心深层次的动力，懂得了学习刚刚开始，初步体会到了敬因畏果的道理：利他就是利己。教研员何尝不是这样？在信息时代，新思想、新知识、新

技术、新方法层出不穷，唯有不停地阅读，从中掌握新理论。在濮阳市率先对考试制度提出改革，并带领全区师生共同学习中国圣贤传统文化。为让教师树立"科研兴校、文化兴教"深层意识，稳步运行了"人人都是教研员"的教科研热潮。至此，华龙区的教育俨然已成为全市基础教育的领头雁、排头兵。

三、为使学子成栋梁，疫魔怎可阻我志

2020年的春节，一场没有硝烟的战役突然打响，让人猝不及防。学生还能不能及时返校？我该做些什么？自动请缨！参加徐长青工作室全国公益网课录制活动。开始之前，就严格要求自己，学习操作技术，反复推敲。得益于徐长青团队教师专家的指导和信任，在专家教师的带领下一遍遍录制，一遍遍修改。在录制自己课程的同时，身为年级组长需带领五年级下册和三年级上册语文录课团队在规定的时间内保质保量地完成任务。教师们对每一个课件都仔细地进行审验，一个拼音字母、标点符号出错都要从头再来，历经几十个昼夜，终于交上一份合格的答卷。

四、铁肩敢担大道义，授业解惑育人心

2020年9月5日是周六，突然接到通知，赴任幸福小学校长。早上八点，我来到了这所水泥罐车乱响，只能叫作建筑工地的校园。由于种种原因，学校在还不完全具备招生条件下就开学了。这里除了没有建设完工的校舍，还没有空调，甚至没有任何办公用品，时而断水断电。临危受命！这就是我新的工作岗位。

为什么要做校长？这是很多朋友的疑问。其实，对我来说，做出这样的选择只用了短短的十分钟。也许是出于对自己的期待，这些年做培训、做教研的途中，心中已经种下了一个梦想——我要回到学校，回到教育的现场；在最真实的教育现场中，让梦想的阳光照进现实。

这个时候，我想说：感谢阅读！阅读不仅给了我选择的可能，也给了我选择的勇气。

大厅是我们的操场，课桌是教师的办公桌，哨声为我们正时，课堂上，教师们是智慧的启迪者，课堂下她们是保洁人员；路面塌陷的时候，小桥流水在书中是惬意，而在这里是担心师生的安全与焦虑，别人听来是故事，而我们正演绎着一场平凡而又伟大的故事。

幸福小学的故事刚刚开始，幸福的故事待续……

杨建欣

高级教师，区级首批学科骨干教师，徐长青工作室第二批进修学者。获全国第三十三届"创新杯"教学艺术大赛评比说课一等奖，区希望杯、成才杯一等奖，区"三杯一奖"竞赛优秀指导教师。多次获区教育技术大赛微课制作、白板课件一等奖。撰写论文十余篇，多次在市级、区级获奖，五篇论文被认定为天津市级教育教学成果。在徐长青工作室"携手京津冀协同促发展"的朗读者活动中多次做论坛演讲，受到广泛好评。

简约路上，和最好的自己相遇

从教20多年以来，我的教学追求是"让孩子喜欢数学，让数学课堂变得灵动、智慧，让学生收获数学的思想方法"。更幸运的是，我能与简约教学完美"相遇"，一路上我不断学习收获，创设让孩子们更加喜爱的学习方式，让我的数学课堂绽放出生命的光彩。

一、遇见简约，感悟简约之美

初次遇见简约教学，是在徐长青校长生动的课堂，我印象最深的是凝练、舒缓、清晰、深邃，不由得想起孔子在《乐记·乐论篇》中"大乐必易，大礼必简"之说。我所感悟到的简约之美在于，这是一种有法度、能约取的"简"，有所为，有所不为，强调教学内容选择适切性，基于学生的最近发展区提出了"三不讲"，处处体现出对学生的尊重；这也是一种要求教师能知"至学之难易，知其美恶然后能博喻"的"简"，让每一个孩子都能借助已有的经验去接触新的知识，产生自我最真实的认知，去掉滑稽的表演，从而正本清源、追求新知；这还是一种培养学生自我建构的"简"，让学生的认知过程体现出简单性和本质性。简约教学之美就在于要我们用非常简单的形式来呈现，要把知识"捡"回来，要"减"去不必要的；更是要我们"由博返约"，让学生建立知识体系，形变质通。简约之美质朴、纯真、大气，我要让学生们感受到它的美。

二、实践简约，让生命绽放

在简约教育看来，教育是呵护并引领学生成长的过程，是教育者和受教育者共享成长幸福的过程。我始终坚信好的教育不单单是如何传授技能知识，而要赋予教育丰富的生命色彩。教师的引导、供给、发现、欣赏，学生的接纳、认同、融入、成长，师生在多种"元素"的一系列"化学反应中"完成共同的生命绽放。因此，我努力打造智慧与灵动的数学课堂：为学生创设和谐、融洽、活跃的课堂氛围，在上课时，我精神抖擞，给学生以力量；感情充沛，以激发学生的学习情感；语言简练、态度亲切；让课堂丰富而简约，生动而鲜活。我所做的努力和改变都是为了让学生收获成长、绽放生命之光，因为我深知在课堂上所面对的是一个个鲜活的生命，而这必须是每一个教育者应该敬畏和尊重的。

三、心怀感恩，砥砺前行

从2011年被聘为徐长青工作室第二批访问学者开始，我便积极参与简约教学的研究，跟随工作室足迹遍及北京昌平、河北雄安新区、甘肃合水及市内各区小学。《感恩中经历故事中成长》一文字字珠玑，让我看到徐长青校长一路走来对帮助自己人的感恩之情，我更是幸运的，因为能够站在"巨人""贵人""高人"的肩膀上砥砺前行，几次主持全国高峰论坛活动，以朗读者的身份多次在大会上做交流发言，并得到好评和认可。记得在工作室，我得到的第一份稿费就沿袭工作室优良传统捐献给了贫困家庭的孩子，以感恩社会；到各校无偿参加调研及教学研究活动；两次来到雄安新区参加"携手京津冀协同促发展"的研讨交流活动；2019年10月来到甘肃合水县，通过朗诵演讲、教研指导、专题讲座等方式对甘肃合水三里店小学的教师们进行帮扶培训；2020年在"心系荆楚、援驰湖北"的爱心送课中参与"睿师有约、空中课堂"公益课程的研发，为四年级学生录制数学课程6节，其总阅读量超过25万次，为湖北师生居家隔离，抗击疫情做出贡献。每次登上主持或汇报的舞台，我更感觉是站在

"巨人"的肩上，心怀感恩起飞远航。

在简约教育之路上，我拓印下对教育事业、对学生、对生命的热爱与尊重，拓印下对数学的人文情怀与理想，拓印下对所有帮助我的人的温暖与感谢，我将不断前行，在开满鲜花的前方遇见最好的自己。

第四章 简约之术 杨建欣

张海川

高级教师、市级骨干教师、天津市优秀外语教师、天津市地方版教材《快乐英语》编者之一、天津市妇女第十一次代表大会代表、南开区"三八红旗手"、南开区名教师、南开区职工技术创新先进个人，获全国首届小学英语教师基本功竞赛微型课设计一等奖、简笔画二等奖。

立足平凡岗位　奉献无悔青春

在南开区五马路小学，张海川的身份有很多，有人说她是英语课上神奇的"魔法大师"，有人说她是"简笔画高手"，有人说她是敬业的"拼命三郎"，有人说她是青年教师贴心的"知心姐姐"。但张海川认为，自己就是一名最平凡的人民教师。

作为教育人、党员的张海川不敢停下脚步，始终发挥党员的示范作用。她激情、热情、敬业、真诚、阳光，和她在一起的人总会不自觉地产生一股正能量。

一、热心公益　率先垂范

疫情期间，作为党员的她第一时间在社区党员群内报名参加"社区疫情防控志愿活动"。执勤那天，正是大雪后最冷的一天，她了解到网格员的辛苦，每天都需要在小区门口为往来的居民测体温，一天站下来，穿得再多、暖宝宝贴满，也不管用，而且有时为了不去厕所，很少喝水。

听在耳里，疼在心中。执勤后，她跑回家中取来本就紧缺的口罩，送给保安和网格员，给她们多一层安全的防护。她还多次为社区执勤的工作人员送热水，让她们暖暖身子、暖暖心，并且主动提供自家的卫生间，方便大家使用。她

216

多次参加志愿者活动，自己多执勤，让社区工作者尽可能地多歇歇、暖和暖和。

身教胜于言教。在张海川的带动下，她的儿子也主动提出要在电梯里张贴宣传海报，并贴上一整包抽纸，用于按电梯键。每次，他们发现纸巾用完了，就会默默地续上。

张海川同样把正能量传递给她的学生，她对家长们说："Shelley在做志愿者，我家儿子默默地为邻居尽一份力，是想让宝贝们知道，他们爱的人在做什么，这样公益对孩子们就不遥远，让爱有了传承。"马上，就有学生响应，也要去电梯间贴抽纸，家长们也积极投入到志愿活动中。

二、潜心钻研 全心投入

作为学校"双新工程"的领航人、两个年级的英语教研组长，四个班孩子的英语教师，在这个特殊时期，她首先想到的是能为教师、为学生做些什么。她早早行动起来，整理课件、图片、板书设计等教学资源并及时分享给教师们，为"停课不停学"做准备。她为本年级学生选择合适的课程，做好下载、链接及起草家长信等工作；教师们遇到什么问题，她也会耐心解答，及时解决。

做起微课来，更称得上"一发不可收拾"。张海川痴迷于此，无法自拔，抱着电脑吃、抱着电脑睡，甚至忘记了做饭、忘记了吃饭、忘记了睡觉……因为少了互动和板书，PPT成了主角，对于课件的制作更是精益求精，怎样能把一个个抽象的语法难点通过课件来化解？她绞尽脑汁。夜深人静了，她一遍一遍地录微课，最晚的一次录到凌晨四点才满意，最多的一节微课录了十几遍。

做工作，她总是精益求精。跟制作微课相比，找合适的素材才是最耗时的，为了找到孩子们喜欢的、适当的歌曲小动画，她曾用一天半的时间，观看了迪士尼英语32集，只为找寻那仅仅几十秒、最多一分多钟的视频素材。有时，实在找不到合适的图片素材，她便自己手绘微课的主人公，静止的画面不能实现教学生画画或体现书写的过程，于是，她又购买平板电脑、电子绘画笔等设备，尝试用延时摄影技术录制绘画和书写视频，为学生能在家更直观地学习，不断进行钻研、探索。

疫情期间，她自己制作了所教年级的全部微课，包括校本课程——绘本制作微课，应学生和家长们的需求，她还制作了字母规范书写、单词规范书写、教材词汇简笔画等各种专题的微课近百节。

学生喜欢她的微课，都盼着每周两次的更新，这也激发了她的干劲儿。学生的学习效果也特别棒，虽然，她提出的要求只是看微课进行预习，但学生反复听、反复看，模仿她的语音语调。开始是一两个孩子家长在群里发宝贝的视频，她看后一一点评，并许诺要送些小礼物。这下群里更热闹了，只第一单元歌谣的视频，她就看了170多个，并且逐一点评纠音。迄今为止，学生已经在群里发小视频500余个。虽然工作量很大、很辛苦，但她觉得这样做是值得的。

三、甘为人梯　乐于分享

她还不忘对青年教师进行培养，总是毫无保留地传授制作微课的心得与方法，手把手地教。她鼓励青年教师们参加南开区精品微课大赛，并和每一位参赛的教师一起选课、备课、审教案、反复修改方案，最终，她指导的青年教师纷纷获奖。

作为领航教师，她把自己每节课的课件、板书设计、活动设置及心得体会都在微信群里及时分享，供教师们参考，她还坚持每周听青年教师随堂课，并做到一课一评、一课一得、一课一改……针对每位教师的特点，深挖潜力，追踪跟进，就这样，小教师们有了长足的进步。

开学初，两位徒弟接受了教研员下校听课任务，她和教师们一起备课、试讲、反复磨课，最后受到教研员的高度好评。教研员还选定许含旭为全区教师展示复习课的设计和校本课程绘本制作。本学期开学，有教师生病了，她主动承担代课任务，与此同时，也不忘青年教师的培养工作。

每天，她奔波在几个校区间，听课、评课、说课，提出改进意见，乐此不疲。在做课教师产生畏难情绪的时候，她常常给他们打气、鼓劲，为他们提供切实可行的改进办法，并指导设计板书、制作教具。

张海川老师就是这样一位甘为人梯的好教师。"今天的教育质量，就是明天的国民素质。站稳站好三尺讲台，是我一生最大的使命。"张海川如是说。

边书春

高级教师、徐长青工作室成员、天津市优秀教师、天津市学科骨干教师。中共党员，天津市武清区大良镇大良中心小学教师，武清区小学数学兼职教研员，武清区课程改革先进个人，区巾帼建功先进个人；镇级优秀共产党员。数学课获市、部级优课；课件获国家级一等奖。多篇论文获国家级、市级奖励。主持参与的一项国家级课题、两项市级课题已结题。2021年5月成立了由徐长青校长亲自命名的"天津市武清区大良镇小学数学书春工作室"。

有教无类心相映 去冗存清别样红

一、爱农村，青春无悔

1987年师范学校毕业，她回到自己的母校任教，至今已34年。她植根乡村，锐意进取，勤耕不辍，不断创新，以良好的师德风范和锲而不舍的工作态度，把青春奉献给她心中太阳底下最光辉的事业，有教无类，无虚无偏，无怨无悔！

二、爱事业，问心无愧

三十多年来，"忠诚党的教育事业"一直是她的坚定信念，"教书育人"成为她本职的责任。正是在这一信念和责任感的驱动下，她始终能够忘我地工作。她坚持出全勤，干满点，满负荷，有时甚至是超负荷地工作，并在工作中勇挑重担，赢得了领导和同事们的称赞。她认真学习教育理论，提高自身素养，积极投身于课程改革之中。她抓住课堂这一教学育人的主阵地，做到既重视知识传授，又重视能力培养，力争使每节课都取得实实在在的效果。

她始终认为，一个人可以走得很快，但一群人可以走得更远。在不断提升自己的同时，她还注意带动青年教师的教学工作，积极和青年教师结对子，发挥传、帮、带作用，无私地把自己的教学经验传授给他们，与青年教师共同研磨，共同提高。使一批青年教师脱颖而出，成为学校的栋梁、全镇的教学骨干。由她指导的青年教师均取得区级以上教学奖励。她的不懈努力为全镇的课改工作起了领路作用，受到领导和教师们的一致好评。

三、爱孩子，无微不至

三十年如一日，既教书又育人成为边书春老师历久弥坚的夙愿和矢志不渝的初衷。"德高为师，身正为范"，她用自己的人格魅力去影响学生，把爱献给学生。

教学工作中，对每一名学生关心爱护，尤其重视后进生的转化帮扶工作。在尊重、理解、信任的同时，找准教育的突破口，给予他们生活中的关爱、成长中的鼓励、学习方法的指导，使他们跟上前进的队伍。她把传授知识、培养能力和思想教育统一起来，坚持学教材、悟道理、讲看法、谈理想的学科德育教学特色，并把这一特色不断总结完善，培养出许多品学兼优的好学生。

班级管理中，她充分发挥民主，尊重学生的个性发展，引导学生树立正确的人生观、价值观，调动和发挥每位学生的积极性，使班集体具有极强的凝聚力和战斗力，班级工作始终走在全校前列。

她所带的班级班风正、学风浓，荣获区级"三好班集体""文明班集体"称号，赢得了领导和同事们，特别是广大学生及其家长们的充分信任。

四、爱钻研，润物无声

2002年，被评为小中高级教师后，她没有停住前行的脚步，为使自己拥有一桶常换常新的水，她积极参加市、区级教研活动。2010年与"简约教学"结识，徐校长把数学变简单、变好玩，让教师教得轻松，让学生学得轻松，轻松出成绩的教学思想影响着她。她遵循"学生已经学会的不教，学生能自己学会的不教，学生暂时学不会的不教"这三个不教的原则，对学生做到三容和三个等待，即"宽容学生的不同，包容学生的错误，纵容想的奇特""教师提问后的等待，学生回答后的等待，学生争论时的等待"。课堂教学实施"生疑—探疑—议疑—解疑—疑疑"五"疑"策略，让学生喜欢数学，爱学数学。另外，她积极参加工作室举办的彩虹课堂、走进基地校、简约教育研修营等活动。在一次次活动的参与和学习中，自身的教学能力和教学水平也随之不断提升，取得了可喜的成绩。2011年，电教课获区级一等奖；2017年在"一师一优课、一课一名师"活动中报送的课例被评为市级、部级优课；2020年在全国第八届"立教杯"优秀教学成果云端博览会活动中，数学课获一等奖；2021年在"全国名师工作室创新发展成果博览会"成果评审中，数学课例获二等奖，同年制作的课件获全国优秀多媒体教学课件评选一等奖。

在研修过程中，她还注意积累经验，认真写教学笔记，撰写的多篇论文获国家级、市级奖励。2021年，论文发表在《新理念新课改新探索》一书中。由她主持和参与的一项国家级课题、两项市级课题、一项区级课题已经结题。

2021年5月14日，她作为工作室主持人，成立了由徐长青校长亲自提名的"天津市武清区大良镇小学数学书春工作室"。徐校长亲自为工作室授牌、颁发证书、赠送书法匾额。徐校长及工作室各位主任对她的信任与支持，使她倍感责任重大。她必将和"书春工作室"全体教师一起不忘初心，以工匠精神努力前行，坚持立德树人根本任务，积极传播、践行简约教育思想，让简约教育在农村这块沃土上绽放出美丽的花朵，结出丰硕的果实。

"有教无类心相映，去冗存清别样红。"我们相信，边书春老师一定会一如既往地在农村教育这块沃土上勤耕不辍，奋楫笃行！

陈 倩

高级教师、徐长青工作室成员，冯江浩工作室成员、保定市骨干教师、莲池区优秀教师、优秀班主任、优秀辅导员、学科教学标兵、德育标兵、德育先进工作者。获第五届"立教杯"优质课评选二等奖，曾三次获"一师一优课"市级一等奖，多次在区级优质课评选中获奖。多篇论文在省级、市级刊物上发表。

不忘初心，守望麦田

我自1997年任教以来，24年如一日扎根农村小学，辛勤耕耘，默默奉献。始终站在教育工作的前沿，全身心投入到教育教学工作当中。

一、不忘初心，砥砺前行

教师需有扎实的知识功底、过硬的教学能力、勤勉的教学态度、科学的教学方法，其中，扎实的知识是根本基础。虽然我已经教学24年，对所教学科也较熟悉，但是我没有忘记最初的誓言——做一名优秀的人民教师。"水之积也不厚，则其负大舟也无力。"要想做一名优秀教师就必须做到厚积薄发，知识储备不足、视野不开阔，教学中必然捉襟见肘，更谈不上游刃有余。为了丰富自己的教育教学理论，我开始不断学习阅读有关小学数学教育教学的刊物书籍，如《小学数学研究》《数学史概论》《小学数学教师》等等。我深知自己所处的农村小学教育资源薄弱，便一直努力寻找，并积极参加任何一个可以提升自己教育教学水平的活动。对每一次外出学习、听课、培训活动，我都倍加珍惜。2017年莲池区成立了徐长青简约教学八校联盟，对于我来说，这可是个千载难逢的好机会。我有幸认识了徐长青老师，了解到简约教学，同时还认识了徐长青工作室的马克岩、冯江浩等老师。这些专家型教师的教学风格深深地影响了我。要想使自己跑得快就需要向高水平的人学习请教。为了能使自己快速进步，我积极参加莲池区简约教学联盟活动，虚心向马克岩、冯江浩等专家型教师学习。跟随联盟校参加徐长青全国名师工作室和卢春燕省级名师工作室活动，曾自费到天津、北京、雄安新区学习。作为"编外人员"的我随着与团队成员的研学，解读简约教学、研磨精品课例，逐渐提高了自身认知层次。现在，我已经成为冯江浩工作室的一员，与工作室成员继续朝着简约方向研讨数学教学，体会着数学研究的乐趣。

2020年新冠肺炎疫情突袭，战疫无情人有情，徐长青名师工作室第一时间响应教育部提出的"停课不停学，学习不延期"的号召，发起"睿师有约、空中课堂"公益课程的研发活动。我有幸接到了工作室的录课任务。那一刻，我的内心是矛盾的，既兴奋又感到责任重大，生怕不能如期保质保量完成。接到任务后，我开始加班加点工作。白天，我要给所担任的五、六年级两个班的学生上网课，批改一百多名学生的作业，又要抓紧时间学习录课、剪辑的方法，搜集整理信息，完成教学设计。录课软件从剪辑师到EV录屏，一遍遍学习摸索，进行精品微课录制。为了达到预期效果，并力争将微课做得声音清晰、语言优美、感情真挚，我经常在夜深人静时在阳台上一遍一遍地录制，不知不觉忙到凌晨两三点钟是家常便饭。我参与了工作室三轮微课的录制，录制的课程通过网络送达武汉，用自己的努力和爱心驰援了荆楚。同时，这些课程通过网络在中国教师研修网、徐长青工作室公众号、简约教学公众号等多个平台同步播出，每节课的点击量超万人次，获得大家一致好评。

二、潜心教研，引领成长

多年来，我一直承担着所在乡校的教研工作。为了更好地起到辐射作用，每一次外出学习，我都自带一台小型录像机全程录像，生怕有半点遗漏。回来后再根据录像机上的视频进行整理，不明白的地方及时向工作室成员请教。然后在全乡集体教研时再和教师们共同分享，把所学到的先进的教学方法毫无保留地传授给青年教师们。我还把学到一些精彩的课例根据自己学生的学情再次备课，在教研活动时试讲，让年轻教师们在听评课的过程中去感悟新的教学方法。我带领学校教师们一起学习研磨课例，观看外出学习时录制的课例，从中探究数学的本质，与大家共同成长。同时，我还承担着学校的校本培训工作。

作为我乡的数学骨干教师，我带领青年教师一起做课题，感受科研的魅力。我主持的保定市"十三五"规划"基于核心素养的农村小学数学阅读能力培养的研究"课题，现在已开题。我把研究内容分为低、中、高三个阶段，课内外内容相结合。在学校做好数学阅读指导，同时开展好数学课外阅读活动。在学校除带领学生在早读时读数学，每周还要单独上1—2节数学阅读课。除了带学生阅读数学课本，还带着学生阅读数学读物，如数学绘本和数学故事书。学生逐渐从烦数学、怕数学变得爱数学，觉得数学好玩，数学有意思。随着数学阅读活动的深入开展，学生们不仅仅局限于单纯的读，更在读中养成了思考问题、提炼数学知识的习惯。还有的同学有了创作的欲望，他们创编了自己的数学故事和数学绘本，在阅读课上分享给大家。

20多年的教育生涯中，我始终坚守着一腔热忱，不忘初心，努力做好田间的守望者！

陈 蕊

徐长青工作室成员、秦皇岛市市级骨干教师、秦皇岛市课改优秀教师、秦皇岛市青年岗位能手、十佳少先队中队辅导员、优秀骨干教师、优秀班主任、德育先进工作者、河北省教学成果奖获得者。

不忘初心　甘为人师

一、锤炼思想、提高境界

"人格之于人，恰如花香之于花。"我深知要育人，首先自己得会做人。教师必须先身先之率，时时做到教书育人、为人师表，以自己的人格、行为去感染学生。我始终牢记苏霍姆林斯基的话："请你记住，你不仅是自己学科的教员，而且是学生的教育者、生活的导师和道德引路人。"因此，我认真加强师德修养，提高道德素质。作为一名教师，我深知学习是终身的事，只有不断学习才能在思想上与时俱进、在业务上强人一筹，才能做一名合格的人民教师。在三尺讲台上，我认真执行党的教育路线、方针、政策，严格按照党的教育政策、教学大纲教书育人、为人师表，全心全意做好教书育人工作。无论在什么岗位，我都以高度的责任感和事业心将全部的热情投入到工作中。

二、教书育人，甘献青春

任现职期间，我除了承担小学数学教学工作，还担任了小学班主任。要想打造一个良好的班集体，每一位班主任需要做大量深入细致的工作。在多年的班主任工作中，我兢兢业业，孜孜以求。在班级管理中，我主要做到勤管、严管、善管，培养正确的舆论和良好的班风。班集体形成了良好的班风、学风，

225

纪律良好，常常受到学校和各科教师的称赞。在班级管理中，我还充分利用班会、少先队活动课开展形式多样的、有教育意义的活动，寓教于乐。

三、业务精湛、投身课改

在教育教学上，敬业爱岗，严谨治教。对于一名数学教师来说，让学生掌握良好的学习方法，获取更多的知识是最重要任务。因此，我在课堂教学中，坚持做到认真钻研大纲，仔细分析教材的编写意图，认真备课，注意设计好每堂课的教学方法，研究现代教育技术在课堂教学中的应用，注重对学生各种能力的培养。课堂是教师体现自身价值的主阵地，我本着"一切为了学生，为了学生的一切"的理念，将自己的爱全身心地投入到教育中，努力将所学的新课程理念应用到课堂教学实践中，立足"用活新老教材，实践新理念"，力求让我的数学教学更具特色，形成独具风格的教学模式，更好地体现素质教育的要求，提高数学教学质量。在认真做好日常教学工作的同时，努力探索在小学数学课堂教学中落实素质教育的方法及手段，探索在教育中培养学生能力发展的途径。通过自己的不断努力，摸索出一套高效的教学模式和方法。我所教班级的成绩一直名列前茅，多次被评为"优秀班集体"。

四、终身学习，提升自己

在工作中，我深知学习的重要性，抓住一切机会认真学习，在不断学习、不断实践中不断提高自己的教育教学水平及教学管理水平。13年来，我系统地学习了《教育学》《儿童心理学》等理论书籍，深入研究教育教学理论并与自己的教育实践相结合。我深知"学海无涯，教无止境"，只有不断充电，才能维持教学的青春和活力。我认真参加新课程培训及各类学习讲座，通过学习新课程标准让自己树立先进的教学理念，认识到新课程改革既是挑战，又是机遇。我认真制定了自我发展规划，给自己定下了前进的方向。通过一系列学习活动来不断充实自己，丰富自己的知识，为自己更好地进行教学实践做好了准备。我抓住学校安排外出听课的机会，虚心学习，及时消化、吸取别人的精华，在自己的教学中不断实践，不断总结，不断提高。平时向书本学习，向身边有经验的教师学习，提高自己的课堂教学水平，努力形成自己的课堂教学风格。

"千淘万漉虽辛苦，吹尽狂沙始到金。"作为一名市级骨干教师，我深知这是一种荣誉，也是一种压力，更是一种动力。经过不懈努力，这些年我取得了一些成绩。从教十余年，参与省、市、区级课题研究8项，均已结题；获得国家级、市级、区级优质课奖励30多项；连续三年获得区级"嘉奖"；2016年在课堂教学改革中成绩显著，被评为"秦皇岛市课改优秀教师"；2016年被评为"海港区优秀教师"；2018年被评为"海港区十佳少先队中队辅导员"；同年获得区级"优秀班主任"称号；2018年6月被评为"秦皇岛市青年岗位能手"；2019年被评为"海港区优秀骨干教师"；2020年获得河北省教学成果奖。

总之，在这几年里，我一直踏踏实实、认认真真地搞好班级管理和数学教学工作，得到了学校、同事、学生、家长的认可。在以后的教育教学工作中，我将继续努力，最大限度地激发学生学习的主动性和积极性，激励学生积极、主动参与课堂教学的全过程，以全面提高教育教学的质量和效率。

第四章 简约之术 陈 蕊

陈玉芝

徐长青工作室成员、泰安市名师、泰安市教学能手、泰安市骨干教师、泰安市小学数学学科带头人、泰安市课程管理与教学工作先进个人、泰山区优秀教师、泰安市小学数学优质课一等奖获得者。

让生命在平凡岗位上闪光

转眼间，在小学教育这片沃土上，陈老师已然默默耕耘了23年。23年里，没有惊天动地的壮举，有的只是脚踏实地的前行。

一、脚踏实地，敬业进取做表率

陈老师热爱教育事业，热爱学生。学生迟到了，陈老师没有严厉地批评，而是诚挚地引导；学生起晚了没吃早饭，陈老师自己给学生买来早餐；学生生病住院了，陈老师多次前去探望、嘘寒问暖……办公室里，走廊上，校园里，经常能看到陈老师和学生家长亲切交谈的身影。陈老师不驰于空想，不骛于虚声，一步一个脚印踏踏实实地干工作。组织学校活动，她周密规划方案，反复斟酌细节，小跑着楼下楼上、忙前忙后。学校管理工作冗杂，她来得最早、走得最晚，已经数不清有多少个深夜还在学校忙碌。简单的工作重复做，重复的工作用心做，陈老师是这样想的，也是这样做的。

二、仰望星空，扎实创新求卓越

陈老师热爱数学课堂，她把保质保量完成教学任务作为首要任务，把学生快乐学习、自主学习作为自己的教育理想。课堂上，她注重培养学生认真倾听、大胆质疑的能力，她的数学课上，经常可以看到一个学生回答完问题后，又有学生站起来："我不同意你的说法""我要补充一下""我还有一种方法"，生生互动让学生有了更多的思维碰撞。为了让学得慢的学生内化知识，陈老师坚持利用晚上的时间，拿起手机拍成讲解视频给学生解答疑惑。陈老师信奉做像水一样的教师，淡墨无痕，润物无声，让学生的思维涌动智慧的涟漪。

三、守望田野，助推引领攀高峰

作为学校业务的管理者，陈老师始终保持高度的责任感，讲求奉献不斤斤计较，善于自省不故步自封。为了夯实常规教学，陈老师深入各个教研组，带头上研讨课，带头做课改尝试。她细细揣摩教师培训，精心安排培训内容，"提笔写青春"、基本功大比武等，一项项活动搭建了教师成长的舞台。陈老师经常和青年教师谈心，给他们鼓劲加油，并把自己的经验毫无保留地进行传授，手把手地指导青年教师磨课、赛课，为学校培养了一支梯队合理、充满活力、能想会干的阳光团队。

四、结缘简约，幸福教育谱新篇

从初上讲台的青涩，到稳健服众的骨干，陈老师一步步成为区内小有名气的名优教师。但对数学教育的更高追求，让陈老师遇到了突破瓶颈，进入教育迷茫期。2017年11月1日，陈老师跟随泰山团队来到天津红桥教师进修学校，初识了教育名家徐长青，结缘了简约教育。之后的两年里，陈老师跟随团队往返于泰安和天津，寒来暑往，风雨无阻。聆听徐老师讲座，陈老师领略了"一区两序三关键，四步五疑七个简……"的魅力；观摩徐老师讲课，陈老师感悟到教学"既要有意义，又要有意思，既要有需求侧的满足，又要有供给侧的引领"的独到……慢慢地，简约教育思想在陈老师的课堂上生根、发芽：数学的文化味浓了，枯燥的教学变得有味道了；演示的教具简单了，肢体动作的同理演示让教学简单了；学生时不时地讲数学道理，正本清源让知识返璞归真了……结缘简约教育，让陈老师在幸福教育路上走得更加自信，更加从容。

回首教育20余载，陈老师是一块基石，不刻意雕琢，不作秀浮躁，用实干为教育奉献了自己的青春；陈老师是一只蜗牛，不粉饰奢华，不徐不疾，在行走与驻留之间，提升了自己，幸福了学生。

何娟芳

中共党员，大学本科学历，中小学高级教师，河南省骨干教师，三门峡市骨干教师、教学名师，全国名师徐长青工作室成员。曾获三门峡市有突出贡献的优秀教师、三门峡岗位标兵、灵宝市首届教研骨干、首届教育教学名师、首届课堂教学标兵、课改优秀老师、优秀班主任、师德标兵等荣誉称号。

博爱善学精研　铸就名师风采

一、"博爱"——践行职业操守

"弘德博爱乐学笃行。"她常说：干一行，就得爱一行；爱一行，才能专一行。在实践中，她始终要求自己倾注"四情四心"，即对组织满含深情，常怀一颗感恩之心，主动为学校分忧解难，用自己的工作业绩，回报组织的关心和培养；对工作保持激情，常怀一颗进取之心，无论任务多重，担子多沉，她都能激情四溢，全心投入，创造精品；对学生倾注亲情，常怀一颗慈母之心，把班里的学生当成自己的子女来教育、关心和爱护，公平公正对待每一名学生；对同事付出真情，常怀一颗友爱之心，困难面前她先上，荣誉面前她谦让，和她一起工作，大家如沐春风，如鱼得水，备受鼓舞。一位骨干学员曾用一副对联盛赞她："一片丹心两袖清风，含辛茹苦育英才；三尺讲台四米黑板，精雕细琢造栋梁。"这是她职业生涯的真实写照，也是对她践行职业操守20余载的最高礼赞。

二、"善学"——打开成功密码

"学高为师，身正为范。"她深知：要给学生"一杯水"，自己要有"常流水"。在教学中，她既当老师，教书育人，解疑释惑；也当学生，博览群书，取长补短。在学习中，她注重在"善学"上下功夫：向书本学，汲取知识营养，提高理论水平，开阔教学视野；向名家学，与全国教学名家徐长青校长结为师生关系，光荣加入工作室，成为名家麾下的一名学员，在名师指导下，一直走在探索简约教学的路上；向同事学，借鉴别人的成功经验，采众之所长，补己之所短，汇聚前行力量，积淀科研智慧；向孩子们学，始终把学生当成课堂的主人，与孩子们的思想脉搏同频共振，在教与学的交融中，碰撞思维火花，打开兴趣殿堂，深受学生喜爱。几多耕耘，几多汗水，几多付出，几多收获。多年来，她勤学上进，孜孜不倦，一步一个脚印地攀上了"名师"这个高峰，加入河南省骨干教师的行列。

三、"精研"——迸发进取火花

"不忘初心，方得始终。"她的思想里深深镌刻着这句话。作为一名研究型、科研型教师，反思和钻研已成为她的工作常态。借新课程改革的东风，潜心钻研新版教材，创新拓宽教学思路，升华实践教育思想。几年来，她主持的"新课程典型课例研究"和"新课程理念下小学数学社区课程资源的开发与利用"两项省级教研课题，均按时顺利结题；撰写的研究报告《新课程标准下学生学业评价的研究》获河南省教育科学研究优秀成果二等奖。通过一次次的观摩示范、送教下乡、研讨交流，她的教育理念日臻成熟，对新课标驾驭得心应手。多次被上级选派参加教师新教材培训，与参训者无私分享自己的教研成果；还先后被继教网、北京大学中小学远程教育聘为辅导教师，曾应邀去内蒙古阿荣旗、许昌襄县、安阳滑县、义马等地送培，积极传播自己的先进教育理念和教学方法，辐射带动，成为豫西地区教科研战线上一张"亮丽的名片"。

何娟芳老师"博爱、善学、精研"，恪守理想信念，践行道德情操，积淀扎实学识，满怀仁爱之心，书写了一曲新时代"四有"好老师的最美赞歌！

黄翠华

中共党员，副高级教师，广东省"南粤教坛新秀"，广东省数学骨干教师培训班成员，曾被评为佛山市优秀教师、南海区骨干教师、南海区优秀教师、南海区教科研先进个人、南海区优秀辅导老师、桂城街道特色学科党员示范岗。

愿经寒彻骨，望得梅花香

从教多年的我，最希望成为孩子们的好朋友，当听到孩子们亲热地称呼我"翠翠"老师时，我会自豪与孩子交上了朋友。课间，总有几个孩子围在我的身边，有时是在倾诉生活上的困扰，有时是在讨论学习上的困惑，有时是在研究交往中的困境……虽然只有短短的几分钟，我总能在同学们的脸上看到喜悦、满足、兴奋、豁然开朗的笑容。这就是我——一名平凡的小学数学教师的日常幸福。

一、志高远，行简约

我任教的佛山市南海区南海实验小学，是一所创立了20年的实验类学校，在区、市、省内都有一定的知名度，承办了广东省第十届小学数学优质课展示观摩交流活动，受到了与会教师和专家们的一致好评。

我是一名有多年党龄的中共党员，街道党员示范岗获得者，立志成为一名有理想信念、有道德情操、有扎实知识、有仁爱之心的四有好教师。在平时的教学工作中，我总是以最高的要求严格要求自己，任何事都要做对、做好，成为教师们心中的行为标杆和榜样。

我有幸成为徐长青工作室的成员，在新冠疫情横行的日子里，参与了"心系荆楚、驰援湖北"的爱心援教活动，为湖北的学子们录制微课多节，为抗疫工作尽自己的一份力，被《珠江时报》等争相报道。感谢工作室给予我这样的机会，我为自己能把数学知识以这样的形式向孩子们展示，感到无比骄傲，深感责任重大，对每一节课都一改再改，力求完美。

二、重业务，强科研

我是区骨干教师，我从不满足于自己现有的能力和水平，只要有教研活动，无论校外的还是校内的，总是争取参加；每学期都坚持阅读一到两本教学理论书籍，不断地让新的教育理念充实自己；每个学期，我是全科组里最早上研究课的一个，给全科组的教师们做出良好的示范；科组的活动，一定亲力亲为，团结科组的所有教师，形成良好的凝聚力；我还是多个课题的主持人和参与者，深入开展深度学习课堂教与学的研究、非线性教学研究等，是课堂教学改革的先行者和践行者。

由于我踏实肯干，业务能力强，南海区指定我担任小学数学拓展题编写组六年级组长，参与了拓展题的编写、审核、PPT制作、修改、定稿等一系列工作，受到区教研室领导和同事们的一致好评。现在，又带领南海区的多位骨干教师投入了另一项工作：六年级单元整体教学设计，还是六年级的组长，再次以扎实的理论知识、丰富的实践经验、创新的教学理念引领同行们深入进行教学研究。

三、乐奉献，育英才

我长期担任高年级的数学教学工作。我的课有着自己独特的魅力，生动形象、有数学味、逻辑条理清晰。我特别重视培养学生学习能力、思维能力、推理能力、空间想象能力等，因而学生们特别喜欢上数学课，亲切地称我为翠翠老师。

我还是学校数学兴趣班的辅导教师，在我的带领下，青年教师们兴起了研究数学题的热潮。命题时，怎样体现题目各考点的融合；阅题时，怎样帮助学生分解题目的结构和进行分类；分析时，怎样体现一题多解、多题同解，帮助学生建模；归纳时，怎样引导学生学会思考、领悟数学的思想和方法、渗透学科核心素养的培养。我每次辅导学生参加南海区小学生五年级数学能力大赛，学生的成绩均名列前茅，我也多次被评为南海区优秀辅导教师。

第四章 简约之术 黄翠华

四、勇引领，共成长

多年来，我担任实验小学的数学科组长，这是一个有活力的科组，是佛山市和南海区的示范科组。

我深知，一个优秀的科组，形成良好的梯队很重要，要有目的地培养各层次的名师：连续两届广东省数学优质课竞赛，推选了张玫和杨敏怡老师参赛，并双双获得广东省一等奖，现在两人都成为南海区骨干教师，为全区、全市、全省的教师们所熟知；佛山市的教师能力竞赛，辅导廖丽明老师参赛，在高手云集的比赛中，廖老师脱颖而出，成为佛山市的教学能手三强之一；首届数学教师素养大赛，辅导李小燕老师参赛，一路过关斩将，获得了南海区一等奖；每年的区论文评比，数学科组的论文总是百分百获得上送区参评的资格，获一等奖的人次在区名列前茅……

在科组建设的过程中，我也多次被评为优秀指导老师，带领着数学科组的教师们把教育之路走远、走宽。

在徐长青工作室的带领下，在简约教学的大家庭里，我接触到最前沿的教育教学理念，不断地充实自己，愿心之所系教育事业蒸蒸日上，愿栋梁之材茁壮成长。

李 欠

中共党员、教育硕士、徐长青工作室成员、区级骨干教师。曾荣获天津市河西区创优课一等奖，撰写的教育案例获国家级一等奖，教科研论文获国家级奖项5项，市级奖项10余项。

以梦为马，不负韶华

一、因热爱 而教育

秋日午后，阳光正好。一个8岁左右的男孩敞着怀在尘土微扬的校园中溜达，不知不觉走到我附近。看到他的鞋带散了，我走过去蹲下身子帮他系鞋带。他忽闪着大眼睛问：你为什么帮我系鞋带啊？我回答：因为我是老师，我怕你一会儿被鞋带绊倒了啊。

这是12年前，正值实习期的我的故事。"我是老师"这脱口而出的4个字，有自豪，更有温暖与责任。这温暖的场面，一直驻扎在心里，时时回味，都是满心欢喜。也正是这句话，一直鞭策着我不断去为自己热爱的小学数学、为自己是教师而奋斗。

12年后的今天，成熟的我对"系鞋带"有了不同的认识。我不会再帮学生系鞋带了。因为今天的我更加懂得：授之以鱼不如授之以渔，我要确保我遇到的那个"男孩"会"系鞋带"，还要确保那个"男孩"知道"保护自己"的方式。

二、因无畏 而奋进

2010年7月，我从天津师范大学小学教育专业毕业了，并顺利成为天津市河西区平山道小学的一名数学教师。刚入职的我踌躇满志，工作第一年便敢与教龄20多年的优秀教师同课异构《分数的初步认识》，该课获得区教研员与联合学区教师的一致好评；工作第二年，代表青年教师去蓟州区黄崖关小学交流，展示青年教师风采；工作第三年参加区创优课决赛，再次在联合学区与优秀教师同课异构。学校领导不遗余力提供多种发展平台，在好运的眷顾下，我为我的热爱找到了生长的沃土。

风华正茂时，也会有失意伤心处。工作的第五年，发展遭遇瓶颈。此刻，我选择重回校园读研究生。2015年，我终于回到了心心念念的大学，再一次以学生的身份坐在教室里，听教师们讲述最前沿的教育理念。原来，共研数学教育、共磨一节课是如此大快人心。我欢喜于在同学们的争辩中遇到了"志同道合"；欢喜于找回了那个一谈教学就龙飞凤舞的自己；更欢喜于在徐长青老师的课堂上遇见了"简约教育"。

"大道至简。"徐老师常说：我们要追求简约而不简单的课堂，好老师懂得博观约取、厚积薄发。徐老师还说：要学会带着学生走向知识，而不可带着知识走向学生。3年的再学习，为我的教育生涯打开了更加广阔的视野。徐长青工作室优秀前辈们对数学教育的痴迷深深地感染着我，也督促着我在小学数学教育的路上不断奋进。

近年来，我坚持每周观看优秀课例、阅读教育杂志、书写观课笔记、课后反思。扎根课堂实践理念，离开课堂反思提升。在简约的路上追求真课堂、真学习。回归简约，探寻学生起点，趣味创设引领学生成长。为让课堂生动有趣，我一次次观看徐老师的教学视频，研读老师的表情、语音、语调的艺术魅力。随时开放自己的小雷达，将每一个平凡的生活小事儿，都与数学教育建立联系。我的课堂时常充满欢笑，更常有鸦雀无声的思考。用数学思想促进学生发展，用至简理念构建学习浴场。我撰写的《小学数学尊重学生实践初探》获中国教育学会小学教育年会三等奖。

三、因坚守 创非凡

2020年，对于我来说是不平凡的一年。这一年，我执教的《生活中的比》获天津市河西区创优课一等奖，并在徐长青工作室数学博览会进行了展示。备课的28天，我做到每天优化教学设计的执着。28天，每天看一节优秀录像课，学习专家型教师语言，学习环节设计策略；28天，每天寻找相关文献，以期让学生眼中的比更加丰满与真实；28天，每天手写一遍教案，在"写了涂，涂了又写"中，仔细推敲环节的精简、语言的精准。因为我相信，每一个坚持都是在累加成功的塔楼。

这节课的成功得益于我的坚持，更得益于徐长青工作室专家的指导。专家教师倾囊相助，让我感受到了工作室的巨大力量。这份痛并快乐的经历，也实现了我对数学教育认知的蜕变。我明白：当学习真正发生时，我们的课堂才会魅力四射。要做到真学习，我们要备真学生、教真需要。

"备真学生"是指我们要知道学生在哪里，这个知道不是停留在教师的猜想中，而应该借助数据分析真正走进学生的思维深处，去探寻不同学生的逻辑起点。在引导学生说、画或写的表达中，一窥全豹。知己知彼的教学是顺着学生的思维逻辑，帮助学生逐步构建数学的高楼大厦。"备真学生"不可只关注学生的知识起点，还要关注学生的心理需求，关注学生间的潮流表达。40分钟的课堂想更好地抓住学生的注意力就要设计缓解疲劳的教学环节，掌握接地气又调皮味十足的学生语言。课中20分钟的疲劳期如何缓解？课尾的收官怎样做到画龙点睛？数学是思维的体操，数学学习过程的价值已经远远超过了知识获得的价值。"备真学生"，我们就需要把握学生的思维起点，遇河架桥、适时退让，将课堂还给学生，切实提升学生的数学素养。

"教真需要"是在认清学生的逻辑起点与教学内容后，把支离破碎的数学知识融入大单元教学，顶层设计教学步骤，细处落实教学目标。比如，在教学认识钟表时，学生会辨认钟表的核心问题是对钟表的整体感知。前伏性知识包括12个大格、60个小格、指针转动方向、时针与分针的不同速度。没有对钟表全面的、动态的认识，后面的认读钟表只会是浮于空中的楼阁。因此给足时间观察真实的钟表、动手拨动分针与时针同步科学运动的钟表，是学生学习真正需要的环节。"教真需要"需要教师有知己知彼（教材）的底气与大刀阔斧的勇气，敢于重新架构，勇于突破教材，既要注重数学的前伏与后记，又能做到化三归一的简约不简单。

因热爱而投身教育，因无畏而奋进拼搏，因坚守而创造非凡。相约简约教育，相约携手奋进。我愿每一次都不遗余力，每一刻都修心致远。为我之热爱，展韶华风采。

第五章

简 约 之 魂

　　《易经》记载："积善之家，必有余庆。"也就是说要利泽万物，施而不求报。水有"九德"，夫水者，启子比德焉：遍予而无私，似德；所及者生，似仁；其流卑下，句倨皆循其理，似义；浅者流行，深者不测，似智；其赴百仞之谷不疑，似勇；绵弱而微达，似察；受恶不让，似包；蒙不清以入，鲜洁以出，似善化；至量必平，似正；盈不求概，似度；其万折必东，似意。简约教育有"七善"：居善地，心善渊，与善仁，言善信，正善治，事善能，动善时。

　　简辞明哲质提炼，

　　约持文墨意丰富。

　　之凤夺魄舞浴火，

　　魂销梦萦唱清歌。

马克岩

中共党员，河北省教育学会理事，徐长青工作室成员，保定市教师进修学校骨干教师培训项目兼职教师，河北省优秀教师，河北省骨干教师，保定市名师，保定市教学标兵。

追寻数学课堂的简约之美

一、简约教学最美的相遇

那次好几位全国有名的数学教师到学校里来上公开课，我们都有机会去听，就是那一次，徐老师在讲台上风趣幽默、谈笑风生的样子让我欣喜异常。我发现，这就是我梦想中站在讲台上的样子，运筹帷幄，决胜千里。教师教得开心，学生学得快乐，相较于自己的课堂，我突然发现了自己的问题，原来，我是通过与所教知识无关的故事博得学生的开心，而徐老师是用知识本身的魅力去吸引学生，让学生感觉数学好玩儿、数学有意思。而我的课从来就没有达到这样的深度，不过是照本宣科罢了。我只关注知识，不关注方法；只重视结果，不重视过程。我想，这也是我班成绩总是上不去的症结所在。

非常有幸能跟徐老师学习，但徐老师远在天津，我在保定，那时津保高铁尚未开通，每次做大巴车至少需要两个半小时，有一段时间高速修路，绕路走需要三个半小时，这对晕车的我来说真是不小的困难，再加上工作繁忙，就给自己定了最低标准，虽然工作室在天津每周都有活动，但是我一学期去两次就好了，我想徐老师应该也能理解。记得第一次，我去天津参加活动，听完一节工作室成员的课，脑子里就四个字"不过如此"。我心想，原来工作室的课，水平也不怎么高，还没我讲得好。如果让我评课，我都不知道说什么。所幸时间原因，没有学员评课的环节，徐老师直接评课。徐老师上来把做课老师的优点说了七八条，我听着句句在理。最后，他又提出了问题和建议，接着指出给青年教师评课"优点说足，难点说透，方法给够"的原则。听完之后，我更多的是羞愧，原来我是半点儿都做不到的。做课教师有这么多优点，我怎么就没有发现，我光盯着人家缺点找？徐老师给的建议，我怎么一点儿都没有想到？我突然间发现了自己的狭隘，认识到自己不能进步的原因就是不善于发现别人的优点，所以不能汲取别人的长处。原来我自己就是那个"不过如此"。从此，我更加坚定了虚心跟随徐老师学习的决心。从给自己定的每学期来天津两回参加活动，到每月至少来一回，有时感觉活动特别好就每周来。为了不耽误学生的课，就早上上完两节课匆匆赶往客运站，午饭就在车上吃一个面包，下午参加完活动再坐末班车赶回来，每次到家都晚上八九点了。有时赶不上高速，就坐普通客车，到家已经晚上十一点多了，但并未感觉疲惫，而是非常充实。徐老师看到我从外地赶来，总是给我发言的机会，还让我在工作室的年会上做公开课等等。有时的课很失败，感觉自己很丢脸，但徐老师总是用热情的鼓励，激发我前进。从开始的语无伦次、懵懵懂懂到后来也能侃侃而谈、娓娓道来，我能清晰地感受到自己的进步。

在参加"创新杯"青年教师优质课比赛之前，徐老师更是逐字逐句指导，让我有了质的飞跃，当用徐老师指导完的教学设计给学生们上课时，课堂上有了前所未有的积极景象。那节课也获得了"创新杯"青年教师优质课评比一等奖。我把在备课中的感悟写成了论文《温故而知新可以为师矣——论简约教学中的三不讲》，并发表在全国刊物《小学数学教师》上。

与其说徐老师传递给我们的是简约教学的理念，不如说他在教给我们用简约的理念做人、做事、做学问。约而达，微而简，抛却不必要的繁杂，留下的便是精华。与徐老师和简约教学的相遇，便是我教学生涯乃至人生中最美丽的相遇。

二、追寻百花齐放的盛景

教育从不是一枝独秀的美丽，而是需要百花齐放的盛景。一位教师再优秀，教的学生也是有限的，如果每位教师都优秀，那辐射的范围会更广，惠及的学生会更多。跟随徐老师学习的这些年，从学习中经历，在经历中感悟。我经常会把自己的感悟和青年教师们分享。我被聘为保定市教师进修学校骨干教

第五章 简约之魂 马克岩

师培训项目兼职教师、国培影子指导教师。每年的省、市骨干教师培训及国培，我都会把简约教学的理念以及我在工作中的感悟、经验和大家分享。我还跟随徐长青工作室简约教学万里行到了山西、湛江、大连、江门、唐山、邢台等地，体会了"在路上"的辛苦，也体验了分享的快乐。

为了将我的所学带给更多的青年教师，促进青年教师的成长，2017年，我所在的保定市莲池区成立了"简约教学联盟"，我作为负责人，带领七个联盟校、十几名骨干教师学习，也开启了团队研修之旅。现在，团队的很多成员纷纷建立了自己的研修团队和工作室，带动了更多青年教师进步。能用我所学，为自己家乡的骨干教师队伍建设做贡献，对我来讲是莫大的荣幸。

三、路虽远，行则将至

跟随徐长青工作室学习的日子里，我见证了工作室创造的一个又一个奇迹，也见证了工作室如何践行"人生在勤，志达天下"的室训。

疫情期间，工作室率先行动，准备推出一系列网络课程，给不能到校学习的学生提供学习资源。对于对计算机技术不太熟悉的我来讲，这是一个大难题，面对困难有些望而却步。徐老师用他的实际行动告诉我们，危急关头，没有撤退可言，我们要用自己的行动支持抗疫。于是，在这个一呼百应的团队中，我从零开始学习，凌晨两三点，还在工作群里与大家商讨技术问题。由于开始不会剪辑，说错话就要从头开始，一节课往往要录几十遍，录完时已是口干舌燥，一夜未眠。徐老师亲自指导我如何将课录得更加生动，更具可视性。就这样，我从一个对录课技术一窍不通的菜鸟成为一名会录制、会剪辑、会制作的"高手"。后来，我又作为组长指导一个年级的教师录课。当看到我们的课例有上百万的点击量时，幸福感和自豪感油然而生。

"路虽远，行则将至"，虽然距离成为一名真正优秀的教师还有很长的路要走，但只要能坚持学习，就能不断进步。我坚信，在追寻课堂简约之美的路上，一定会有更好的相遇。

<h1 style="text-align:center">道 盛 琴</h1>

中小学高级教师，秦皇岛市小学数学学科名师，秦皇岛市骨干教师，海港区小学数学新教师培养工作室主持人。曾获得秦皇岛市创先争优优秀共产党员、港城先锋、学生最喜欢的教师等称号。

<h1 style="text-align:center">坚守初心　乐为人师</h1>

一、用爱育人　亦师亦友

"教师的爱是滴滴甘露，即使枯萎的心灵也能苏醒；教师的爱是融融春风，即使冰冻了的感情也会消融。"儿时，在教师们无私关爱滋养下成长起来的她，在踏上三尺讲台的第一刻起就决心将爱传递，用爱育人。她当一年级的班主任，看到开学第一天就有孩子躺在学校许久不用的沙坑里吸收地气，她像孩子一样坐进沙坑，孩子眼里闪现出找到最好朋友的兴奋。冬天的雪地里，她和孩子们一起堆雪人、砸雪球，尽情地在操场上追逐逗闹，欢笑声融成一片。听说小班长要"辞职"，放学后，她率性地在黑板上写下感谢信，落款是你的大朋友"道"。第二天的教室里一双双含泪的小眼睛，一句句暖心的话，一颗颗感恩的心，互相的理解与歉意让所有的矛盾化解，充满正能量的"新"集体诞生。多年以后曾经的"坏小子们"在聚会中忆起学生时代，"恩师"一词不约而同地送给了道老师，并发来害羞的合影。道盛琴老师和她的学生们，同在一片蓝天下，亦师亦友，共同享受着成长的快乐。

二、用心研教　日就月将

苏霍姆林斯基说："在人的心灵深处，都有一种根深蒂固的需要，就是希望自己是一个发现者、探索者。"在儿童的精神世界里，这种需要特别强烈。道盛琴老师的课堂上，学生积极主动，善于倾听，她给学生足够的时间与空间让学生思考，学生自信大方地表达，或补充，或修正，或肯定，或质疑，课堂上充满有主见又不失童趣的深度争辩。

多年来结合教学实际，立足创新，潜心致力于小学数学教学的研究与实验，参与研究的河北省教育科学规划重点课题"小学数学深度学习课堂的构建研究"已结题。深入的教科研活动让她在课堂教学中更加游刃有余，先后在省、市、区的各项竞赛活动中斩获殊荣。参加第五届"立教杯"课堂优质课观摩评比活动，《旋转》一课获一等奖；率团队主创的系列微课《人教版小学数学转化思想应用》，在"河北省第二届微课大赛"中获团队作品三等奖；《圆的周长》获市级微课三等奖，《平移》获市级课件三等奖。在"秦皇岛市家风建设观摩推进会"中，《家风——解决策略见节俭》被评为观摩示范课；《平行四边形的面积》被评为市优质课；多次为海港区数学教师做教材辅导，《倍的认识》《三角形内角和》《百分数的意义和写法》《策略》等多节课被评为区级优质课。

作为学校数学学科的带头人，为了促进教师们更好地使用现代信息技术手段开展教学，她主动参加海港区交互式电子白板优质课评比活动，《认识面积》获得一等奖，用自己的成功激励并帮助年轻教师大胆进行尝试。在学生的心理健康不断出现问题的今天，她利用业余时间自学并考取了国家二级心理咨询师资格，以便更好地实现助人自助的目标。同期主持的秦皇岛市立项课题"以教师教育教学行为促学生形成积极心理品质的研究"结题，撰写的研究论文《小学生课堂积极心理培养对策》荣获海港区第五届教育科研成果评选一等奖。因学生需求而不断改变、不断学习，道老师的课堂成为学生的最爱，她也享受着其中的快乐，并以学生爱上数学为幸。

三、以诚相授 教学相长

作为一名市级名师，辅导青年教师成长是她义不容辞的责任。2019年7月，道盛琴小学数学新教师培养工作室正式挂牌成立。怀着些许忐忑承担起这份信任，做好了工作室的前期准备，迎来15名来自海港区12所不同学校的年轻教师，初相见彼此的眼中有期盼、心中有信念，那一刻起，她们注定一路同行，共同成长。帮年轻教师树立正确的职业认知，以"深入研读课标 提升专业素养"为题带领他们走进《小学数学新课程标准》。课标为纲、教参作辅、依照课本分册对小学数学知识体系进行梳理。经过初审修改、再审汇总、排版印制，小小手册汇聚众人之力，小学数学的四大领域、12项分支，培养目标尽在其中，为新教师在教学中准确把握目标、进行学生贯通培养奠定基础。为了帮助湖北省600余所学校近20万名学生在重归课堂前开展线上学习，助力教师解决特殊环境下的教研需求，道老师受邀参与徐长青工作室联合中国教师研修网、教研网发起的"睿师有约、空中课堂"课程研发，录制一年级下册四节数学课程，公众号和网站在线点击率达10万+，后续再次录制两节一年级上册数学课程，为湖北师生居家阻击疫情奉献微薄之力。同期指导工作室青年教师参与海港区教育系统微课录制，5人次获优质课证书。活动中的不断锤炼与肯定，道盛琴老师和她的团队不断成长。7人次职称晋升，各级论文5篇，4人获市、区级荣誉称号。

都说花有花的光彩，叶有叶的荣耀，根也有根的感受。如果说道老师在课堂上是花，那她是用个人的魅力绽放教学的精彩，那时她觉得光彩；如果说她在校园中是绿叶，那她是用默默地奉献衬托着花的娇艳，那时她觉得荣耀；如果说她是根，她喜欢深深地植根在教育的沃土中，静待繁花！

第五章 简约之魂 道盛琴

刘大东

河北省优秀教师、保定市师德标兵、保定市名师、保定市骨干教师、保定市优秀班主任。

用心教书　用爱育人

一、爱化细雨润心田

世界上没有相同的两片树叶，更不可能有两个相同的人。我想：只有尊重这些不同，我们才能更好地开展教育工作。对于调皮的学生，我给予他们严父般的爱，对他们严而有格，帮助他们形成规则意识，让他们成为有担当的"男子汉"；对于内向细腻的学生，我给予他们慈母般的爱，谈心、交流，鼓励他们参与更多活动，让他们变得更开朗；对于心理和身体有特殊情况的学生，我给予他们"不特殊"而又持续的关注，引导他们作为"普通"学生融入班集体，让自信的笑容挂在他们脸上。足球赛上，我会跟学生一起欢呼雀跃；传统佳节，我与学生一起读诗颂词，感受传统文化的魅力。我与学生一起劳动，在劳动中教会学生劳动技巧、分工策略。我与学生一起制定班规班纪，让学生有主人翁意识，培养学生自主管理能力。我走进学生心里，学生不经意间喊我"姥姥""妈妈""爸爸"……这是对我最大的肯定。在我和学生的共同努力下，我们的班级被评为保定市优秀班集体。

二、立德于心勤践于行

"明理立德，自强不息"，这是我对自己的要求。

2014年，我与怀有身孕的妻子商量后，承担了到阜平支教的任务。看着孩子们一天天进步，我感到格外高兴！我的工作也得到了支教学校领导和老师的肯定与赞扬。

"教育就是一笔良心账，没法算清楚。"我总是这么说，踏踏实实做老师，扎扎实实搞教学，就是我最喜欢做的事情。

我喜欢上课，跟孩子们在一起是我最快乐的时候。在上课的时候，我喜欢学生们的"争吵"，在激辩中他们的思维得到了提升，在统一中他们掌握了知识。课堂上，我的学生不怕"犯错"，因为自己的"错误"改正就好，还能提醒他人，甚至在自己的"错误"中会藏着自己没有注意的地方，会引发别人新的思考，找到新的方法。很多时候，我喜欢"偷懒"，让学生去说、去讲。渐渐地，班里多了许多小老师，有的小老师的解题方法独特，成了我的"一题之师"。每一节课都让我感到充实，让学生感到快乐！

2015年，我有幸遇到了徐长青工作室，成为简约教学这个大家庭的一员。在这片沃土，我不断地学习，快速成长，对数学教学的认识逐渐提高。我找到了自己教学的方向：研究数学教学的"教之理""学之理""思之理""用之理"，做一个"讲理"的数学人。我撰写的论文在省级和国家级期刊发表，我的课也分别获国家、省、市、区级奖励。我主持并完成了河北省教育科学规划办的立项课题"小学数学课堂教学中对学生推理能力的培养的研究"。

在停课不停学期间，我扎实地进行线上教学，让学生在家也能好好学习。在"心系荆楚、驰援湖北"的爱心活动中，我参与了徐长青工作室发起的"睿师有约、空中课堂"公益课程的研发，为三年级学生录制数学课程4节，为湖北师生居家隔离阻击疫情做出了贡献。

三、引领辐射，共同提升

自己成长的同时，我也一直帮助学校的青年教师共同进步。2019年，在学校的支持和帮助下，我成立了数学工作室。我带领工作室的成员一起学习、研究，共同成长。现在，工作室的一些青年教师已经开始在区内崭露头脚。我多次在区里做讲座和培新，把自己的所知所想分享给我们区的教师，还多次到安新、涞水、曲阳、唐县等地送课下乡或做讲座，和当地教师相互交流，共同提高，践行工作室提出的"游学以立言"理念。

"三寸粉笔，三尺讲台系国运；一颗丹心，一生秉烛铸民魂。"总书记的教诲回响在脑海，我自觉坚守精神家园，勤奋学习、关爱学生、严于律己、为人师表，做"四有"教师！

刘朋朋

市级骨干教师、徐长青工作室成员、泰安市教书育人楷模、泰安市优秀共产党员、泰山十大杰出青年、泰安市教坛英才、泰山区卓越教师。

丹心热血育新苗

有一种情感叫真诚，有一种伟大叫平凡。他像春蚕一样，默默无闻，他用自己满腔的热忱，辛勤地耕耘着，无悔地奉献着，诠释着爱的教育，播种着希望，浇灌着幼苗，培育着桃李，收获着甜蜜。他在三尺讲台上15年如一日，他执着而痴情地守望着心中的那个信念，谱写着一曲淡定优雅的教师之歌，他就是泰安市第一实验学校的刘朋朋老师。

回顾刘朋朋从教以来似乎并无壮举，他只是在平凡的工作岗位上踏踏实实地工作着，用自己的坚守和执着默默耕耘。

俗话说，学高为师。为了使自己在平时的教学过程中能够帮助学生学到更多的知识，他积极参加各级教师培训，并借助书籍来给自己充电，他还钻研小学奥数，把小学奥数分成了30讲，精选例题做了400多张PPT的课件，全面覆盖小学奥数的知识点，为学校数学第二课堂开展打下基础。身在小学，心在小学，但不能仅仅局限在小学。刘老师把初中数学8册、高中数学必修5册的数学知识与数学思想做了总结与整理，还经常翻阅高等数学分析，就是为了让自己拥有一桶水。心中有大体系的教师上课才能胸中有竹，才能更加有底气地立在三尺讲台上。刘老师作为实小一线教师的代表，课堂教学主线是明线，勤学好学、及时充电是辅线。一主一辅、一名一暗构成了他的教育教学工作的光明大道。

陶行知先生曾说过："没有爱的教育将会使之枯燥，像山泉枯竭一样。"

刘老师在平常的工作中爱生如子，对每一位学生一视同仁，他注重和学生建立平等和谐的师生关系。对待自己和学生的态度，用四句话来概括：他把自己当作老师，把学生当作老师；他把自己当作学生，把学生当作学生。选择用心地教，希望学生快乐地学。他喜欢和学生聊天，喜欢和学生一起做游戏，喜欢和学生一起成长。这是学生对刘老师的真实评价："我非常喜欢数学老师。""上初中老师也教我们就好了。""数学老师今天干什么去了？""怎么又下课了？"刘老师作为实小一线教师的代表，深知管理班级重在沟通与交流。充满爱的管理方式，让师生关系更加和谐，让教育变得大道至简，道法自然。

刘老师在全区教学工作会议、教材培训会、教学活动研讨会上多次提供观摩讨论课，传播了学校的教育理念，彰显了他的教学主张与风格。在徐长青名师工作室的培养下，他先后受邀到天津丁字沽小学、河南商丘实验小学、北京革新里小学参与讲课和教研活动，在工作室的帮助下，他在全国"立教杯"优创课大赛中荣获特等奖。在本省区，他先后被邀请到济宁泗水实验学校、山东农大附小、东平第四实验学校、东关小学、七里小学、小井小学、东岳小学等学校上公开课。2017年，他参加了市教科所组织的送教下乡活动，先后为高新区、新泰、宁阳、泰山区偏远学校提供观摩课，并做了主题为《创新改变课堂》的报告；2018年，参加全国目标教学研讨课所执教的公开课《分数的初步认识》获得与会教师的一致好评；2019年，参加山东省教科院组织的送教支教活动，去德州禹城执教《比例尺的意义》获得好评。刘老师作为实小一线教师的代表，扎根学校，辐射周围，在观摩中历练，在研讨中成长，与具有共同教育追求的同人们一起披荆斩棘，斗志昂扬。

疫情期间，他采用钉钉直播的方式进行教学，创新教学方式，边教边研究，为了让学生的学习真实地发生，他刻苦钻研，大胆革新，初步形成了自主课题研究在线上教学中有效应用的模式，并且在实际教学中产生了较好的效果。他把这一优秀做法在全区小学数学教学会议上做了展示汇报，得到全区小数数学教师的认可与好评。刘老师还在徐长青名师工作室的组织与引领下，录制优秀的教学视频共8节，借助徐长青微信公众号推向湖北与全国，推送的每节课都有近十万的点击量，深受学生的喜欢。当然，他为此也付出了很多精力，为了追求每节课的完美，从设计教学、制作课件、编写文稿到录制微课，平均每节课用时近一周，每天晚上坚持到12点，甚至更晚，目的就是录制出完美视频，让学生愿意观看，让学生的学习真实发生。除了为湖北录制教学视频，还为市区小学数学录制10节教学视频。不仅数学学科，科学学科也录制视频2节，提供录像课两节，为"停课不停学"做出自己的贡献。

14年来，刘朋朋老师一直坚守在教育这块育人的土地上，他热爱学生，尊重学生，信赖学生，注重教法创新，学法指导。一分耕耘，一分收获，2021年被泰山区评为"卓越教师"。2020年在"心系荆楚、驰援湖北"爱心援教活动中被授予"战役优秀教师"称号，同年被评选为"泰安市教书育人楷模"。2019年获得泰安市教育系统优秀共产党员称号。2018年被评选为"泰山十大杰出青年"。2018年荣获"泰山教学英才"。2018年获得全国目标教学优质课一等奖。2017年在全国中小学创新课堂教学课评比中荣获二等奖。2015年荣获市"模范班主任"称号。

刘老师献身教育，甘为人梯，用自己坚实的臂膀托起学生，让其攀登新的高峰，甘愿当园丁，以自己涓涓的流水浇灌着幼苗，让他们如情如意地成长。他凭着对教育事业的执着追求和强烈的责任感，在三尺讲台上书写着自己完美的人生，为教育事业谱写新的篇章。

汤 柳

清华大学附属小学数学教师，高级教师，北京市海淀区骨干教师，优秀教师，徐长青工作室进修学者。

让简约之花开满教学之路

2003年入职以来，汤柳努力钻研业务，汲取教育教学理论的营养，来充实自己。参加工作室学习后，简约教学清晰地为他指明了努力的方向。他曾参与过多个国家级、市级课题的研究，曾荣获全国第六届小学数学优化课堂教学录像课一等奖；全国第二届"立教杯"微课大赛一等奖；北京市第九届小学数学课堂教学观摩交流活动一等奖；北京市六城区第九届"京城杯"小学课堂教学交流活动优秀课奖；东城区第七届、第八届"东兴杯"教学大赛一等奖。他承担北京数字学校小学数学学科微课录像的备课任务以及讲课任务、作业设计任务；2017年承担国家级示范课《图形的密铺》研发工作。2018年在"北京市中小学教师信息技术应用能力提升工程"培训中，《密铺》一课被评为优秀案例。2020年完成北京市海淀区教育科学"十三五"规划课题"基于学习方式变革下的小学数学学习活动研究"。

他个人在成长进步的同时，辅导青年教师成长更是义不容辞的责任。2016年至今，先后担任清华大学附属小学3位青年教师的师父，指导教学，听评课数十节，所指导的青年教师先后获得了海淀区青年教师教学大赛一、二等奖的好成绩。2020年，为了帮助湖北省600余所学校近20万名学生在重归课堂前开展线上学习，助力教师解决特殊环境下的教研问题，有幸受邀参与徐长青工作室联合中国教师研修网、教研网发起的"睿师有约、空中课堂"课程研发，录制六年级上册两节数学课程，为湖北师生居家阻击疫情奉献微薄之力。

2020年，受突如其来的疫情影响，学生不得不停课在家，教育部随即提出了"停课不停学，学习不延期"的号召，他有幸参与到教育部部署的由中国教育电视台承办的"同上一堂课"的直播课工作当中，主动承担了"圆柱的表面积2""圆柱的体积1""正比例的图像""反比例""比例尺1""比例尺2""星期日的安排"共7节现场直播课。每一节直播课的准备工作都十分严谨，一遍遍地修改，只为给孩子一个最好的课堂呈现。和所有的教育工作者一起共克时艰，用爱与责任诠释教师的使命与担当，努力在后方战场上尽到本行业的责任和义务，不辜负自身的使命与担当，让自己的"初心"在战"疫"中绽放。

魏 丽 杰

天津市宁河区芦台街第一小学教务主任，徐长青工作室成员，第十一届全国小学数学高级研修班优秀学员，2018年和2019年度简约教育先进个人，天津市学科骨干教师，宁河区小学数学兼职教研员，"宁河区新教师培养工程"本岗实践指导教师，宁河区教育科研先进个人，宁河区学科带头人。

与简约相遇，人生更精彩

一、邂逅简约教育

"简约而不简单！"第一次听徐长青校长的课是在2013年，《重复》一课给在场的所有教师都留下了深刻的印象，无不被其简约的教育艺术所折服。他幽默风趣，富有吸引力和感染力，肢体语言极其丰富，让学生在玩中学数学，学生的参与率竟然达到了100％。大师就是大师，徐校长精心设计每个教学环节，故意设计矛盾冲突，然后退出场地，让学生们生疑、探疑、议疑、解疑，自主探索，把问题留给学生们独立解决。最后，徐校长使用"呼啦圈"抽象出数学符号"集合圈"，取名为"数学二环"！整堂课，学生都在轻松愉悦的氛围中，在各种游戏活动中享受数学课堂带来的快乐。徐校长的课让我受到了思想震撼，使我改变了对数学的原有认识，使我感觉到"数学不难""数学好玩""数学课还可以这样上"。是啊！如果我们的数学课堂变得好玩，变得简单，就会有更多的学生愿意走进数学课堂，学习数学，喜欢上数学。"简约的数学课堂必定是美丽而快乐的课堂"，"不要用我们的方式让他们去接近数学，而是让他们用自己的方式接近数学"。

二、学习简约教育

课后，我在网上搜集了许多有关简约教育的内容，有人说，简单到极致，就是美丽。简约的数学课堂，剔除了喧嚣与华丽，最终变得干净而美丽，它虽简单，但脱离肤浅，而成为一种风格，成为一种气质，成为一种内涵，成为一种深刻。

我有幸成为徐长青工作室的一员，使我和徐校长有了一次次的近距离接触，工作室的核心理念就是以"简约教学"研究为主导，做到返璞归真，让枯燥乏味的数学教学变得有效、快乐、简练。他们提出教学活动要做到双有："既要有意义，又要有意思，既要有需求侧的满足，又要有供给侧的引领"。徐校长还说，教育要做复杂性的思考，进行简单的呈现，如教学内容的约取，就不能简单地看作选取。约有三约，即本本之约（约内容）、生本之约（约学情）、师本之约（约风格），这淋漓尽致地彰显了简约教学思想的实质和精髓，使简约教育，真正达到了理想的教学效果。

教师不仅要善于教，而且要善于研究教；不仅要培养学生，而且要通过科研，培养自己，教学相长。每周三下午，我都会参加工作室研修。活动分为课例展示、课例研讨和徐校长的精彩点评，每次活动都让我感触颇多，受益匪浅。徐校长尊重学生个性差异，提出"三不讲"的教学理念，即学生会的教师不讲（基于学生已有的知识基础和生活经验的了解）；学生自己能学会的教师不讲（还学习的主动权于学生）；学生怎么也学不会的教师不讲（以人为本，因材施教）。

三、用好简约教育

通过这几年的学习，我更加明确了自己作为教师的责任和义务，从各方面更加严格要求自己，勇于探索创新，根据教材内容及学生的实际情况，设计课的类型，选择教学方法，注重课堂中师生之间、学生之间的交流互动和发展。

我执教的《合理安排时间》在第49届"创新杯"优秀青年教师教学艺术大赛中，荣获全国一等奖；《平行四边形的面积》荣获全国中小学新课堂教学成果博览会"百课观摩"优质课评比二等奖；《平行四边形的面积》在"第三届信息技术与课堂教学深度融合翻转课堂大赛"中，荣获市级一等奖；在全国中小学新课堂教学成果博览会"百课观摩"活动中，荣获优质课评比二等奖；在宁河区中小学优秀课堂教学实录评选活动中获一等奖；在天津市基础教育网络教研平台"一师一优课、一课一名师"晒课活动中被评为区级优秀课；在天津市宁河区中小学第十届"双优课"评选活动中获小学数学学科同伴协作奖；2019年8月，我被评为第十一届全国小学数教学高级研修班优秀学员；2019年被评为宁河区教育科研先进个人和学科带头人称号；在宁河区教师基本功技能大赛中荣获一等奖；曾培养多位青年教师做区级展示课；撰写的论文《转变教育观念 实现创新教育》在中国基础教育研究会主办的"第13届全国中青年教师（基教）论文大赛"活动中荣获二等奖；论文《培养学生创新意识 打造真知高效课堂》获天津市基础教育2018年"教育创新"论文评选三等奖……

在"心系荆楚、驰援湖北"的爱心援教中，参与徐长青工作室发起的"睿师有约、空中课堂"公益课程的研发，先后录制了6节数学课。

简约教育是约而简的教学，重于约，成于简，始于约，行于简。在今后的课堂教学中，我会继续致力于教育教学的探究，给学生一个喜欢的课堂，给学生一个发展的课堂。

让我们的教学从简单开始，并变得像呼吸一样自然而自由吧！我会继续跟随徐校长的脚步，学习简约教育的理念，并把它们消化吸收，在自己的实际教学中加以应用。

第五章 简约之魂 魏丽杰

杨敏怡

佛山市南海区骨干教师、徐长青工作室成员、佛山市优秀青年教师、南海区基础教育课程改革先进个人、广东省第九届优质课竞赛一等奖、全国小学生数学学习能力测试优秀指导教师。

我与简约教学的美丽邂逅

一、初次遇见

记得那是 9 月的一天，徐校长第一次来我校参观并做培训指导工作，我心潮澎湃。以前只能坐在体育馆的某个角落看着徐校长在大屏幕上授课或者讲座，这次他亲切地坐在我的面前侃侃而谈，我心里有说不出的激动。记得这一次见面，他与我们探讨了《比的应用》这一课例，徐校长对教材有着深刻的理解，他由"男生人数与女生人数的比是 5：3"这句话，引申出其相关的 7 种不同的含义，为后面学习更多比的知识打下了坚实的基础。这一课让我顿悟，冲击着我的心，激起了我加入简约队伍的动力。

二、深入学习

一直以来，我特别喜欢听徐校长的讲座，他说相声般的语感语速让我听着着迷。他激情而睿智，淋漓尽致地展示着简约教学的风格，深深吸引着我。

简约教学的数字诀：

一区两序三关键（理论）

四步五疑七个简（实践）

六一八三九个二（理念）

教学评价十个YU（评价）

其中的三关键是：教学内容要取，取之要约，是约取性；教学方法要喻，喻之要博，是博喻性；教学过程要构，构之要简，是简构性。以后的教学应如何开展呢？就是博喻。针对课堂教学的方式方法，好的教师是善于带领学生把陌生的知识放到熟悉的环境中去，以培养学生成为具有探索与发现学习力的人，是不断引领学生把已学会的知识放到更为陌生的环境中去挑战的人，以培养学生成为能独立解决问题具有创新力的人。教师教学的博喻很好地帮助学生完成了这一历程。

培养学生的学习力和创新力，是教育教学的一个目标，简约教学正是要努力培养这样的人。学习最后留给学生的不仅是知识，更多的是思想和能力。而我的追求是成为这样一位博喻的教师。

三、课堂实践

简约这一教学思想引领着我深入课堂尝试、体验、实践与探索。简约教学的实践中有五疑，生疑、探疑、议疑、解疑、疑疑。它强调以"疑"为核心，从问题出发，在课堂中抓住学生的疑和惑，帮助学生明晰和理清，在我的课堂中常营造以生为本的简约课堂氛围。

在乘法的初步认识一课中，生疑：为什么要学乘法？探究交流后，学生发现乘法是相同加数的和的简便运算，挖掘出乘法意义的本质，明晰学习乘法的必要性和简便性。在四边形内角和一课中，生疑：为什么要把四边形分成三角形来研究内角和？通过探究讨论，学生感悟出方法：把未知转化成已知，转化思想无痕渗透。这样的课例太多了，以生疑为切入点，在课堂上明晰知识的本质，以及感悟数学知识背后的思想方法，构建生本课堂。

在疫情防控的特殊日子里，我很荣幸地加入公益课的录制工作中。除了完成每天日常的网上教学工作，我积极与工作室成员交流碰撞，探讨网络课教学的方式方法，虚心向组长赵洪贵老师和叶鸿琳老师请教，这两位老师非常耐心地通过语音电话与我议课，完善我的教学设计，我尽心尽力地修改，分析教材的能力获得了较大的提升。在软件使用中遇到困难，团队里的刘霞老师、王艳老师、刘悦老师都会悉心的给予我指导和帮助。通过这次活动，我不仅认识了国内非常优秀的教师，还幸运地得到了他们的指导，让我获益匪浅。

最终，我成功为三年级、五年级各录制了2个课例，同时，我将简约教学工作室的资源，推广给科组教师使用，下载课例、数形结合小故事等让我班学生观看，提高日常的教学质量。

　　教育教学工作任重而道远，我的工作再平凡不过，但肩负着孩子们的未来和希望。我将在简约团队中更加用心学习，做最喜欢的教育，为教育事业贡献自己的绵薄之力。

于　蕊

徐长青工作室成员，山东省泰安市第一实验学校教师，从事小学数学教学工作23年，曾被评为泰安市人民满意的教师、泰安市骨干教师、泰安市学科带头人、泰山名师、泰安市课程管理与教学先进个人、山东省教学能手、山东省特级教师。多次执教省、市、区级观摩课，获山东省小学数学优质课一等奖。

做新时代"四有"好教师

于蕊，女，42岁，中共党员。1997年，泰安师范毕业考入泰安市第一实验学校工作至今。从1997年踏入一实小这片教育的沃土开始，她就时刻被教师们严谨治学的态度，精湛的教育教学技艺，对学生无微不至的关爱感染、带动着，自己有了一个坚定的信念：做一名业务精干、学生喜欢的优秀教师。

一、她注重个人道德情操

她忠诚于人民教育事业，志存高远，勤恳敬业，甘为人梯，乐于奉献。她能够利用发生在学生身边的事和对社会热点问题的探讨对学生进行思想引领，善于把正确的世界观、价值观、人生观传递给学生，做学生明辨是非、弃恶扬善的表率。于老师能够结合数学学科特点在教学过程中培养学生做事条理分明、严谨细致的个性品质，具有勇于探索、敢于质疑、善于思考、严谨求实的理性精神。平时要求学生做到的规范行为，她首先做到并且做好。她用自己为人师表的影响浸润学生的心田，让志存高远的情怀引领学生走向更美好的未来。

二、她要求自己有扎实的过硬的教学基本功

她能够多年坚持练习教学基本功，熟练掌握现代信息技术并合理应用，更好地服务于教育教学。她努力上好每一节课，认真研读教材、教参，定准教学目标、重难点，设计出能够突出重点、突破难点的教学活动。每个教学环节的安排、每句话如何表达，她都要深思熟虑。她坚持学习先进的教育理念与教学方法，不断提高教育科研能力，做研究型教师。她要求自己多读书、要成为"教科书"，让渊博的学识使我们的课堂深入浅出、旁征博引、妙趣横生，让课堂成为学生求知的神圣殿堂，让学生在这里得到生命的成长。

三、她具有仁爱之心

爱是教育的灵魂，没有爱就没有真正的教育，爱教育、爱学生是每一位教师应尽的义务。她能够接受学生的各种问题，包容学生的各种不完美，千方百计找到每位学生的闪光点，鼓励学生，赞赏学生，让每一个小腰板都挺得直直的！她全面了解学生的生活、学习状况，尽量多做正面指导，少指责。她关注学生身心健康，积极利用多种沟通方式与学生交流，及时发现并帮助有困难的学生，让学生在学校的每一分钟，身体和心理都是安全的，为学生创造一个可以自由呼吸、自由成长的教育生态环境，真正做到尊重学生人格，关心爱护、平等公正对待每一位学生。

23年的小学数学教育教学工作中，她对这份职业的热爱与日俱增。她说她将继续努力学习，认真实践，争做一名有理想信念、有道德情操、有扎实学识，有仁爱之心的"四有"好教师，为泰山区教育事业贡献自己的微薄之力！

者书霞

高级教师、省级骨干教师、徐长青工作室成员、全国课改先进个人、西宁市学科带头人、城东区数学名师工作室主持人。

她与徐长青工作室的故事

一、幕相遇

教师是什么？众说纷纭。在者书霞老师眼中，教师是在一方净土中、在静待花开后，收获无数快乐的事业，是世界上最幸福的职业。

初为人师，年仅18岁的她一直在思考：怎么样才能让孩子们感受到学习数学既轻松又有趣呢？带着这个问题，她思考着、学习着、实践着。21年的数学教学，她孜孜不倦地探索着这个问题。2002年，课改全面实施，她作为第一批课改教师一头扎进课改的大浪中，如饥似渴地学习，积极大胆地尝试。2009年，城东区开展"生本实验"，她又作为第一批实验教师投入到生本实验的"试验田"里。她像个默默耕耘的农者，勤勤恳恳地耕作，小心翼翼地实验。终于，她的试验田不断收获新的惊喜，直至硕果累累。一路向前，一路采撷，她的身上全是花果的清香，扑鼻的芬芳。

然而，随着教龄的增长，她发现自己似乎遇到了职业生涯中的瓶颈，任自己如何努力似乎也很难突破。此时的她，是全国课改先进个人、西宁市骨干教师，在各级各类比赛中屡获殊荣，但她不知该如何进一步提升自己，因为她知道自己离"优秀"这个标准还很远很远。

2013年，正在休产假的她接到通知——市里要成立名师工作室，正在招募成员。她毫不犹豫，马上申报并通过，成为全区唯一一个入选市级名师工作室的数学教师。此时的她并没有想过，这次加入会给自己带来什么样的惊喜。多年后，她不止一次想过——如果没有这个平台，自己便不会成为现在的自己。

2014年，市级工作室主持人周险平老师通过自己不懈的努力，使其工作室得以加入徐长青工作室。者书霞老师调侃说："别人得的是产后抑郁症，而我得的是产后幸运症。"

二、相知

成为徐长青工作室的一员后，在市级工作室主持人的带领下，者书霞老师多次参加徐长青工作室的各类活动及比赛。其中，最难忘的是2015年11月，由西宁市教科院邀请徐长青老师赴宁做课时，她与徐老师同台讲课。

课后，当徐老师不吝赞美之词，肯定了她课堂中的许多优点，又客观地指出存在的问题时，台下的她哭了。这泪水是感动——感动于徐老师能俯下身与一线教师谈话，更是幸运——自己能成为徐长青工作室的成员何其幸运！

自从加入徐长青工作室以后，她好像突然打通了任督二脉，在职业发展中拾级而上：2014年年底，区委区政府成立了名师工作室，者书霞老师为数学名师工作室主持人，同年，获"青海省首批骨干教师"荣誉称号；2015年，她进入城东区教学研究室，成为一名小学数学教研员；2016年，吴正宪老师在青海成立分站，她成为5名指导教师之一；2018年，她荣获"青海省优秀教师""西宁市学科带头人"荣誉称号；2019年，年仅38岁的她通过层层评选，成为青海省最年轻的副高级教师。

在不断提高教育教学能力的同时，她也在不断提升教科研水平。2018年，她组织工作室成员申报并立项课题"'主问题'引领下的小学数学课堂教学研究"，该课题被确立为西宁市重点课题，并在结题时得到专家的一致好评，被作为样本课题向全市推广。

三、同行

与徐老师相识的几年间，除了专业方面的成长，者老师被徐老师对教育的情怀、对师生的大爱所深深震撼，她默默想着：我也要像徐老师那样，做一束光，或许不够明亮，但也要持续发出微弱的光。

教研员和工作室主持人、工作站指导教师等工作，使她认识到了青年教师培养工作的重要性和巨大的意义所在。即使重新回到一线工作，她也会把自己多年所得毫无保留地分享给身边的每一位教师。她的课堂随时为教师们开放，几乎每一节课都可以看到她的教室后面坐着来听课的教师。学校里的教师做课题，常常会向她请教，她总是不厌其烦地解答，常常会陪这些教师加班到很晚，却毫无怨言。

2020年，新冠疫情暴发，徐长青老师及其团队播撒大爱，组织全国各地骨干教师为疫区孩子免费提供优质学习资源。者书霞老师迅速响应号召，组织学校多名骨干教师录课40余节，为抗疫做出了贡献。

曾有不少升迁的机会摆在她面前，她都摇摇头，拒绝了。也曾有不少人不解，她只是淡淡一笑，不多做解释。其实，她心里一直有一个坚定的想法：既然选择了三尺讲台，那就在这里挥洒自己最美的年华、最好的努力。守着这颗初心，她将继续前行！

第五章 简约之魂 者书霞

263

陈　淼

徐长青工作室成员，无锡市教学能手，无锡市优秀教育工作者，无锡市五一劳动奖章获得者，2008年被评为江苏省学科优秀青年教师。

在实践和研究中磨砺精彩

工作20年，我始终对语文教学充满热情。我追求亲和而不失活力、扎实而充满灵动的语文课堂。力求用语文自身的魅力吸引学生，在孩子们的心田播下文化的种子，让智慧、坚强、宽容、信念等和孩子们年少的身体一样，蓬勃生长！在和孩子们一起学习的日子里，我自己也在不知不觉中努力着，思考着，成长着……

一、磨砺自我，在各级比赛中求突破

在课堂教学方面，我始终以读教材、查资料、析学情为基本准则，实施课堂教学；对待学生的学习，注重课堂表达的质量，从说话习惯到思维方式，我都会认真地给予指导。在这样的语文实践中，我形成了自己的教学风格——扎实、亲切而灵动，也形成了带领学生"读、说、写"综合发展的"读绘"教学特色。我认为，语文课堂是一个让学生生命和身体同步成长的课堂，是一个语文知识、能力和心智同步成长的课堂。所以，在我的课堂上，既可见扎实的语文知识学习、语文能力训练，又可见基于文本、超越文本，适合学生实际又适度超越的精神引领。我积极参加各级各类教学展示与评比，先后共16次代表区、市、省参加语文赛课、教师技能大赛、教师基本功大赛等，其中，获省级语文青年教师优质课观摩活动一等奖1次，市区级比赛特等奖或一等奖14次。2016年，我代表区参加市语文教师技能大赛，通过即兴演讲、讲故事、粉

笔字、才艺展示、课堂展示等环节的全方位多场次的比赛，以无锡市第二名的成绩进入省赛，获得三等奖。2019年5月，我代表学校参加"梁溪区教师技能大赛"，以第一名的身份出线，获梁溪区教师技能大赛特等奖，又代表梁溪区参加"无锡市教师技能大赛"，再次以小学组第一名的身份出线，获无锡市教师技能大赛特等奖，并被授予"无锡市五一劳动奖章"，作为唯一的一名市特等，我将选手将代表无锡市参加"江苏省教师技能大赛"。

二、深入科研，在高层次研究中谋发展

我在做好课堂教学的同时，潜心于教育教学研究工作。

2017年9月，为了减轻学生负担，提升教学质量，我带领语文、数学学科教师深入探讨原有学生练习册所存在的问题，开始对原配套练习册进行修改。利用寒暑假，我又带领骨干教师开展了校本化的《素养表现测试与评价》练习册的研究与编写工作。我校的作业研究得到学生、教师、家长等多方肯定。2018年10月，《中国教师报》以"用课程思维重构'作业设计'——江苏省无锡市东林小学教育集团作业研究实践记录"为题用整版的篇幅对此项成果做了专题报道。我校六篇专题文章在各类杂志上发表，其中，我的《让作业更有针对性和设计感》一文被刊登在《语文教学通讯》上。2018年4月，我作为核心组成员加入了学校"江苏省基础教育前瞻性教学改革项目"申报小组。2018年9月，我代表学校到南京进行了项目实施汇报。在得到专家高屋建瓴地指导后，进一步完善方案，并逐步落实到学校的教研工作中。2019年3月，我校与华中师大郭元祥教授团队结成联盟，开启了"基于深度学习的素养表现型课堂实践"的探索。我作为项目的联络员和负责人，策划每月活动，制订研讨方案，组织开展研究实施，并定期开展阶段性工作小结。

在研究与实践中，我不断反思与总结，撰写的相关教育教学论文共有12篇获奖，3篇发表。

三、带领团队，在扎实的教研中共成长

在中层与校级领导岗位上，我不仅要求自己增强教学教研能力，还重视不断提升全体教师的教研能力。

自2017年起，我成为武凤霞特级教师工作室的组长。在导师的带领下，我组织工作室成员按照理论与实践相结合、自主与交流相结合、学习与应用相结

合的原则，制订了三年发展规划，在规划中确定了"以课题研究为轴，以教学研究为经，以打造个人教学特色为纬"的发展思路。我和工作室成员积极寻找个人发展的新出口，积极参加各层次教研学习。两年来，我分别带领工作室成员到郑州参加中国陶行知研究会组织的"同上一节课"优质课比赛，指导华慧蓉老师在本次比赛中获得特等奖的第一名；到浙江长兴参加"四省名师"工作室活动，指导唐恂奕老师上展示课，获得一致好评；指导陈钰老师获得市、区青年语文教师基本功比赛一等奖。在一次次锻炼中，学员们享受成长的快乐，也感恩跌倒的痛楚，在研究与实践中切实提高了自身的语文教学水平，有的还逐步形成了积极向上又富有个性的教学风格。今年，在"梁溪区三创示范岗"评选中，我代表"武凤霞特级教师工作室"汇报工作室近年的业绩，工作室被评为"梁溪区三创示范岗"。

我在教学改革中成绩突出，先后获得"无锡市第八批教学能手""无锡市美丽教师""无锡市优秀教育工作者""无锡市五一劳动奖章"等荣誉称号。

成绩的取得是对努力的肯定。我深知自己只有在实践中磨砺，用蓬勃向上的朝气、迎难而上的勇气、开拓创新的锐气，砥砺前行，才能不断拔节，不断生长。循着教学改革之路，我将努力走在前列，争当教学改革的排头兵。

杨 树 会

中学高级教师，北京市数学学科骨干教师，吴正宪小学数学工作站成员，柏继明工作室副秘书长，徐长青工作室成员。在北京市组织的两次大型教师基本功比赛中取得优异成绩。曾获"优秀共产党员""中央教科所课题研究先进个人"等荣誉称号。

简约唯美，且行且思

一、扎根课堂是追求卓越之道

走上教育教学管理岗位已有30年的她，始终坚持工作在教学一线，致力于课堂教学策略的研究。从马芯兰教改实验到新课程教学改革，从有效课堂的研究到构建生态课堂，多年来，她积极承担市、区各级课堂教学研究及展示工作。她相继完成北京市名师课程、北京数字学校、空中课堂、国家和本区资源平台建设等讲课、备课任务；先后参加山东、西藏、内蒙古、朝阳、大兴、通州、密云等的教师同课异构、教学研讨等活动，到北京最偏远地区怀柔喇嘛沟门小学送教下乡；承担徐长青工作室公益课程开发6节；参加北京市教育综合改革项目，开展"北京市中小学教师开放型教学实践活动"专题授课讲座16次。在北京市教委委托项目"北京市小学数学教师专业研修"培训中、吴正宪工作站（兰州、南昌）分站等团队研修项目中担任导学教师，深入农村支教；在中国教研网、中国教师研修网"基于深度学习的小学数学教学的行动研究"项目研究中，承担课例指导、点评讲座等任务。在100多节的评优课、观摩课、研究课等展示历练中，不断积累丰富的教育教学经验，逐步形成富有个性的教学风格，从"发挥数学学科育人功能"到"践行数学课程思政理念"，她始终不懈探索实践。

二、立足学生是本真教学之源

在吴正宪"儿童数学教育"思想的引领下，她坚守儿童立场。作为一名数学教师，她把微笑带进课堂，放手让孩子们在实践中锻炼、在磨砺中成长，体验学习提高和生命成长的快乐。教学中，她善于引导儿童学会用数学的眼光去观察、用数学的思维去分析、用数学的语言去表达，使儿童获得知识的同时，启迪智慧、塑造人格。在市区、校际之间的交流中，她多次以"关注学生的课堂生成"为主要内容分享教学经验与典型案例。所教学生经常发来信息，有交流感情的，有汇报成长的，也有倾诉烦恼的……一名已毕业的男生这样说："杨老师，我想对您说的是您改变了我，我现在上数学课依然很活跃，源于我很喜欢上您的课。真的很感谢您！"家长说："您的讲话给我留下了深刻的印象，您对学生的分析准确，学习建议也很有价值，我感觉您是一位教学思路很清晰的老师……"有家长评价："杨老师做的是教育的事业。"和学生交朋友、得到家长的认可是她最大的快乐。

三、筑构团队是笃行致远之关键

徐长青老师说："我们是学习的团队、研究的团队、服务的团队，每个人都要做团队的建设者，我们要有观点的碰撞、意见的争论、思想的交锋，大家要在团队中共同成长。"在吴正宪老师、徐长青老师、柏继明老师等各位前辈的引领下，杨老师发挥区域引领作用，指导培养青年教师，带领学校团队研修，精心策划活动，梳理教学实践，围绕市区级"十三五"科研课题"通过数学阅读培养小学生核心素养的研究"等，用研究引领成长，用课题提升素养。"十三五"期间，杨老师主持并参与关于"课堂教学""数学阅读""心理健康""教学方式"等六项市区级课题研究工作，撰写的《培养学科关键能力》等多篇研究成果获奖并发表。"十四五"伊始，她将继续开启团队新课题的研究历程，不改初心，笃行致远。

四、结束语

一支学习型的团队，造就一位位有思想的教师，必将育一代会思考的儿童。今后，在吴正宪、柏继明、徐长青三位专家的引领下，我将为成为优秀的"小数人"而继续努力！简约唯美，且行且思！

赵生武

高级职称，徐长青工作室成员，先后获得兰州铁路局优秀教育工作者、城关区优秀教师、城关区优秀教育工作者、城关区数学名师、兰州市骨干教师、甘肃省学科带头人、甘肃省骨干教师等荣誉称号；课堂教学多次获得省、市、区一等奖、二等奖；主持和参与的多项课题获兰州市、甘肃省基础教育二、三等奖。撰写论文40余篇并发表于各级各类杂志或获奖。承担西北师范大学、兰州城市学院、天水师范学院、甘南民族师范学院等"国培计划"培训工作。

以平凡演绎精彩

1994年，兰州师范专科学校毕业的他，正值风华正茂，意气风发，被分配到甘肃省兰州市城关区民主西路小学（原兰州铁路第一小学）工作。从入职的那天起，无论遇到什么情况，他都能坚持上班，从没耽误学生一节课，始终在"规范每节课，关注每个人"上下功夫。记得有一年秋季刚开学，一位单亲家庭的学生离家出走，他骑着自行车，冒着雨，找了大半夜，等到在东方红广场找到离家出走的学生时，他身上的衣服没有一点是干的，浑身冰冷，即使这样，他第二天也坚持按时给学生上课。

2013年8月，他参加了城关区副校长公开选拔，经过层层选拔，最后以优异的成绩被选派到九州小学担任副校长，这是他多年热爱教育事业积淀的展示，也是他实现教育理想的新起点。

2013年，九州小学正处在重建的过渡期，新楼建设的任务复杂繁重，加之青年教师比较多，所以更需要百倍的勤快和团结。他始终明确自己的职责、找准自己的位置，努力建立上与校长、下与老师、中与中层领导班子之间融洽的工作关系。作为校长的助手，他工作上积极配合，人格上充分尊重，思想上主动沟通。对于青年教师，他热切关注，真诚爱护，用心帮助，不断激励。对自己分管的工作高度负责，身体力行，不敷衍，不打折。大胆工作，勇于创新，多谋事，不谋人，尽量处理好自己分管的工作中的问题，不把矛盾上交。无论工作多忙，他都坚持代课和积极深入教学一线听课，了解课堂教学动态，把脉教研教改方向。即使在2013年10月住院期间，也是每天中午抽时间出去挂个瓶子，就匆匆忙忙赶回学校，这样坚持了11天，九州小学就是他亲切的家。

2015年10月，"赵生武名师工作室"启动，工作室20多位成员及九州小学全体教师见证了揭牌仪式，九州小学钱焕玉校长和兰州城市学院毛耀忠教授共同为赵生武名师工作室揭牌。名师工作室是搞好新课程改革的重要举措，多年来工作室围绕教育教学改革，立足培养九州小学教师，辐射安青学区和城关区其他学校，全体成员脚踏实地、刻苦钻研、开拓创新，一心扑在教科研工作上，把教育和研究、育人与自己成长置于同频的发展轨道，使每个工作室成员逐步走向成熟。作为工作室领衔名师，他带领他的团队进行了大量的研究，课题涉及有关同性通法教学策略、小组合作、后进生问题、校本课程开发、网络教研等方方面面。2017年9月，赵生武名师工作室被评为全国名师先进工作室和优秀联盟单位。

赵生武还带领工作室团队及九州小学教师承担"送教送培"任务，不仅开阔了团队教师的视野，还丰富了他们面对农村孩子如何有效开展教学的实践经验，更让团队的教师们感受到艰苦地区教师们的坚守和奉献精神，增进了九州小学青年教师扎根九州，奉献九州的教育情怀。

2013年9月，赵生武同志担任九州小学副校长，2021年，担任九州小学校长。八年时间对于一个人漫长的人生路来说只是一个瞬间，但对于九州小学来说，是他践行"专业是立身之本，课堂是成长之基"座右铭，实现九州小学跨越式发展的八年；是他坚守"规范每节课，关注每个人"的主张，指导青年教师带动家长、教师、学生三位一体共同成长的八年；是他探索简约教学、同性通法、目标驱动、问题导航教学主张，形成自己独特教学风格的八年；也是九州小学五育并举融合发展，教育教学质量全面提升的八年。

时间如流水，一去而不返。自1994年大学毕业，27年，弹指一挥间，时间在他握笔书写教案时静然逝去，在他批阅作业、与学生探索知识、课间游戏时悄悄溜走，在他与青年教师研课、磨课、听课、评课中匆匆流逝……日复一日，年复一年，他用语言播种，用粉笔耕耘，用汗水浇灌，用心血滋润，学生走了又来，来了又走，他们的步伐从学校走向熙攘的大世界……而他依然做着教书匠，享受着教育的苦与乐，从一线教师，到教研组长、办公室主任、教导主任、副校长、校长，一路坎坷走来，他始终恪守教师这一职业的神圣职责。教书育人是付出，学生成长是收获，他先后获得城关区名师、甘肃省学科带头人等一系列荣誉称号，用真挚的教育情怀写就人生的丰碑，收获丰硕的桃李。

在他和九州小学这个年轻团队的八年努力下，学校先后获得教育质量进步奖，被评为教科研基地等，也培养出许许多多的骨干教师、青年教学新秀、他们有的通过城关区教师交流，遍及城关区的许多小学。在二十七年的教学生涯中，赵生武同志怀着对教育事业的挚爱，用一颗火热的心耕耘教育的昨天、今天和明天，不忘初心，砥砺前行，谱写九州发展的新篇章。

赵丹阳

中共党员，北京市革新里小学书记、校长，高级职称，徐长青工作室成员。曾荣获现代教育实践全国百优校长、全国德育先进工作者、全国教育创新课改优秀校长等荣誉称号。她积极构建阳光教育，引领学校荣获全国奥林匹克教育示范校、全国冰雪运动特色校、全国体育美育基地校、全国美育实验基地等荣誉，让阳光赋能学生向善乐群，让阳光赋能教师内涵提升，让阳光赋能学校优质发展。

让阳光赋能学校优质发展

自担任东城区革新里小学校长、书记以来，她坚持"播撒阳光办教育"的办学思路，遵循"办阳光教育，创优质精品特色校"的办学宗旨，秉承"让师生沐浴艺术多彩，让生命浸染教育阳光"的办学理念，已形成"修艺润德，阳光成长"的办学特色。她重视校园文化建设，使先进的教育理念与育人策略在学校课程建设中得到落实和体现，不断挖掘艺术教育的育人价值及育人核心，让艺术教育成为"真善美"的载体和依托，让享受阳光教育的师生成为"真善美"的践行者和传播者。

学校组织机构积极变革，形成由课程委员会引领，由发展部、课程部两大职能部门推进，下设科研、德研、教研、学研、美研等十个中心主责执行的先进管理模式。近年来，学校曾获得全国中小学体育活力校园、全国奥林匹克教育示范学校、全国冰雪运动特色学校、全国体育美育基地校、全国美育实验基地、中国魅力学校、中国儿童艺术剧院艺术教育实验学校；北京市基础教育课程改革先进单位、北京市金帆艺术团、京城教改创新领军学校、首都文明校园；东城区法治示范校、东城区科技先进集体、义务教育阶段小学入学目标管理优秀奖；历届市区艺术节一等奖、优秀组织奖等荣誉。

她在教育教学科研方面更是硕果累累。作为课题组组长，她主持多项国家、市、区级科研课题的研究，积极引领各级教师参与到研究中，曾出版《诗韵留香办教育》《把教育种在心里》等书籍，北京教育电视台、《现代教育报》等多家媒体对她的优秀事迹和先进的办学思想与理念进行了采访与报道。

身为校长，她善于从普通师生中发现美，是深孚众望的核心人物，找到每个人闪光之处，让每个人为自己的梦想而快乐地学习和工作。她能为原本平凡的学校找到适合它发展的特色，提炼校园文化，推动学校稳步向前。给多大空间，就要做出比空间大一些的事；给一块试验田，就让这块试验田的每个角落都开满美丽的花朵——这就是快人快语的、快乐向上的、沉浸于书籍芳香的赵丹阳校长！

第五章 简约之魂 赵丹阳

张 淼

徐长青工作室成员，天津市和平区新星小学副书记、校长，中共党员，中学高级教师。曾被聘为天津市兼职督学，小学语文兼职教研员。和平区区级学科带头人。被授予"十五"立功先进个人、天津市基础教育先进个人、区级"双优"青年教师、和平区"三八红旗手"、区级优秀共产党员等荣誉称号。曾指导的双优课分别获得天津市双优课一等奖和三等奖。参加天津市"中小学优秀教学校长培养工程"等培训。

心怀简约梦想，采撷一路芬芳

一、初心如磐笃行致远

"山风轻轻吹拂，吹走的是岁月，吹不走的是教育人的初心。"岁月不居，时节如流。耕耘教坛30载，她从未停下学习的脚步。有幸相识"简约教育"优秀团队，一直被深深地感动和影响，每一次徐长青工作室举办的讲座、听课等活动都是最好的学习和提升的机会，像站在巨人肩膀上不断汲取经验和力量，感悟"简约、智慧、高效"的魅力。她把学习视为一种乐趣，甚至是一份责任。在学习中成长，在实践中成长，在研究中成长。她在教育、教学实践中把人生哲理、思想感情、科学文化知识有机地融合起来，不断反思已有的教学实践，不断寻找教师专业化发展的生长点和突破点，成为专业发展的研究者，成为教师专业成长的引领者，一起领悟教育的真谛和幸福！

二、乘风破浪壮志凌云

当上校长的那一刻，她就牢记嘱托，植根沃土，抢抓机遇，中流击水，奋发作为，守正创新书写新时代答卷。在促进教育公平、深入推进教育均衡的大背景下，经过现代化达标和提升工程建设，学校的资源配置、师资队伍和教育教学品质都得到了发展与提升。她积极探索以"新生态教育"为学校文化的价值追求，以"多一份期待给师生，汇万千精彩于未来"为办学理念，以教科研课题为抓手，以提升学生核心素养为主线，以学校课程体系建设为创新点，以多样化的活动为渠道，培养爱生活、爱创造、爱追梦的新星少年，努力办好家门口的新优质学校。

在她的带领下，新星小学构建起全方位、立体化、数字化的智慧校园，精心设计校级课程内容，构建"新生态课程体系"，探索建立基于信息化的"三引三学"教学模式，开设了《果果和朋友》《电子百拼》《3D创意设计》等校本课程，玩转魔方、数独等课程助力学生得到长足发展。50余节课获全国、市区级等各类奖项，其中，国家级奖项有16节。她多次在京津冀、杭州等地做经验分享。她致力发展学校特色：科技嘉年华、非遗游园会、创客节等丰富多彩的课程和活动带给学生科技体验、文化体验、生态体验，为学生的发展奠基，实现学生成长的"新生态"，被天津电视台、《天津日报》《今晚报》《天津教育报》等各大媒体相继报道。

真正的教育，是自由的精神、公民的责任、远大的志向，是批判性的独立思考，时时刻刻的自我觉知、终身学习的基础，获得幸福的能力。教育3.0时代是以学生为中心的时代，未来将充满无限可能，教育的深度、广度、可能性将被无限延展。她将深入探索优质化教育，打造智慧型校园，推进特色化建设，不断增强学校的内生力，点燃学生的内动力，为学生美好的未来打下坚实的基础。一路汗水，一路芬芳，在教育创新的道路上，她一直都是眼里有光、心里有爱的追梦人！

第五章 简约之魂 张淼

陈　旭

徐长青工作室成员，中共党员，硕士研究生，中小学高级教师，现为河北省秦皇岛市海港区东港里小学校长，曾荣获第三届中国好校长、全国推动读书十大人物提名奖、河北省"三育人"先进个人、河北省中小学依法治校先进个人、河北省创新教育管理成果二等奖、秦皇岛市"十佳"少先队辅导员、秦皇岛市德育先进工作者、秦皇岛市教育科研优秀教师、秦皇岛市师德先进个人等上百项荣誉。

一生只做一件事，传递读书正能量

博学笃行，行为世范。认真贯彻党的教育方针，坚定社会主义办学方向，自觉践行社会主义核心价值观，把"立德树人"作为教育的根本任务，落实为国育才、为党育人目标，传承红色基因，培养优秀"红孩子"。积极传承中华优秀传统文化，不断增强育德能力，努力争当师德高尚、爱岗敬业、业务精湛、无私奉献、终身学习型优秀教师。

鲜花在前面，我们在路上。自2018年加入徐长青名师工作室以来，一次次的专业培训实现专业引领，一堂堂优质示范课让我们受益终身，一个个教育问题的探讨让我们回归教育本真，真可谓名师引路，专业发展迅速，不仅个人教育教学及管理能力得到进一步提升，学校教育教学质量显著提高。俗话说得好，行万里路，不如名师引路，现今，东港里小学正积极开展数学教学与数学阅读的校本化研究，旨在提高教师的数学专业水平，培养学生的数学阅读能力与数学学习力、理解力和思考力。如今，"全学科阅读"理念深入人心，"主题阅读、群文阅读、数学阅读"成为办学特色，数学阅读与校本研究取得硕果，教育科研成果《数学阅读与学习力培养》刊登在2020年第19期《人民教育》杂志上，受到全国同行的好评。

如今，陈旭校长是名副其实的专家型校长，现被聘为教育部青少年法治教育专家、全国校园普法万里行专家评委、河北省德育培训特聘专家、河北民族师范学院授课专家、河北省少先队名师工作室主持人、河南师范大学马克思主义学院特聘导师等。

正是得益于徐长青工作室的引领，在办学过程中，积极倡导教育家办学思想，努力提升自身专业水平。陈旭坚持以文化人，不断提升自身文化素养；坚持以课程改革为准绳，以高效课堂为目标，以有效教学岗位练兵为平台，不断促进教师队伍专业发展，增强学习力和执行力，让课堂更精彩，让学生更受益，让教育更优质。目前，在东港里小学，以陈旭为龙头的专家型团队已经形成，市区骨干教师、名师等成为优质教育资源，服务于教育教学，并在国家及省市等各级各类优质课等大赛中多次荣获一等奖。近年来，陈旭致力于推广校园阅读、家庭阅读，推动全民阅读。做学习型、研究型、书香型、专家型教师是陈旭的梦想。陈旭荣获全国红云书香园丁奖，其教育教学事迹曾被《人民教育》《中国青年报》《中国教育报》《河北教育》《少先队活动》等媒体报道。陈旭还走进燕山大学、河北外国语学院、河北民族师范学院、河南师范大学等演讲"学为立世之本"，积极引领大学生要志存高远，博览群书，厚德载物，不断践行社会主义核心价值观，努力成长为能够担当民族复兴大任的时代新人。

一生只做一件事，传递读书正能量。栉风沐雨三十载，陈旭忠诚于党的教育事业；十几年来如一日，打造书香校园特色，不仅将图书馆全天面向学生开放，还把图书馆的部分好书好报在班级和楼道内"安家"，使开放自由的读书环境对学生产生极大吸引力。阅读储蓄知识，书香浸润人生；让师生享受读书"特权"，培养读书习惯。如今，"今天你读书了吗"成为师生、生生间的问候语，读书是一种美德，成为师生的共识与追求，阅读分享成为常态。陈旭力推的校园开放读书网络已经形书香育人特色，主要由图书超市、班内读书角、红领巾读书角、校园书香长廊等组成，旨在让学生在校园里随时随地可以读到自己喜爱的书籍。每天课余时间，在班级读书角、楼道读书角、书香长廊里都有学生读书的身影，书架旁一个个阅读者、朗读者，爱不释手，如痴如醉。"小书虫"们惜时如金，或站或蹲或坐，或读或议或享，神态各异，怡然自得；他们像蜜蜂在采蜜，如工匠在雕刻，似画家在描绘蓝图；校园里处处洋溢着书香之气，阅读成为校园里一道亮丽的风景。读书沙龙、读书故事会、博学擂台赛、红领巾雏鹰大讲堂等读书活动精彩纷呈，让师生受益匪浅，"调皮大王"变成"读书大王"。

由于书香校园特色成效显著，每年来自上海、湖南、江西、河北、内蒙古等地的同人络绎不绝，慕名而来学习书香校园建设经验，大家畅所欲言，贡献阅读智慧，创新阅读载体，探究问题化阅读新模式，全面达成读书共识，齐心协力构建多元化的阅读共同体，让终身阅读成为品质追求，让人人成为倡导阅读的佼佼者。《中国教育报》《新华每日电讯》《中国少年报》《中国儿童报》等多家报刊进行了专题报道。陈旭同志积极推广校园阅读，旨在让更多的学生读上好书，养成良好的阅读习惯，从小学会读书、从小学会做人、从小学会立志、从小学会创造，让读书成就学生的美好梦想。

到目前为止，陈旭已经在新疆、山西、河北等地帮助建立"爱心书屋"26个，捐献图书近万册，受益学生达万人之多；并积极引领学生学会感恩，学会奉献，努力成长为对祖国有用的人才，回报人民和社会。近年来，陈旭同志还多次应邀到北京、长沙、邢台、唐山等地推广校园阅读经验，传递阅读正能量。

王 嵘

天津市河东区福东小学书记、校长，高级教师。曾获得天津市教育科研先进个人、天津市河东区先进教师、河东区"三八红旗手"、河东区教育系统优秀共产党员、师德先进个人、"爱岗敬业"先进教师、优秀教育工作者、优秀德育工作者、优秀班主任等荣誉称号。河东区学科名师，第六周期继续教育河东区面授教师，河东区教育学会"十四五"课题指导专家库成员。

用教育智慧去爱每一位学生

一、"爱生"，遵循教育方法，取得良好效果

"十年树木，百年树人。"作为新时代的教育工作者，王嵘同志落实"立德树人"的根本任务，弘扬社会主义核心价值观，引领学校构建幸福教育课程体系，引导师生认知自我价值，感受生命意义，力求打造一支坚持立德树人、锻炼健康身体、调适阳光心态、练就过硬技能、丰富生活形式的幸福教师队伍。

在20多年的教育教学工作中，王校长所带的班级学生全面发展，积极参加德育、体育、文艺等活动，获得多项奖励，多次被评为区级三好班集体、区级优秀少先队中队。她获得河东区优秀班主任、优秀中队辅导员荣誉称号。她所指导的学生获得天津市"课本里的艺术"电视诵读大赛一等奖。

在学校的管理岗位上，王嵘同志立足长远，着眼于学生全面发展，五育并举，将"东方小讲堂"与社会主义核心价值观课程中的"幸福溯源"有机融合，突出思政教育内容的实施与效果反馈，展示实施群体思政教育之后，学生再次进行自我教育的风采，促使学生将接受到的思政教育内容，内化于心，外

化于行，逐步形成了"学习感悟开阔视野—教育实践改进方法—提供指导资源共享"的工作模式。她本人多次获得全国及天津市青少年五好小公民主题教育活动优秀工作者荣誉称号，德育教育与班主任专业化发展的多篇论文被认定为天津市基础教育教学成果。

二、"敬业"，注重教学相长，向专业化发展

王嵘同志以新课程的理念指导自己的教学实践，围绕课程体系建设，善于对本学科的学习内容进行整体建构，注重培养学生掌握有效的学习方法，使学生的思维得到发展的同时，不断发展学生的语文能力。她在学校及市区级的教研活动中多次进行汇报展示，发挥了骨干教师的引领作用。

她所做的课获得全国优秀奖、二等奖，参加"双优课"比赛获得天津市三等奖、河东区一等奖。她参加全国青年教师阅读教学观摩活动天津市选拔赛获市级一等奖。她的微课获得天津市教育信息化大奖赛一等奖。她多次做市、区级研究课、观摩课，在天津市小学语文教师教学基本功竞赛中，多次获得一等奖，被聘为小学语文兼职教研员期间，在全区教研会上做展示课、单元教材分析、说课。她所带的学科组在河东区校本教研活动评比中荣获"先进学科组"奖，她个人被评为河东区小学校本课程建设与管理先进个人。

2021年，参加河东区小学"课程育人"优秀领路课展示活动暨"津藏互通"教学交流活动，与河东区、西藏昌都市的学科教师进行交流。

三、"研究"，结合工作实际，逐步提高科研水平

王嵘同志在教学研究的实践中深深体会到，教师应成为拥有正确的教育观念，善于研究与思考、精于课程资源开发和课程实施的研究者。因此，她更加注重与教育教学实际紧密结合，解决实际的教育教学问题，以全国、市、区级课题为重点对象开展研究活动，提倡人人确立研究小课题，在研究中反思、在反思中改进、在改进中提高。与此同时，为了加强校际交流活动，她组织的教学科研活动也经常请协作校的教师参加，她在"十一五""十二五""十三五"期间承担或参与的全国、市、区级课题均已顺利结题，获得天津市基础教育科研先进个人、天津市河东区基础教育教改积极分子、河东区教育科研先进个人等荣誉称号。她撰写的十余篇教学文章在《天津教育》《天津教研》《德育研究》《作文周刊》《天津教育报》等报刊

上发表，多篇论文在全国、天津市、河东区获奖，参加青年校长论坛获得天津市二等奖、河东区一等奖，获得天津市第六届基础教育教学成果二等奖，应邀参加"河东区骨干教师送课下校"活动。

四、"责任"，抗击新冠疫情，贡献教育人的力量

2020年，在抗击新冠疫情期间，王嵘校长迅速组织成立学校疫情防控工作组，建立校内防控工作联系四级网络，覆盖学校、年级、班级和家长，成立学校"疫情防控突击队"，她带领组织行政与教师，多次下沉到社区及菜市场一线，为防疫的各项工作保驾护航。面对"停课不停学，学习不延期"的工作要求，她先后组织教学行政、教研组长进行多次的视频研讨会，认真分析学情，列出学生的学习任务清单，明确教学进度、教学目标、教学方式和教学反馈的具体要求。教研组长再分学科进行学科组线上教研，为每位教师扫清线上教学的障碍，统一教学思想，方便教师针对本班学生实际情况进行再设计。对于有争议的教学安排，再次进行研讨、修改，确保准确无误。在教师们的通力协作下，线上学习顺利开展，得到了广大学生和家长的认可。

2020年2月，徐长青简约教育工作室发起了"睿师有约、空中课堂"公益课程的研发活动，王校长带领青年教师积极参与研发工作。他们反复修改教学设计，更新录制技术，多少次为录制课程而忙碌到深夜，为湖北师生居家隔离阻击疫情做出了教育人的贡献。

20多年前，王嵘同志带着一份憧憬，成为一名教师，实现了儿时便拥有的"园丁梦"。她经常感慨："在与学生共同成长的日子里，我原想收获一缕春风，学生却给了我整个春天；我原想捧起一簇浪花，学生却给了我整个海洋；我原想撷取一枚红叶，学生却给了我整个枫林；我原想亲吻一朵雪花，学生却给了我银色的世界。"近万个和学生相连、与教育相伴的日子，她过得充实而快乐，这更加坚定了"用教育智慧去爱每一个学生"的努力方向。乘着爱与智慧的翅膀，她和学生的心灵之旅将继续远航！

孙兰平

副高级教师，河北省优秀教师，河北省骨干教师，河北省"三育人"先进个人，雄安新区雄县第二小学党支部书记、副校长，徐长青工作室成员。连续18年获学科优胜奖，涉及语文、数学、科学、美术四个学科；连续8次获全县第一名；连续18年在年终考核中被评为优秀；在全县教学大比武中，连续五年获得语文、数学、劳动、科学四个学科一等奖；2017年至2019年，被评为语文、数学、科学三学科课改示范教师；2018年，在全国课博会授课中获特等奖；2019年，在全国小学课堂交流会授课中获一等奖；2019年，在新区学科素养课例大赛中，所授科学课《小动物的生长》荣获特等奖。

心怀简约梦想，采撷一路芬芳

一、抗疫路上，情牵荆楚，贡献独特

那是大年初三的晚上，孙兰平老师接到全国简约教学的创立者、数学特级教师徐长青校长的电话。徐校长邀请孙老师精心录制网课，为武汉孩子加油助力。回想起当时的情况，孙兰平激动地说，"当时正值抗疫的关键时期，大家都想为抗疫做出自己的贡献，现在机会来了，我毫不犹豫地答应了。"接到邀请后，孙兰平无比兴奋，又感觉责任重大。拿出精品，拿出"绝活"，体现雄县教育、雄县教师的风采是她内心的准绳。

手中没资源怎么办？周边教师纷纷主动拿出自己手中的所有优质资源，与她一起精心为武汉孩子备课。她不断修改、完善教学设计，再与各地名师进行研讨，将教学课件做得简约明了，让引导启发随处可见，让教学重点清晰呈现。

没技术怎么办？录课软件下载了一个又一个，从剪辑师到EV录屏，一遍遍尝试，进行精品微课录制，并力争将微课做得声音清晰、语言优美、感情真挚。由于没有录制经验，经常一节网课要录制无数遍，才能达到预期效果，不知不觉就忙到了深夜、忙到了凌晨。其间，她还组织自己名师工作室的高凡老师、刘孟迪老师，加入驰援湖北的活动中。

她高质量地完成了"心系荆楚、驰援湖北"语数两科网课录制任务，被简约教学团队誉为"全能型人才"，被徐长青校长赞誉为"语数双科型教师"。

二、身兼数职，网红主播，主动担当

2月3日，雄县教育局也紧锣密鼓谋划"停课不停学，离校不离师"。在完成"支援"湖北任务的同时，孙兰平又为家乡孩子们的学习"忙活"上了。经教研员选拔推荐，孙老师又接到网络直播一年级数学和四年级语文课程的任务。

她是学校党支部书记、教学副校长，承担着繁重的学校教育教学提升工作，又加上为武汉、雄县的孩子录制四科课程的任务，时间不够用。从大年初三到6月底的5个月时间，她每天都先忙完学校工作，再开始备课、录课、直播。为了让录课效果达到最佳，她总是等到家人全部入睡、夜深人静的时候才开始录制。一台笔记本电脑、一部台式机、一部手机，是她的陪伴。4月10日，学校四年级（3）班的语文教师即将临产。面对一个班的学生语文网课没人管的情况，孙兰平又主动挑起四（3）班语文教师的重担。要知道，她是2月20日，才从雄县小学调任第二小学的，因为疫情，她还从未与学校的学生见过面啊！自此，她每天除了忙着备课、录课、主播，还要带领她从未谋面的同学进行语文在线学习，批改作业、与学生共阅读、与家长沟通……其中的苦与累可想而知，但她从没跟校长和教师喊苦，更没有跟在线教学的组织者喊累，默默付出，默默奉献。

"疫情期间，读书、听书、上网课、写笔记，和团队一起成长，硬是把'不惑'的年龄活成了'青春'的状态！"这是孙兰平对自己的一个"小结"。

三、故事妈妈，永葆童心，呵护成长

孙老师始终把自己和学生放在平等的地位，真心实意地关注学生的喜怒哀乐，用他们喜闻乐见的方式教他们做人。2015年开始，她任学校低年级阅读课。如何把低年级阅读指导好，培养学生良好的阅读习惯，是她努力思考的。

最后，她把内容确定为绘本阅读，培养学生的观察力、想象力、表达能力。每次去上课，她都成了一场舞台剧的大导演，孩子们则成了一个个生龙活虎的演员。他们喜欢这样的课堂，他们不称呼她为老师，而是亲昵地称她为故事妈妈、故事姐姐、故事大王……随着绘本阅读的深入开展，学生们不仅仅局限于表达，还有了写下来的欲望。一天课间，一个刚刚入学不到半年的一年级学生跑到孙老师办公室前，递给她一张红纸，笑着说："故事妈妈，我给您写了一封信。"打开红纸，看到的是歪歪扭扭的三个字——"一封信"，旁边画着一座小房子、两棵树，还有一个长头发美女。简单地表达，稚嫩的话语，里面融入了深深的感情。学校的学生喜欢她，更喜欢她的阅读课。在校园里，她已然不是一位教师，而是学生搂着、抱着的，嘴里亲昵称呼的"故事妈妈"。

85项荣誉称号，148个获奖证书，还有众多全国各地的邀请函、讲座证书，都在无声地述说着她对教育的执着。今后她还会一如既往，怀揣教育梦想，脚踏实地，奉献爱心，让生命之花在教书育人事业中绽放！

董新玉

中共党员，正高级教师，天津市特级教师，天津市未来教育家奠基工程培训班首期学员，徐长青工作室成员。扎根农村教育32年，曾先后获得全国模范教师、全国教育系统巾帼建功标兵等30多项荣誉称号。

芬芳泥土育繁花

一、初登讲台，她把苦难当财富

32年前，由于农村缺少教师，住在城区还不满17岁的她被分配到了当时滨海新区大港街一所偏远的农村小学。破败的教室，泥泞的小路，是她生活的真实写照。身边的老教师以为她会扛不住，没想到，少年丧父的她却有着常人难以想象的坚强。由于教师少，刚刚毕业的她就包了一个班，她成了30多个孩子的"首领"。冬天到了，她和孩子们一起用手拍煤饼、团煤球，点炉子，常常把自己弄成一个大花猫。中午，离家远的孩子们带来了饭，她又得像大姐姐一样帮他们把饭盒一个个码在炉子上，有的孩子带来了方便面，她又怕烫着学生，只好一个一个给他们煮，常常是忙完了他们之后，自己才能吃上一口。

学校没有院子，出门就是玉米地，家长们怕她害怕，就让几个女孩晚上和她做伴。一天早上醒来，她感觉脑袋奇痒无比，让同事一看，惊讶地发现，她竟然被学生们传染上了"虱子"。弄干净自己后，她又逐一给这些姑娘们治理。

多少年后，回忆起这一件件往事，她却认为是一种幸福。因为她知道苦难是一笔财富！

二、春风化雨，她用爱的雨露滋润学生的心田

学校地处城乡接合部，外来务工人员的子女占学校总人数的60%。一些本地学生家长对外地人的偏见，对这些孩子产生了很大的影响。一次，当董新玉走进教室的时候，本地学生对外地学生的一声"侉子"让她深感震惊。她沉默了一会儿，走上讲台，改变了原本的教学任务，温柔地把两个孩子一左一右都搂在自己的怀里，面对着全体学生，微笑着问："同学们，如果我们三个人这样高高兴兴地走在大街上，别人会猜我们是什么关系呢？""您是妈妈，他们是您的孩子。"孩子们大声说。"是啊，在老师眼里，你们都是我的孩子。我们班有很多同学来自全国各地，我们能聚在一起学习，多有缘啊！"转过头，她又问刘××："你看，你这一声'侉子'，王××都快哭了，你伤她的心了，大人这样喊是不对的，我们可不能跟着学。假如你和爸爸妈妈去外地，在当地人眼里，你不也是外地人吗？如果他们也这样喊你，你心里是什么滋味呢？"她的善良赢得了孩子们的尊重和感怀，毕业几年后，重返老家或者辗转他乡的学生还是会通过电话、网络和她进行联系，是爱将他们紧紧地联系在了一起。

三、潜心钻研，她在课堂展现着自己的美丽

熟悉董新玉的人都知道，她痴爱教育事业，痴爱语文，小个子的她身体里好像蕴藏着无穷的能量，总是不知疲倦地钻研着她喜爱的语文，不断地提高自己的教学水平。

学校地处农村，教学上展示的机会相对来说就少了许多。2001年，滨海新区大港街被定为国家级课改实验区，农村学校也有了很多机会。面对着来之不易的契机，在滨海新区大港街初露头角的她抓住每一次公开课的机会，潜心钻研自己的教学，尽自己最大的努力上好每一节课，从不轻言放弃。常常是接到任务后，来不及试讲，转过天就要讲课，为了上好每一节课，让每一节课真正地能起到示范作用，她就把家里当作了她的课堂，客厅的门就是她的黑板，茶几就是她的讲桌，爱人、刚上一年级的女儿就是她的学生，甚至连70岁的老妈妈也被请来坐在一旁当听众。她一丝不苟，以为玩游戏的女儿不好好回答问题，竟把她说哭了。凭着这股"痴劲"，她的课上得越来越精彩，越来越有味道。一位听完她课的老专家笑着说："你还真有点儿'人来疯'啊！一上课，容光焕发，精神劲儿全来了。"家长们听完她的课，拉着她的手说："我们孩

子跟着您学，可开心了！"每次语文课后，孩子们总是在后面追着她说："老师，下节课咱们还上语文吧！"

2002年，在天津市双优课评比中，董新玉一举获得小学语文学科一等奖，随后又获得天津市电教课一等奖、国家级课例一等奖，参与天津市九年义务教育小学语文教材的编写工作，所撰写的论文不断见诸报刊！一名名不见经传的农村教师在人们诧异中逐渐走在了大港小语的前列，2004年，在滨海新区大港街名师评选中，通过当场抽签、现场赛课等环节，她被评为滨海新区大港街首届名师，也是六位名师中唯一的女性。

四、甘做人梯，她将多年的探索倾囊授予别人

鲜花、掌声纷至沓来，但这并没有让她满足、迷失，并没有让她孤芳自赏，傲视他人。2004年，为了发挥名优教师的作用，滨海新区大港街成立了青年教师研修班，她被聘请为研修班的指导教师。这一干就是六年，做课题、带徒弟，她倾囊相授，引领着这些青年教师在语文这块教学领地探索着。为了深入每一个学员所在的学校，她克服重重困难，走进他们的课堂，组织教研活动，点拨、指导他们的课堂教学。要知道，在承担这些工作的同时，她还要完成一个班的教学和学校的教务工作，从学校回来，常常累得散了架。天性乐观的她转过天回到学校，依然神采奕奕。

在学校里，她还有着四位徒弟，在她的带领和指导下，一个个教坛新秀从这个不起眼的农村小学走了出来，这在整个大港是首屈一指的。2016年，作为教学校长的她又带领团队，申请了国家级课题"互惠学习教学模式"的研究，2021年1月成功结题，如今互惠教学模式已在大港第五小学这片沃土上落地生根，遍地开花。

巍巍高山生明珠，芬芳泥土育繁花。董新玉犹如田野上盛开的朵朵繁花中最灿烂的那一朵，快乐、幸福、恣意烂漫地在教育这方沃土上绽放着！

王晓龙

《作文周刊》副总编辑，汉语作文智能测评与靶向导学系统发明人；七步作文法创始人，展示性阅读创始人。曾任（教育部）中国语文现代化学会常务理事、副秘书长，语文教育专业委员会副理事长，北师大《中国教师》杂志社教育研究中心语文测评研究院院长、国家语委科研项目"中文写作水平等级标准及测试大纲研制"课题负责人，天津市教研室小学语文教研室主任、中学语文教研室副主任。徐长青工作室成员。

打造简约教育，奠基幸福人生

一、我的职业楷模——徐长青

我和徐长青是忘年交。不知从什么时候起，我迷上了他的数学课！据我对长青多年的了解，他除了是全国闻名遐迩的数学特级教师和理论功底深厚的天津师范大学硕士生导师外，至少还是一位策划大师和演讲家，他的特长很多，懂音乐，懂美术，懂体育，懂影视……他懂得太多，一时无法遍举，总之他本人是一本大书，想讲清楚他至少需要分十个章节。我今天只想讲一点：我们语文教师应该向徐长青学习什么！

天津市"十四五"教育科研规划课题"人工智能环境下作文简约教学研究"开题会上，我突发奇想，如果由数学特级教师徐长青上一节作文课会是怎样一个场景呢？我猜想：第一，他一定会把这节课设计成一个谜，你永远猜不到下一个环节是怎样一种精彩；第二，他一定会把这节课上得激情澎湃，他一上场就把声音提高一度半，并配合他具有感染力的言说，让与会者听得如醉如痴；第三，他一定会在现场快速培训一两名学生立即成为课堂配角儿，瞬间把课堂变成一出与他合演的小品。（我一直认为教师是编剧、导演、指挥、教练，更是课堂教学的灵魂，学生只是被领导的学习主体而不是主角儿。）第四，他一定会把一些细节变成有趣的情节，通过艺术的方式展现出来，让他的学生和观众过目不忘！

实事求是地讲，数学特级教师徐长青可能比一般语文教师更懂得语文的张力和文学的魅力！他懂得用舍我其谁的自信和妙语连珠的金句，以及非同寻常的语气声调感染学生。他的每一节课都是这样的：他用他所营造出来的快乐氛围，用自己这棵生机盎然的大树去摇动身边所有的树，用他严谨的思维和由浅入深的明理启发学生，他随时给予学生更多的参与机会，给予学生学习主体地位和展现的机会！

长青超人的智慧和非凡的记忆力，我们可能这辈子也学不来了。但是，我们至少可以向长青学习语言表达。长青的语言表达有四个显著的文学特征：言语中可感知的文化积累、春风化雨般的美好措辞、天地间各种事物信手拈来的生动表象以及一波三折的整体叙述结构。在我们的语文课上，如果不能像长青那样表现出课堂表达的这些文学艺术要素，我们的语文课就没有足够的语文味道！

二、我的职业归宿——学科研

我最初研发的"作文自动测评与智能导学系统"（简称"作文智判"），曾获得天津市基础教育教学成果二等奖，也通过了教育部中国语文现代化学会课题评审组15位专家的权威鉴定。

一个科学体系必须具备三大要素：符合公理、自洽系统和数学表达。

"作文智判"的评分原则是：作文出现明显的文字表达错误必然失分，认识错误并认真改正后必然提分提能。这是符合常识和公理的。

从系统论、信息论和控制论的角度看，作文评分共识性标准应是一个语言信息全面而又完美可控的体系。作文如果出现事实、思想或语言文字表达方面的共识性错误，即可认为系统出现缺陷；如果作文良构与稳态发生偏离，就必须进行调控纠偏，纠偏后必然会越来越接近作文良构与稳态。这个问题的解决是完全自洽的。

"作文智判"可以用数学公式做简约表达：

$X=B$（闭环/系统）$-P$（偏移/失误），其中，X是作文评价结果；P是良构与稳态的1—N种偏离；B是作文良构与稳态共识性指标规范的N种表现。

该系统配备了中小学作文所需的10万份生活素材和140节优秀微课，在天津市和平区新星小学、和平中心小学，河东区福东小学等十余所学校及全国许多地方持续使用，被证实是非常有效的。"作文智判"能具体帮学校达到什么效果？

（1）能让每位教师轻松完成阅判作文工作，教师只需复核认定。

（2）能让每所学校语文教师都会上作文课，教师只需用测文网。

（3）能让一个区县或学校作文教学水平大幅度提升，学生只需认真修改。

（4）能让一个区县作文统考阅卷一天完成，教师只需抽检把关。

（5）能让一个区县教育局教研室实时了解学校各班作文情况。

后来，我们把计算机、高速扫描仪和快速打印机连为一体，研发出操作简便而效果惊人的在线测评一体机，课上10分钟可以判完两个班学生的作文，分数、评语和查错提示一应俱全，再配合"微课导学+教师辅助+学生尝试+智能测评+修改提分"的简约流程，可以使课堂教学效率有较大的提升，每个班一学期就可以出版一本优秀作文选。

"十四五"期间，以徐长青为牵头人的"人工智能环境下作文简约教学研究"课题组发现了"作文智判"的后续研究价值：一是使线上线下相结合的混合教学模式变得更加简约和快捷，二是简约教学流程范式可以得到普遍适用；三是师生互动、生生互动的在线测评与混合学习方式会变得更加有效；四是学生对智能化测评结果的期待会变得更加强烈，作文学习的主动性会更强；五是校内探究性学习和校外随时、随地、随愿的非作业智能学习会自觉实现。

孙晓军

红桥区教师发展中心教科室主任兼小学语文教研员。天津市中小学特级教师，正高级职称。天津市未来教育家奠基工程首期成员。徐长青工作室成员。

唯美育人，向美而生

一、一心向党，不计得失，潜心教书育人

身为一名共产党员，孙晓军始终坚持以习近平新时代中国特色社会主义思想为指导，拥护中国共产党的领导，贯彻党的教育方针。她积极参加学习活动，做到廉洁自律，率先垂范响应党组织的号召，为甘肃等地贫困、受灾地区捐款，购买物品。她潜心教书育人，落实立德树人根本任务，为全市的青年教师及教研员做了《学习全国教育大精神——落实立德树人根本任务》的多场讲座。她勤勉敬业，乐于奉献，从不计较个人得失，在教研中关注教师、学生的身心健康，平等对待每一位教师，用爱心温暖学生的心灵。

二、潜心研究，探索规律，形成自我教学风格

孙晓军从事小学语文教学实践与研究30余载，积极探索，逐步形成了"唯美自然"的教学风格。她是"唯美教育"的集大成者，"求真、至善、唯美"是她的教育理想与追求。她积极倡导和推广"情中品读，读中感悟，悟中积累"的"读悟式"小学语文教学法。"读悟式"教学法就是借助学生已有的生活积累，把阅读教学与质疑、思考、感悟、运用有机地结合起来，注重激活学生的生活积累，同时以"自读为轴，自问为经，自悟为纬"，体现"以读促

问，以问导读，以读导悟，以悟促用"的一种教学方法。它突出读的目标具有层次性、要求体现差异性、功能强化多维性三大特点。

孙晓军依据该教学理论体系先后创立了"读、思、悟、创"小学中年级语文阅读教学模式以及"生活化语文"小学低年级语文教学模式和多项课型模式，围绕这一理论体系，孙晓军先后独立承担并完成省部级课题研究五项，结题鉴定均为A级。其中，一项荣获市级优秀科研成果一等奖，学术成果获市中小学教研系统"十二五"优秀成果奖，相关教育论文在《天津教育报》上刊载。她多年形成的教学风格及总结提炼的教学模式具有科学性与推广性。她的教学风格是经过市教科院专家们的反复鉴定推敲后形成的，并多次在国家级、市级展示交流中得到同行们的首肯；几个不同课型的教学模式在区域内得到广泛推广，随着教学改革与实践，教学模式也在不断更新与完善。她运用这些教学模式在各级各类竞赛中屡获佳绩。"十三五"期间，为了进一步提升区域内语文教师的专业素养，她独立申请立项了中国教育学会的规划课题，并顺利结题。以课题研究为中心，她组织开展了多种教育教学活动，教师们在论坛、说课、课堂教学等各种竞赛中得到了历练，她也充分发挥了市特级教师的辐射引领作用。她撰写的论文达30余篇，均在国家级、市级获得一等奖，有近30篇论文分别在《天津市教科院学报》《小学教学设计》《天津教育》《天津教研》《教师教育》等国家级与省部级核心期刊上发表。

三、恪守职责，倾尽韶华，精心育苗薪火相传

欲永立潮头，必须不断学习，挑战自我。孙晓军继续探索、完善、推广"以读为本，读中自悟"的"读悟式"小学语文教学理论体系，在小学低年级语文教学中凸现教学生活化，让学生把自己的生活带入课堂，让他们选择自己感兴趣的学习内容，从而形成"语文教学生活化"与"读悟式"有机融合的教学特色。她坚持依托自己领衔的"区教育教学科研工作室"的辐射指导和学术影响力，交流、推广科研成果，撰写教育教学专著，继续致力于青年教师的培养，组建自己的教育教学团队，让更多的有为者脱颖而出，成为全国、地区名师，科研骨干。

自2003年起，孙晓军每学期组织全区语文教师开展专题教研活动12次，均担任主讲，"三时三动"的教研模式在《天津教育报》上发表。她承担区小学语文教师各周期继续教育培训工作，荣获天津市第四周期继续教育"优秀培训

者"称号。为教师们培训举办讲座是她工作的常态。她为"265"农村骨干教师培养工程，"国培计划"在天津、新疆、泰安、徐州、邢台、保定、甘肃等多个省市、地区的中小学教师做专题讲座。2000年，孙晓军在"小语年会"中做的课荣获一等奖；2012年，做名师课堂教学展示课；2013年、2016年，在全国教学研讨会上做观摩课，课堂教学设计在天津市普教系统首届青年教师竞赛中获奖；2016年，被人教社聘请为全国一年级教师做教材培训；2017年，作为专家评讲《古诗二首》一课，该课已被教育部中国教研网"部编教材深度宣传解读"项目录用。她指导市级部编本二年级第七单元教学录像课，对单元导读及课例做专家评析。2012年，她被市教研室聘请为学科核心组成员，参与《天津市义务教育学业质量标准》的制定工作。

近年来，她带徒弟40余名，其中跨区、跨省市带徒6名，指导其参加各级各项比赛。从2005年至2020年，她指导18名教师参加市级连续六届"双优课"竞赛分获一、二、三等奖，自己连续六届荣获市级"双优课"竞赛指导教师奖；2016年，在天津市小学语文素养大赛中获一等奖；2007年，在天津市小学信息技术与课程整合优秀课评比中获一等奖；2008年，在天津市多媒体教育软件大奖赛课例评选中荣获二等奖；指导其他教师连续三年在天津市小语教学案例评选中获奖；2014年，被市教研室聘为天津市"标准试用"的教学指导教师、市级"一师一优课、一课一名师"活动学科专家评委。

疫情期间，她接受市教委指派，指导22节微课在天津市电视台"广电云课堂"公开播放；指导77节微课在中国教研网、中国教师研修网上播放；指导11节课成为"天津市中小学优质课程资源"并向全市推荐观看。

器大者声必闳，志高者意必远。她坚守信念，甘为春泥润新芽；倾尽毕生，愿做园丁护红蕾。

后 记

献给"默默无闻却不甘平凡的简约教育人"

《简约之道——徐长青工作室教研成果荟萃》编纂出版，凝聚当代简约教育的创立者、倡导者徐长青校长经年累月的教育大爱，爱满天下。也蕴含百位简约教育年度人物为成长而努力，研精覃思，行远自迩。本书是简约教育人的"精神缩影"，是"简约教育"一路走来的"回音壁"和"写照墙"。

徐长青工作室之所以诚恳出版此书，就是要寻找和发现默默无闻却不甘平凡的简约教育人，展示他们在简约教育实践中的风采和对简约教育的敏锐思考，发觉他们身上令人感动、震撼心灵的故事，让每一位教育人从中获得一些思考、一点启示。教育智慧来自火热的教育实践，反映简约教育人的非凡教育经历是徐长青工作室的应有责任。

徐长青工作室之所以诚恳出版此书，就是有许多简约教育人使我们动容，有无数简约教育足迹让我们感动，他们有的驰骋在农村教育的广阔天地，有的持守在西部边疆、雪域高原，有的在一线城市披荆斩棘，有的在平凡县城拙火碎金……他们不图虚名、踏实教育，他们扎根中国大地深耕实践，不为物役，不为形羁，拳拳教育之心，殷殷桑梓之情，立身存笃信，景行胜将金。

徐长青工作室之所以诚恳出版此书，就是百位简约教育年度人物犹如星星之火，在简约教育的广袤田野中燎原，惟愿所有简约教育人做简约教育的"自燃人"，平凡且耀眼，普通不平凡，以自身为光，照一隅是一隅，以行动为径，走一程是一程，允德允能，和而不同，各美其美，美美与共，鲜花在前面，我们在路上。

徐长青工作室之所以诚恳出版此书，就是通过十多年的研究、深化，凝聚、辐射，无数简约教育人磨合、锤炼和不断的教育实践证明，简约教育的红利是老师，是学校，更是学生。从影响力来看，简约教育已在全国生根苗壮，影响覆盖北至黑龙江，东至江浙，南至广西云南，西至新疆等全国28个省份自治区；从美誉度来看，简约教育已成为社会公众关注和认可度极高的教育亮点，已成为基础教育的知名教育高地；从愿景上来看，简约教育已具备完善的理论体系和实践系统，必将实现国家所赋予的教育使命和重任。

徐长青工作室将此书命名为《简约之道——徐长青工作室教研成果荟萃》，将各章节誉为"简约之道""简约之美""简约之本""简约之术""简约之魂"，借晶莹、透明，然而无定，行于行处，止于止处的"水之道"比喻为"简约之道"，就是说明"简约教育似水"，水是简约教育的自然原型，春风沂水是简约教育的理想，它们交融相通，互为蕴含，简约教育可寓意为"水"，"水"亦可象征简约教育。"简约之道"如"水之道"，简约而不简单，朴素而又非凡，浅易而又深邃，有形而又无形，脆弱而又坚韧。简约教育和"水"，都有情有爱，都知冷知暖，感受生命，向往美丽与纯净。

最后要感谢东北师范大学出版社，给了徐长青工作室最坚定的支持和协助；感谢徐长青校长的高瞻远瞩、运筹帷幄，没有徐长青校长的精心组织和筹划，这本书无从谈起；感谢王毓珣教授、宋新军、赵慧敏老师对序言、后记、各章节的编排、撰写。特别值得一提的是百位教育年度人物的实践与思想，挫折与得失，经历与感触是本书的宝贵财富，正如徐长青校长所说：教育是点燃，是唤醒，是被发现使认同的过程。让我们在教育的行走中寻觅教育真谛，在行走的教育中实现教育理想，书写古老民族新的伟大教育篇章。

简约教育人

2022年5月23日

后记